"十四五"职业教育国家规划教材

中等职业教育市场营销专业规划教材

Shichang Yingxiao Shiwu

市场营销实务

（第三版）

肖院生 唐曾嫣 主编

余靓 戴威 副主编

东北财经大学出版社
Dongbei University of Finance & Economics Press

大连

图书在版编目（CIP）数据

市场营销实务 / 肖院生，唐曾嫣主编. —3版. —大连：东北财经大学出版社，2024.11. —（中等职业教育市场营销专业规划教材）.
ISBN 978-7-5654-5404-2

Ⅰ．F713.50

中国国家版本馆CIP数据核字第20248M70X3号

东北财经大学出版社出版

（大连市黑石礁尖山街217号　邮政编码　116025）

网　　址：http://www.dufep.cn

读者信箱：dufep@dufe.edu.cn

大连永盛印业有限公司印刷　　东北财经大学出版社发行

幅面尺寸：185mm×260mm　　字数：341千字　　印张：14.25

2024年11月第3版　　　　　　2024年11月第1次印刷

责任编辑：周　欢　　　　　　　　责任校对：那　欣

封面设计：原　皓　　　　　　　　版式设计：原　皓

定价：35.00元

第三版前言

党的二十大报告指出："教育是国之大计、党之大计。培养什么人、怎样培养人、为谁培养人是教育的根本问题。育人的根本在于立德。全面贯彻党的教育方针，落实立德树人根本任务，培养德智体美劳全面发展的社会主义建设者和接班人。"报告强调："统筹职业教育、高等教育、继续教育协同创新，推进职普融通、产教融合、科教融汇，优化职业教育类型定位。"职业教育是国民教育体系和人力资源开发的重要组成部分，是广大青年打开通往成功成才大门的重要途径，肩负着培养多样化人才、传承技术技能、促进就业创业的重要职责，必须高度重视、加快发展。职业教育的春天已经到来。

我们参照教育部颁布的《中等职业学校专业教学标准（试行）财经商贸类（第二辑）》中的"市场营销专业教学标准"，组织编写了本教材的第一版。本教材经过修订后的第二版，由教育部审定通过，先后被评为"十三五"和"十四五"职业教育国家规划教材。

为了适应时代发展需要，贯彻落实国家发展职业教育的战略部署和教育部《"十四五"职业教育规划教材建设实施方案》精神，体现教学改革的最新成果，在对第二版教材进行修订的过程中，我们本着"有效、及时和实用"的原则，在每个项目中增加了"拓展学习"的内容（主要是爱国、做人等与思想素养提升有关的内容）。第三版教材呈现出如下特点：

1.遵循现代职业教育发展要求，"坚持以立德树人为根本，以服务发展为宗旨，以促进就业为导向"；教学过程体现"以学生为中心"，将职业素养与专业能力相结合。在项目评价中，考评内容由职业能力与素养表现、专业知识与能力掌握两部分组成，对应相应的考评标准，采取自我评分、小组评分和教师评分三方面相结合的多元评价方式。

2.围绕企业开展市场营销活动的过程，采取"项目+任务"的结构模式；每一项目在阐述时以直接要解决的问题出现，清楚明了。每一项目在明确知识目标和能力目标的基础上，同时设计两个实训内容：一是结合所选择的企业来进行分析；二是结合本小组开设的实体店，明确每一项目需要完成的任务；通过增加"项目实施"，落实在实体店中具体营销活动的开展。

3.教材与其他读物不同，它需要教师和学生相互配合，共同完成学习任务，不是教师单一地进行课堂讲授，也不是学生完全独立自学。借鉴复旦大学张学新教授提出的"对分课堂"教学模式，本教材尝试采用"讲一讲"（教师讲授）、"学一学"（学生学习）相结合的体系设计，教师讲授强调"精讲留白"，讲基本和重点的内容，在此基础上，学生学习通过"个人学习内化—小组讨论—全班对话"三个环节展开。在小组讨论和全班对话中，把握好"亮考帮"（"亮闪闪"：展示自己的学习收获、成果；"考考你"：检验自己已经清楚的内容；"帮帮我"：自己有哪些问题需要寻求帮助），教师清晰了解学生的学习情况并有针对性地进行指导。每一任务后面通过"做一做"来考核和检验学习的效果。

4.本教材不只注重对知识的传授和掌握，更注重对学习兴趣的培养；引导学生由被动学习转变为主动学习，培养同学们的创新性思维；内容设计体现"学中做、做中学"，强调教材的实用性和实践性要求，把理论与实践紧密结合起来；通过"小组合作学习"方式，提高同学们的团队协作精神、沟通交流能力、分析和解决问题的能力以及表达能力、胆量和自信心。

5.本教材在保留经典案例的同时，删除了一些过时的案例，增加了一些新颖、有趣、针对性强的案例。

第三版教材由武汉市第一商业学校肖院生、唐曾嫣担任主编，肖院生负责整体设计和总纂，余靓、戴威担任副主编。修订分工如下：项目1和项目7，唐曾嫣；项目2和项目5，肖院生；项目3和项目4，余靓；项目6，戴威。在编写过程中，我们还邀请了武汉景思睿创新科技有限公司营销总监黎陶俊和销售经理符云对本教材的实操环节内容进行了细致修改，使之更贴近实际市场营销活动；并提供了许多经典营销案例，为参编教师提供企业实践平台；同时，也要感谢对本教材第一版、第二版做出贡献的编写者。

为方便教学，我们提供了本教材各项目后"项目检测"的参考答案，请读者到东北财经大学出版社网站（www.dufep.cn）查询或下载。

本教材在编写过程中，参考了国内大量的优秀著作和教材，借用了各种媒体的最新资讯，在此表示诚挚谢意。由于编者水平有限，书中难免存在疏漏和不当之处，敬请专家和读者批评指正。

编　者
2024年5月

目　录

项目1　市场营销，我们要准备什么

学习目标

知识目标：

1.掌握市场、市场营销、市场营销组合的基本概念。

2.正确理解市场营销及现代营销观念。

3.熟悉市场营销活动的全过程。

能力目标：

1.能够树立正确的营销观念，增强营销意识。

2.能够运用营销组合理论分析企业在营销中存在的问题。

3.能够清楚如果自己开店，需要做好的营销准备工作。

实训内容

1.选择一家熟悉的企业，分析它的市场、营销观念和营销组合。

2.以小组为单位，确定开办一家实体店需要准备什么？

学时建议

1.教师讲授（讲一讲）4学时。

2.学生学习及讨论（学一学）4学时。

3.项目实训（做一做）2学时。

当前，随着我国经济的规模化发展，企业产品质量和效益不断提高；面对国际化和全球化发展，市场竞争更加激烈，信息更加复杂，以及消费者需求日益多元化和个性化的现状，市场营销已经成为影响企业生存和发展的重要因素。谁不重视营销，谁就难以在市场立足和生存。我们只有认真学习市场营销，正确理解市场营销，树立正确的营销观念，增强营销意识，提高营销手段的运用能力，才能更好地适应并满足未来从事营销职业的要求。

【问题导入】

以小组为单位，选择一家熟悉的企业，了解其营销活动的开展情况；之后，应该树立怎样的营销观念？要制定怎样的营销组合策略？

任务1　　正确理解市场营销

导入案例

怎样向和尚推销梳子

某公司创业之初，为了选拔真正有推销能力的人才，要求每位应聘者必须经过一道测试：以比赛的方式推销100把梳子，并且把它们卖给一个特别指定的人群：和尚。

几乎所有的人都表示怀疑：把梳子卖给和尚？这怎么可能呢？搞错没有？许多人都打了退堂鼓，但还是有甲、乙、丙三个人勇敢地接受了挑战……

问题：

（1）这种情况下，你会接受挑战吗？

（2）作为企业的营销人员，要做好哪些准备？

（3）怎样才能更好地完成营销工作？

"万事开头难"，要学好市场营销的知识，今后要做好营销工作，需要从营销的基本概念入手，日积月累，不断进步。

讲一讲

知识点1：市场与市场营销

市场营销离不开市场，要正确理解市场营销，首先需要对市场有一个清晰的认识。

1.市场的定义

什么是市场？如何给市场下定义？其可以从经济学和营销学的角度来解释。

（1）经济学对市场的解释：市场是买卖双方进行商品交换的场所，是商品交换关系的总和。

市场与行业的关系如图1-1所示：

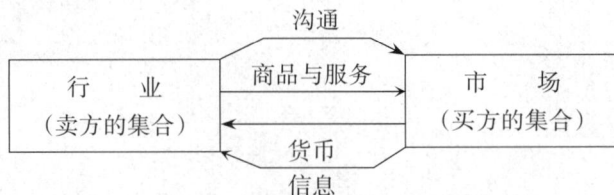

图1-1　市场与行业的关系

（2）营销学对市场的解释：市场是人口、购买力和购买动机三者的集合，而且三者缺一不可。其用公式表示为：市场=人口+购买力+购买动机。

小思考

（1）营销学为什么要给市场下这一定义？如何理解？

（2）在你的脑海中，对市场是一个什么样的印象？

2.市场营销的定义

市场营销，英文单词为"marketing"；市场营销起源于19世纪末20世纪初的美国。对于市场营销的解释至今没有一个统一的定论，从不同的角度解释，会得出不同的结论。一般情况下，可以将市场营销分为古典市场营销与现代市场营销、狭义市场营销和广义市场营销、宏观市场营销和微观市场营销、企业市场营销和社会市场营销、内部市场营销与外部市场营销等。

（1）狭义的市场营销为：个人和群体通过创造产品和价值，并同他人进行交换以获得所需所欲的一种社会及管理过程。

（2）广义的市场营销为：为实现组织目标而对旨在建立、加深和维持与目标购买者之间有益的交换关系的设计方案所做的分析、计划、实施及控制的一切活动。

或广义到：创造和传递生活标准于社会。

（3）菲利普·科特勒对市场营销的解释是：营销是个人和集体通过创造，提供出售，并自由地同别人交换产品和价值，满足需要和欲望的社会和管理过程。

小资料

菲利普·科特勒（Philip Kotler）1931年生于美国，被誉为"现代营销学之父"，现任美国西北大学凯洛格管理学院终身教授，西北大学凯洛格管理学院国际市场学S.C.强生荣誉教授，拥有麻省理工学院博士及苏黎世大学等其他8所大学的荣誉博士学位。美国管理科学联合市场营销学会主席，中国GMC（美国通用）制造商联盟国际营销专家顾问。

（4）市场营销的基本定义：市场营销是指各种类型企业在市场上为满足消费者需要所开展的综合性销售活动。

这一定义包括了三层含义：

①市场营销是一种与销售有关的活动。

②这一活动是围绕怎样满足消费者需要来展开的。

③企业需要综合性地开展市场营销活动。

那么，市场营销与销售、推销又有什么区别呢？

市场营销是综合性销售，是精心组织的销售活动，是主动销售；如果仅仅讲销售，容易出现有什么就销售什么和等客上门等情况；推销包含在营销活动中。

3.掌握与市场营销相关的概念

（1）需要、欲望与需求。

①需要：是指人们缺乏某种东西而产生的一种"想得到"的心理状态，通常以对某种客体的欲望、意愿、兴趣等形式表现出来。

②欲望：即希望、盼望，是指人们想得到某种东西或想达到某种目的的要求。"生死

根本，欲为第一"，欲望是人性的组成部分，是人类与生俱来的。

③需求：是指人们为了满足物质和文化生活的需要而对物质产品和服务的具有货币支付能力的欲望和购买能力的总和。

（2）产品、价值与效用。

①产品：是指能够提供给市场，被人们使用和消费，并能满足人们某种需求的任何东西，包括有形的物品、无形的服务、组织、观念或它们的组合。

②价值：是产品或服务所具有的、带给消费者并使其在消费过程中所感受到的满足程度；价值是商品的一种属性，是人们满足欲望时的主观感受和评价。

③效用：是指消费者通过消费或者享受闲暇等使自己的需求、欲望等得到满足的一个度量。

（3）交换与市场。

①交换：是指商品的相互让渡与转手。

②市场：从经济学的角度解释，市场是买卖双方进行商品交换的场所，反映商品交换的总和。从市场营销的角度解释，市场是购买者（人口）、购买力和购买欲望（购买动机）要素的集合。

学一学

知识点2：正确理解市场营销

1.认识市场

案例分析

美国苹果公司对中国市场的依赖性增强

由于美国疫情的影响以及其他众所周知的原因，苹果被迫再次关闭了它在美国的11家门店，这对于苹果来说可谓沉重的打击，而中国市场逐渐恢复正常，它对中国市场的依赖性进一步增加。

2020年4月份的数据显示，全球智能手机出货量为6 937万部，同比大跌41%；信通院公布的数据显示，同期中国市场的手机出货量为4 172.8万部，对比可以看出4月份中国市场的手机出货量占全球市场手机出货量的比例高达60%；2019年中国市场的手机出货量占全球的比例大约为27%。

导致中国市场的手机出货量占全球的比例大幅上升的原因是疫情的影响，二季度中国以外的市场受到疫情的影响均采取居家隔离以控制疫情，导致中国以外市场的手机销售受到严重的打击；而中国在一季度就已成功控制疫情，因此二季度中国市场逐渐恢复正常。

苹果显然认识到了中国市场的重要性，其在中国市场销售的iPhone不断降价销售，4月份又在中国市场推出了史上最便宜的iPhone SE2，在它的努力下4月份iPhone在中国市场的销量高达390万部，环比增长1.6倍。为了进一步提升iPhone在中国的销量，苹果史无前例地以官方身份参与618购物节的降价促销活动，多款iPhone均大幅让利，iPhone11也一举冲高至618热销手机排行榜第一名。

根据"市场=人口+购买力+购买动机"进行分析，得出如下结论：

①中国有14多亿人口；②随着中国经济的日益发展，广大消费者对智能手机有很强

的购买力；③iPhone 手机的人性化设计和强大的社交功能、优雅的工业设计、引领时尚潮流的文化氛围，使其成为许多人追捧的产品。

资料来源　根据 2020 年 10 月柏铭科技 BMtech007 相关内容整理得来。

问题：

（1）请找出案例中你认为的关键词，并与小组同学分享。

（2）苹果公司是如何理解中国市场的？

（3）你对市场了解吗？能够说出多少市场？

提示：在商品供过于求、市场竞争激烈的情况下，营销人员必须站在卖方的角度来研究买方。因为企业的产品要有销路，就必须先有消费者、消费者有购买能力、消费者有购买商品的欲望。

随着国际化进程的加快，我们所面对的市场范围越来越大，情况更加复杂。

2.市场的分类

如何对市场进行划分？需要用到哪些标准？划分为哪些市场？

按照不同的标准，我们可以将市场划分为不同的类型。针对不同类型的市场进行具体分析，有利于明确消费者对商品的不同需求，可以为市场细分、选择目标市场和制定营销策略提供基础和依据。

（1）按地理位置不同，市场可以划分为国内市场和国际市场。国内市场又可以进一步划分为北方市场和南方市场、东部市场和西部市场，以及城市市场和农村市场等；国际市场又可以进一步划分为北美市场、欧洲市场、东南亚市场等。

（2）按经营对象不同，市场可以划分为商品市场、服务市场和要素市场。商品市场又可以按商品用途和购买目的不同分为消费品市场（生活资料市场）、工业品市场（生产资料市场）；服务市场又可以划分为旅游市场、文化娱乐市场、金融市场、医疗市场、教育市场等；要素市场又可以划分为劳动力市场、技术市场、信息市场、房地产市场等。

（3）按商品的流通环节不同，市场可以划分为批发市场和零售市场。

（4）按经营范围的不同，市场可以划分为综合性市场和专业性市场。

（5）按竞争的激烈程度不同，市场可以划分为完全竞争市场、不完全竞争市场和完全垄断市场。

3.正确理解市场营销

小思考

（1）你经常购买什么商品？喜欢什么品牌的商品？为什么要购买这些品牌的商品？

（2）你一般在什么地方购买商品？为什么要在这些地方购买？

（3）你在哪些地方看到过"营销"二字？知道"营销"是做什么的吗？

①需要进行市场营销的行业或企业：

主要包括生产商与经销商、各种服务性行业，如银行、证券、保险、铁路、航空、旅游、医院等从事经济活动的部门；同时政府机构、社会团体、宣传及媒体单位、学校等也需要重视开展营销活动。

②市场营销的目的：

满足消费者的需要，包括现实需要和潜在需要。

小思考

为什么企业不是首先考虑赚钱，甚至是赚更多的钱，而是满足消费者的需要？

提示：当市场普遍存在产品供过于求、销路不畅、生意不好做等情况的时候，正确的思路是：只有首先考虑如何满足消费者需要，才能吸引顾客来购买企业的产品，才能扩大产品销路，企业才能赚到钱。

①市场营销的中心问题：

想方设法促成每一笔交易的成功。

一笔交易取得成功需要具备三个基本条件：有卖者和买者、有商品和货币、有双方都能够接受的价格和其他交易条件。

②市场营销的手段：

开展综合性的经营销售活动。

营销的综合性主要体现在市场营销战略与市场营销策略两个方面，其构成了市场营销组合的基本内容。

③市场营销的活动范围：

产品生产之前到产品销售之后。就商业环节而言，市场营销的活动始于商品被购买之前，终于商品销售完成。

讲一讲

知识点3：学习市场营销的重要性

1.市场营销活动与企业的关系

在当前，企业面临的主要问题是：生产规模不断扩大，生产技术更加先进，产品供应越来越丰富；消费者需求日益多样化，对企业的要求越来越高；市场竞争越来越激烈，产品销售更加困难，直接关系到企业的生存。

不重视市场营销造成的后果

市场营销能够解决企业的问题是：企业生产出的产品如何在市场上寻找销路；企业如何更好地生产适销对路的产品；分析和研究企业如何开展有效的营销活动。

由此看来，市场营销知识与企业的营销活动联系非常紧密，可以说，经济越发达，营销越重要。

2.市场营销课程与市场营销专业的关系

市场营销专业对应的就业岗位：主要面向大中型商业企业，以门店销售为基础，涵盖各类商品销售、与企业市场营销活动有关的工作。

市场营销专业毕业生主要的就业岗位：①销售类岗位群，包括营业员、推销员、促销员、理货员、销售主管、店长及收银员等岗位。②市场类岗位群，包括市场调查员、市场专员等岗位。③客服类岗位群，包括电话客服、防损员、前台客服、售后服务等岗位。

市场营销实务既是一门专业基础课程，也是一门重要的专业课程，它是市场营销专业其他专业课的基础。只有学好市场营销实务这门课程，才能针对市场营销专业进行更为深入的学习。

知识点4：营销人员需要做好的准备

案例分析

格力电器下一个30年如何布局？

董明珠，格力电器股份有限公司（简称"格力电器"）总裁，2010年荣获"中国上市公司最受尊敬10大功勋企业家"、英国《金融时报》"全球最具影响力50名商业女强人"（名列第五）、美国《商业周刊》"十年商业女性领袖大奖"，位列2017中国最杰出商界女性排行榜第一位。

她的成就与在格力电器的成长经历休戚相关。1990年，董明珠来到了珠海并加入格力电器。1992年，格力电器在安徽的销售额突破1 600万元，占整个公司的1/8。随后，她被调往几乎没有一丝市场裂缝的南京，并签下了一张200万元的空调单子，一年内，个人销售额上蹿至3 650万元。1994年，格力电器内部出现了一次严重危机，部分骨干业务员突然"集体辞职"，董明珠经受住了诱惑，坚持留在格力电器，被全票推选为公司经营部部长。

1996年，空调业"凉夏血战"，已升为销售经理的董明珠宁可让出市场也不降价，董明珠带领23名营销业务员奋力迎战国内一些厂家成百上千人的营销队伍。8月31日，董明珠宣布拿出1亿元利润的2%按销售额比例补贴给每个经销商，促使该年格力电器销售增长17%，首次超过春兰集团。

董明珠自1994年年底出任经营部部长以来，领导的格力电器从1995年至2005年连续11年空调产销量、销售收入、市场占有率均居全国首位。2013年起，在董明珠的带领下，格力相继进军智能装备、通信设备、模具等领域，从专业空调生产延伸至多元化的高端技术产业。如今，格力电器拥有空调行业唯一国家级重点实验室、1个院士工作站、16个研究院、126个研究所、1 045个实验室、1.6万名研发人员，这些都将成为其厚积薄发的源泉。

2021年11月18日，是格力电器成立30周年纪念日，公司对外发布了《格力而立之年：三十年磨剑擦亮"中国造"》一文，讲述了这30年间，格力电器从一个年产窗机不足2万台、净资产不足千万元的空调小厂，一步一步成长为如今年销售额超2 000亿元的全球型工业集团的过程，以及凭借自主技术创新，格力如何改写了全球空调产业的格局，对外擦亮了"中国造"的招牌。董明珠在接受采访时，用一句"不忘初心"总结格力电器过去的30年，她表示"时刻反思"这一好的习惯伴着她走过格力电器的前30年。"创新是没有止境的。"谈及接下来格力产品的创新，未来公司将持续发力，迅速实现技术升级，争取为消费者、社会、环境带来巨大的变化。

资料来源　根据2022年10月21日新华网相关报道整理得来。

问题：

（1）董明珠在"格力电器"的成长过程给了我们什么启示？

（2）作为营销人员，我们要从哪些方面做好准备？

1.营销人员的职业素养要求

1）职业教育不仅是构建国民教育体系和推进人力资源开发的关键环节，也是为广大青年铺设通往成功与成就之路的重要桥梁。它承担着塑造多样化人才、传递技术技能以及激发就业和创业活力的重任，因此，我们必须对此给予高度关注。

2）我们需要确立正确的人才观念，积极培育和实践社会主义核心价值观。在此基础上，我们应致力于提升人才培养的综合素质，倡导尊重劳动、珍视技能、崇尚创新的社会风尚；同时，要努力营造一个能够让每个人都能展现才华、实现潜能的良好环境，为社会培养高素质的劳动者和技能型人才。

《国务院关于加快发展现代职业教育的决定》（国发〔2014〕19号）中强调"坚持以立德树人为根本，以服务发展为宗旨，以促进就业为导向……加快现代职业教育体系建设，深化产教融合、校企合作，培养数以亿计的高素质劳动者和技术技能人才"。

作为将要走入职场的学生，需要从做人和做事两方面培养自己，既要注重专业知识的学习，更要重视人品、素养的提高。达到既会做事，又会做人的要求。

职业素养方面的要求表现为：

（1）展现自己的职业风采，遵守职业规范；工作充满自信。

（2）诚实守信，坚持以消费者为中心。

（3）有强烈的责任感和事业心；工作积极主动，踏实肯干。

（4）加强团结和协作，具有较强的团队精神。

（5）增强自我管理能力；能够把握好自己的时间，控制好自己的情绪；能够制订周密的工作计划。

（6）善于学习和总结，在工作中不断反思和自省，提高工作能力和水平。

2.营销人员的能力要求

（1）口头和书面理解能力。它包括当与他人口头沟通时，能够获取对方所传递的信息并理解对方观点的能力；当阅读书面信息时，能够读取书面信息并理解其观点的能力。

（2）口头和书面表达能力。当与他人口头或书面沟通时，能够准确地传递相关信息并使他人理解的能力。

（3）语音识别能力。能够辨别语音并理解其内容的能力。

（4）语言的清晰度。语言表述清晰以让听众更好理解的能力。

（5）创新能力。围绕某一话题或面临的情况能够迅速地构思出一些不同寻常的想法，或者构想出独特的创意来解决问题的能力。

（6）归纳推理能力。运用各种片段信息归纳出一般规则或结论（包括看似不相关事件之间的相关性）的能力。

（7）运用数学计算的能力。能够迅速而正确地进行加、减、乘、除以及其他数学运算的能力。

（8）记忆能力。能够很好地记住文字、数字、图片和程序等信息的能力。

（9）空间定位能力。能够判断出特定环境下的自身位置或能够判断与己相关的其他事物所处位置的能力。

一项针对目前中国企业所面临的营销难题的调查结果显示：

（1）关于市场调查：51%的企业老板对科学的市场调查认识不深；多数企业更是"拍脑袋"决策，根本不进行市场调查；企业的市场调查毫无章法与科学性，甚至得出一些错误的结论，失去了调查的功能作用。

（2）69%的企业不知道如何制定企业总体营销战略，选择目标市场时往往不考虑企业自身的现状，盲目采取行动。

（3）50%的企业对企业发展及产品定位模糊，不知道应该如何定位，甚至在不认真了解市场的情况下就给企业、产品乱定位。

（4）许多企业无市场风险意识，盲目推出无市场需求的新产品，导致新产品开发和推广失败。

（5）有超过45%的企业不善于运用各种定价方法和策略，同时对价格管理与控制不到位，窜货现象严重。

（6）销售人员对营销理论掌握甚少，销售业务不熟练，销售活动不规范，企业营销行为被动，由于人为因素给企业造成重大损失。

（7）40%的企业对广告、公关、营业推广等促销组合认识肤浅，在整合营销组合策略上有困难。有一些企业很难控制媒体投放计划，导致资金浪费严重。

资料来源　毋丹丹. 新经济时代市场营销理念与策略的创新分析［J］. 商场现代化，2023（21）：52-54.

做一做

延续导入案例，有甲、乙、丙三个人勇敢地接受了挑战。

一个星期的期限到了，三个人分别回公司汇报各自的销售成果，甲先生仅卖出1把，乙先生卖出10把，丙先生居然卖出了1 000把。同样的条件，为什么结果会有这么大的差异呢？公司请他们谈了各自的销售经过。

甲先生说，他跑了三座寺庙，受到了无数次和尚的拒绝，但仍然很执着地推销，终于感动了一个小和尚，买了1把梳子。

乙先生去了一座名山的一个古寺，由于山高风大，把前来进香的善男信女的头发都吹乱了。乙先生找到住持说："蓬头垢面对佛是不敬的，应在每座香案前放一把木梳，供善男信女梳头。"住持认为有道理。因为共有10座香案，于是买下了10把梳子。

丙先生来到一座颇负盛名、香火极旺的深山宝刹，对方丈说："凡来进香者，多有一颗虔诚之心，宝刹应有回赠，保佑平安吉祥，鼓励多行善事。我有一批梳子，您的书法超群，可刻上'积善梳'三个字，然后作为赠品。"方丈听罢大喜，立刻买下1 000把梳子。

公司认为，三个应试者代表着营销工作中三种类型的人员，各有特点。甲先生是一位执着型推销人员，有吃苦耐劳、锲而不舍、真诚感人的优点；乙先生具有善于观察事物和推理判断的能力，能够大胆设想、因势利导地实现销售；丙先生呢，他通过对目标人群的分析研究，大胆创意，有效策划，开发了一种新的市场需求。由于丙先生具有过人的智慧，公司决定聘请他为市场部主管。

更令人振奋的是，丙先生的"积善梳"一出，一传十，十传百，朝拜者更多，香火更旺。于是，方丈再次向丙先生订货。这样，丙先生不但一次卖出1 000把梳子，而且获得了长期订单。

资料来源　根据网络资料整理得来。

讨论：

（1）上述案例中甲、乙、丙三个人的做法对你有什么启示？

（2）你是否想到了更好的方法？

（3）要学习好市场营销，你有怎样的想法和打算？

任务2　　掌握营销组合理论

导入案例

欧莱雅集团如何开拓中国化妆品市场？

法国欧莱雅集团创立于1908年，是世界上最大的化妆品公司，《财富》世界500强之一。近20年来，欧莱雅集团创造了销售业绩连续以两位数增长的纪录。如今，欧莱雅集团已拥有巴黎欧莱雅、美宝莲、兰蔻等500多个品牌，以其卓越品质令全球女士为之倾倒。

欧莱雅集团一直十分看好亚洲市场，中国市场已成为欧莱雅集团全球增长最快的市场之一。其自1997年正式进入中国市场以来，为中国消费者带来了许多高科技创新、优质的化妆品，已为广大中国女性熟悉并喜爱。

欧莱雅集团是如何占领中国化妆品市场的呢？

1.市场定位。欧莱雅集团引入中国的品牌定位于中高档，主要分为大众品牌和高档品牌。随着竞争的加剧，欧莱雅集团的大众品牌价格开始有意识地下调，大众品牌中又分为不同档次，其最低价格已经接近国内品牌化妆品的价格，从而开始了中低市场的争夺。而高档品牌则继续高品位策略。

2.细分市场。第一，从产品的使用对象进行细分，有普通消费者用化妆品、专业使用的化妆品。专业使用的化妆品主要是指美容院等专业经营场所使用的化妆品。

第二，按照化妆产品的品种进行细分，有彩妆用品、护肤品、染发护发用品等，并可进一步对每一品种按照化妆部位、颜色等进行细分，且基本保持每1～2个月就推出新的款式。

第三，其他细分，如按照原材料的不同有专门的纯天然产品；按照年龄细分有适合不同年龄的产品等。

3.产品策略。就中国市场而言，欧莱雅集团的四大产品类型各具特色，它们分别是：专业美发品；大众化妆品；高档化妆品（香水和美容品）；特殊化妆品。如今，欧莱雅集团在中国市场推出的品牌有：巴黎欧莱雅、巴黎兰蔻、纽约美宝莲、赫莲娜、薇姿、科颜氏、理肤泉等等，欧莱雅更多的产品将逐步走近中国消费者。

4.广告与公共沟通。欧莱雅集团对于不同的产品采用不同的广告策略，根据不同的目标顾客采取了行之有效的促销方法。同一产品，欧莱雅拥有多个广告版本，这一策略的关键在于产品推广市场的需求与广告传播概念的吻合。比如美宝莲，它以大众消费者为目标顾客。欧莱雅集团将美宝莲定位为一个大众化的品牌，每一位中国妇女都应该拥有一件美宝莲的产品。中国消费者把美宝莲当作时尚的代表，所以欧莱雅集团在大陆投放的是由美国影星为模特的国际版广告。

欧莱雅集团还在运用广告之余，充分把握和利用一些公共沟通方式。例如，利用文艺、选美、模特赛事、体育等活动，展现产品的特点，宣传品牌；通过与权威机构合作办理公益事项，扩大品牌效应；利用社会焦点，吸引消费者注意；参与权威机构的评选，提高产品的知名度。

资料来源　小兵，广丰.欧莱雅进军中国SPA市场专业线，市场渐起"涟漪"[J].中国化妆品（行业），2010（9）：21-25.

问题：

（1）欧莱雅集团开拓中国化妆品市场时运用了什么营销策略？

（2）构成营销组合的要素分别是什么？

（3）如何区分营销策略的4Ps和营销战略的4Ps？

讲一讲

知识点1：市场营销组合基本理论

1.市场营销组合的定义

市场营销组合，是指企业对各种可以控制的市场营销因素进行最佳组合和综合运用。

小思考

一个企业在开展营销活动的时候会受到哪些因素的影响？企业可以控制的因素有哪些？

2.市场营销组合的基本要素

市场营销组合包括四个基本要素，即产品（Product）、价格（Price）、分销（Place）、促销（Promotion），简称4Ps。

3.市场营销组合的特点

市场营销组合表现为四个特点：

（1）可控性。四个要素是企业能够主动控制的因素。

（2）可变性。四个要素不是固定不变的，而是处于动态的变化之中的，不同要素的综合运用可以构成多种组合形式。

（3）多层性。四个要素可以构成一个大的营销组合，各个要素内部又可以构成次组合和小组合。

（4）整体性。在市场营销活动中，各个要素不是孤立地、单一地来运用的，需要形成一个整体，综合运用。

4.市场营销组合的运用

企业在运用营销组合要素时应该遵循下列原则：

（1）综合运用，发挥1+1＞2的效用。

（2）注意要素之间的配合与协调。

掌握市场营销组合理论

（3）突出重点，同时重视一般。

（4）注意信息反馈，及时进行调整。

企业营销人员只有重视市场营销，不断学习现代营销理论并将其运用于营销实践活动中，才能够收到良好的成效。

学一学

知识点2：营销组合理论的发展

1.由4Ps到6Ps，提出了大市场营销理论

（1）什么是大市场营销？

大市场营销是指企业要进入一个特定市场，除产品、价格、分销和促销外，还需要运用政治权力和公共关系手段。

（2）6Ps包括哪些内容？

6Ps包括：产品（Product）、价格（Price）、分销（Place）、促销（Promotion）、政治权力（Power）、公共关系（Public Relations）。

（3）6Ps解决什么问题？

6Ps解决企业要进入到一个被保护的特定市场的问题。

由于国内市场地方保护主义的存在和国际市场贸易保护主义的盛行，企业要进入一个特定目标市场，仅仅靠4Ps是不够的，还需要运用政治权力（Power）和公共关系（Public Relations）等手段，以争取各方面的合作和支持。

2.由营销策略的4Ps到营销战略的4Ps

（1）营销策略，是指企业如何从局部、具体和细节上考虑采取怎样的手段进行市场营销，它是为营销战略服务的。

（2）营销战略，是指企业从全局、整体上考虑如何开展市场营销活动。营销战略包括的4Ps是指：市场调研（Probing）；市场细分（Partitioning）；选择目标市场（Prioritizing）；市场定位（Positioning）。

（3）营销策略要解决的问题是：如何满足市场需求？那些满足市场需求的做法如何落到实处？营销战略要解决的问题是：市场上需要什么？我们需要往哪个方向看？

说说看：①构成市场营销组合的10Ps是什么？②是不是具备了10Ps，企业的营销活动就一定能够成功？

3.由4Ps到4Cs

（1）4Cs的含义：

①顾客（Customer）：了解顾客的需求。

②成本（Cost）：定价时既要考虑企业的生产成本或经营成本，更要考虑顾客的购买成本。

③便利（Convenience）：为顾客提供最大的购物和使用便利。

④沟通（Communication）：企业应同顾客进行积极有效的双向沟通，而不是单向的促销和劝导。

（2）4Cs的作用：

①忘掉产品，记住顾客的需求与期望；

②忘掉价格，记住成本与顾客的费用；

③忘掉地点，记住方便顾客；

④忘掉促销，记住与顾客的相互沟通。

4. 由 4Cs 到 4Rs

4Rs 营销理论是由美国学者唐·舒尔茨在 4Cs 营销理论的基础上提出的全新的营销理论。

（1）4Rs 的含义：

①关联（Relevance）：紧密联系顾客。

②反应（Reaction）：提高对市场的反应速度。

③关系（Relationship）：重视与顾客的互动。

④回报（Reward）：回报是营销的源泉。

（2）4Rs 的作用：

①产品，要考虑顾客需求，紧密联系顾客。

②价格，既要考虑生产成本，又要考虑顾客的购买成本，对顾客要有回报。

③分销，要方便顾客购买，提高对市场的反应速度。

④促销，要做到双向沟通，做好与顾客的互动。

5. 现代营销中的新概念

（1）创新营销：现代社会是一个创新的时代，人的需求不断改变，科技不断创新，这对市场营销也起到了很大的促进作用，包括观念创新、组织创新、技术创新、产品创新、市场创新。

（2）文化营销：把企业经营理念、价值观念、行为准则、道德观念、企业形象、凝聚力运用于企业营销活动之中。

（3）共生营销：企业甚至是竞争者之间共享资源、特许经营、共同开发产品与销售市场、共同服务等。

（4）形象营销：注意提高企业知名度，创立名牌产品。

（5）绿色营销：企业以环境保护作为经营理念，力求满足消费者绿色消费需要。

（6）知识营销：以产品的科技创新与科普宣传作为突破口，培养新的市场营销行为。

（7）服务营销：从顾客需要出发，为顾客提供满意的商品和服务，增强顾客的忠诚度；对员工进行顾客导向服务教育，使"顾客第一"观念深入人心。

（8）网络营销：为发现、满足或创造顾客需求，利用互联网（包括移动互联网）所进行的市场开拓、产品创新、定价促销、宣传推广等活动的总称，也称为线上营销或者电子营销。可以说，网络营销是以现代营销理论为基础，借助网络、通信和数字媒体技术实现营销目标的商务活动。

（9）微营销：以移动互联网为主要沟通平台，配合传统网络媒体和大众媒体，通过有策略、可管理、持续性的线上线下沟通，建立、转化与强化顾客关系，实现客户价值的一系列过程。其核心手段是客户关系管理，通过客户关系管理，实现路人变客户、客户变伙伴的过程。

（10）微信营销：网络经济时代企业营销模式的一种创新，主要体现在以安卓系统、苹果系统的手机或者平板电脑中的移动客户端进行的区域定位营销，商家通过微信公众平台，展示商家微官网、微会员、微推送、微支付、微活动，已经形成了一种主流的线上线下微信互动营销方式。

（11）直播营销：是指在现场随着事件的发生、发展进程同时制作和播出节目的营销方式，该营销活动以直播平台为载体，以达到企业获得品牌的提升或是销量的增长为目的。

直播营销是一种营销形式上的重要创新，也是非常能体现出互联网视频特色的板块。

另外，还包括博客营销、论坛营销、自媒体营销、事件营销、口碑营销、饥饿营销、悲情营销等新的提法。

做一做

延续导入案例，完成以下内容。

讨论：

（1）欧莱雅集团进入中国市场时运用了什么营销策略？
（2）构成营销组合的要素分别是什么？
（3）如何区分营销策略的4Ps和营销战略的4Ps？

任务3　　树立现代营销观念

导入案例

小损失引来大生意

"顾客就是上帝"是现代营销理念的核心，也是中外生意人达成的共识。下面这个故事说的是"仆人"在"上帝"做错事的时候是如何处理的，非常值得我们学习和借鉴。

中国驻外代表蔡君夫妇在纽约市一家超级商场购物，蔡太太推着购物车只顾浏览货架上的商品，不小心购物车撞到了货架上，将两瓶中国产的茅台酒撞下来摔碎了，酒水溅了一地。蔡太太顿时大惊失色，蔡君一时也手足无措，暗自嘀咕："糟了，赔钱是小事，还得挨一顿训斥。"两人惴惴不安地主动向售货员道歉并表示愿意赔偿。没有想到售货员不但没有责怪他们，还连声说"对不起，非常对不起，由于我们没能照顾好先生和夫人，让你们受惊了"，并立即打电话向经理说明了情况。一位四十多岁的经理满脸微笑地走来，并谦恭地说："我的职员没有将货架上的货物放稳，让二位受惊责任在我。"当看到蔡君的裤腿上还残留着酒渍时，他立即从西服口袋里掏出雪白的手帕为蔡君擦拭，并一再致歉。这位经理不仅没有让蔡君赔偿损失，还亲自陪同蔡君夫妇选购商品，最后热情地送他们离开了商场。

也许是出于对经理的回报，这一次蔡君夫妇几乎将囊中的全部现金都花在这家商场里了，回家时装了满满一车货物。此后每周一次的购物，他俩不用商量就会直接到这家商场。在他们离开纽约时粗略估算了一下，与两瓶茅台酒相比，他们花在这家商场的钱多出何止百倍！

资料来源　阿肇.拒绝赔偿换真心［J］.大众商务，2001（4）.

问题：

（1）这家商场为什么会这样做？

（2）这家商场奉行的是一种怎样的营销观念？

（3）企业如何才能真正做到"以消费者为中心"？

讲一讲

知识点1：对市场观念的理解

1.市场观念的定义

观念，是人们在实践活动中形成的各种认识的集合体，通常是指人的思想或想法。人们的各种活动是根据自身形成的观念进行的，形成正确的观念有利于做正确的事情，提高生活水平和生产质量。观念具有主观性、实践性、历史性和发展性等特点。

市场观念，又称为营销理念或经营哲学，是企业从事营销活动的指导思想。具体来说，市场观念就是指一个企业的决策者对市场营销活动的根本看法或态度。

正确的营销观念是贯穿于企业开展的营销活动的一条主线，企业只有树立正确的市场观念，才能够正常地开展市场营销活动。否则，企业可能会只注重眼前利益而忽视长远利益。

2.市场观念的演变

从市场营销实践过程来看，迄今为止，企业对市场的看法与态度表现为两种类型、五种具体观念。

（1）两种类型：分别指传统的市场观念和现代营销观念。

（2）五种具体观念：分别指生产观念、产品观念、推销观念、市场营销观念和社会营销观念。

生产观念、产品观念、推销观念属于传统的市场观念；市场营销观念和社会营销观念属于现代营销观念。

小思考

（1）为什么生产观念、产品观念、推销观念都属于传统的市场观念？

（2）从推销观念到市场营销观念经历了怎样的变化？为什么？

（3）市场营销观念和社会营销观念是什么关系？

学一学

知识点2：市场观念的演变过程

1.观念的演变过程

（1）生产观念。生产观念是一种以生产为中心的古老的市场观念。在20世纪20年代以前，西方国家的企业普遍推行生产观念。由于是卖方市场，市场需求不断增长，产品在市场上供不应求，只要有产品，就不愁它的销路。在此情况下，企业纷纷以生产来决定销售，企业的注意力是扩大生产，提高产量。生产观念下所提出的口号是"我们能生产什么就销售什么"。

例如，美国福特汽车公司的创办人亨利·福特曾经说过："不管顾客的需要是什么，我们的汽车就是黑色的。"福特汽车公司通过采用流水线生产组织形式，极大提高了汽车的生产效率，降低了汽车的生产成本，从而大大降低了福特汽车的售价，使福特汽车供不应求，供不应求的状况让福特汽车公司根本无暇顾及汽车颜色等顾客的个性化需求。显然，整个市场的需求基本上是被动的，消费者没有多大选择余地，它执行的是"生产观念"。

（2）产品观念。产品观念以产品质量为中心，也是一种较早的市场观念，它的形成时间大致在20世纪二三十年代。这种观念的出发点是"市场需要质量好、有特色的产品"，只要产品质量好，就不愁没有销路，只要产品有特色，就会宾客盈门。在这种观念的指引下，企业的主要任务就是提高产品质量，在产品的特色上下功夫。"一招鲜，吃遍天""好酒不怕巷子深"都是这一观念的具体体现。这种想法在我国的一部分企业中也延续了很长时间。

（3）推销观念。推销观念以推销产品为中心，其形成的时间大致在20世纪三四十年代。这种观念的形成源于卖方市场向买方市场的转变，特别是第二次世界大战的爆发，西方国家居民的消费需求受到了很大的影响，企业的产品销路出现了问题。在推销观念下，企业表现为：产品大量积压，需要重点考虑产品的销路问题；企业积极推销和进行大量的促销活动，包括直接上门推销、铺天盖地的广告宣传、大幅度的降价和开辟新的市场等方式；围绕推销观念提出一些相应的口号。

例如，美国最大的面粉公司——皮尔斯堡面粉公司，在20世纪20年代以前提出的口号是"本公司旨在制造面粉"，在20世纪30年代左右，它的口号改为"本公司旨在推销面粉"。一些有存货待售的企业，则更加重视推销技巧的应用。

推销观念的出现，提高了市场营销在企业经营工作中的地位，是经营指导思想的一大进步。但是，推销观念并未脱离以生产为中心和"以销定产"的范畴。因为它的着眼点仍然是产品，即仍是着眼于既定产品的推销，至于推销的产品是否满足顾客的需要，则未予以足够重视。

（4）市场营销观念。市场营销观念又称为顾客导向，就是以消费者为中心的营销理念。可以说，从推销观念到市场营销观念，是市场观念的一次革命。从20世纪50年代开始，这一观念在西方企业中得到普遍推行。

市场营销观念的形成条件是：买方市场逐步形成；消费者在商品需求上处于优势；消费者需求的多样性；卖方之间竞争非常激烈。

市场营销观念形成后，企业把满足消费者需要和欲望放在首位，强调一切活动以消费者需要为中心；重视消费者服务工作，争取顾客的信任和满意。

围绕这一观念提出的口号有："顾客就是上帝""顾客需要什么，我们就生产经营什么""哪里有顾客的需要，哪里就有我们的机会"。

（5）社会营销观念。社会营销观念又称为社会营销导向，它强调以消费者和社会公众利益为中心。社会营销观念的形成时间大致是20世纪70年代。

社会营销观念的形成条件是：企业一味追求满足消费者需要而出现了损害社会大众利益的现象和问题；一些相应的保护组织与企业对抗，争取保护消费者权益；政府制定相关法律保护环境和社会公众利益。

社会营销观念形成后，企业必须采取相应手段保护消费者和社会公众利益，正确处理好企业利润、满足消费者需要和社会公众利益的关系。

2.不同观念之间的关系

（1）生产观念、产品观念和推销观念之所以都属于传统的市场观念，是因为它们都强调以企业为中心、以产品为中心；考虑的是产品如何生产、如何扩大产量、如何扩大销售，没有从根本上考虑如何满足消费者需求。因此，从生产观念到产品观念再到推销观念，是一种观念代替另一种观念。

（2）从推销观念到市场营销观念，是市场观念的一次根本性变革，也可称为市场观念的一次"革命"。

推销观念是以企业为中心，市场营销观念是以消费者为中心；推销观念是首先考虑自己，市场营销观念是首先考虑别人，思维方式发生了根本变化。

（3）市场营销观念和社会营销观念都是首先强调以消费者为中心，因此都属于现代营销观念，社会营销观念是市场营销观念的补充、完善和发展。

讲一讲

知识点3：区别新旧市场观念

1.新旧市场观念的不同

（1）营销活动的程序不同。

执行传统市场观念的企业是产品生产出来以后再去寻找市场销路。

执行现代营销观念的企业是首先去了解消费者的需求，根据消费者的需求再确定产品的生产。

（2）营销活动的重点不同。

执行传统市场观念的企业认为：产品是第一位的，有产品就有市场。

执行现代营销观念的企业认为：消费者是第一位的，谁找准了消费者需求，谁就拥有市场。

（3）营销活动的手段不同。

执行传统市场观念的企业当产品出现销路问题时，单一抓推销，只注重广告宣传和降价活动。

执行现代营销观念的企业强调整体营销活动的开展，特别注重10Ps的综合运用。

（4）营销活动的最终目标不同。

执行传统市场观念的企业通过推销商品取得利润，只注意眼前利益，忽视了企业长远的发展。

执行现代营销观念的企业通过满足消费者需要取得利润，既考虑眼前利益，更注重企业利益，当两者发生矛盾时，更重视企业长远的发展。

（5）企业内部的机构设置不同。

执行传统市场观念的企业根据产品的生产与销售设置管理部门，强调各个职能部门的重要性，各自为政。

执行现代营销观念的企业根据市场要求和以消费者为中心来设置管理部门，重视营销部门的作用，强调部门之间的密切配合。

2.企业应该树立的市场观念

（1）从类型上说，应该树立现代营销观念。

（2）从具体观念上说，应该树立市场营销观念和社会营销观念。

（3）从具体内涵上讲，应该强调以消费者和社会公众利益为中心。

学一学

知识点4：树立现代营销观念

小思考

下列说法有些是广告语，有些是现代营销观念的体现，你能否区分出来？

①顾客是上帝。

②哪里有顾客的需要，哪里就有我们的机会。

③用我们的光和热去温暖每一个人、每一颗心。

④天天平价，满意服务。

⑤我们一直在努力。

⑥真诚到永远。

⑦这里是购物天堂。

⑧相信我，没错的。

1.树立现代营销观念的重点

企业树立市场营销观念应该把握的重点如下：

（1）坚持顾客导向。

①把"以消费者为中心"作为企业开展市场营销活动的指导思想。

②企业全体员工应该达成共识并贯彻实施。

③进行广泛的宣传活动，让社会公众知晓。

（2）注重整体营销。

①加强企业内部部门之间的密切配合。

②保证各营销要素的最佳组合和综合运用，具体包括营销战略和营销策略两方面，共10Ps的综合运用。

（3）追求顾客满意。

①加强销售过程中的服务。

②注重产品的追踪调查，了解顾客的满意度。

③加强与消费者之间的密切联系。

2.市场营销活动过程

（1）市场营销过程的含义。市场营销过程是指企业开展营销活动应遵循的步骤。具体来说，市场营销过程是指企业重点考虑如何把有限的人力、财力、物力资源运用到营销活动中去，对企业营销活动进行有效控制和管理。

（2）企业营销活动要遵循的步骤。企业开展营销活动一般可归纳为以下五个步骤：

①分析市场，发现市场机会。这种分析包括对市场营销环境和消费者需求的分析。

②选择目标市场。通过进行市场细分，选择企业自己的目标市场，从而进行准确的市

场定位。

③规划营销策略。对产品、定价、分销和促销4Ps进行综合分析，选择最有效的组合方式。

④制订营销计划。

⑤实施和控制营销活动。

小资料

开店前要做好的准备工作

（1）开店前期市场调查。对有意向经营的商品进行深入的市场调查，包括网上资料的收集和对本地市场的调查；收集的信息包括消费者的需求变化及需求特性、商品的市场饱和度、市场购买力、店铺的地理位置、进货渠道等内容。

（2）进行商圈分析。在前期调查的基础上对商圈的构成情况、特点、范围以及影响因素进行分析，为选择合适的店址、制定和调整营销策略提供依据。

（3）选择开店地点。开店成功的首要因素是选址，地点对开店成败的影响占到70%左右。具体应考虑的问题包括：人口是否集中；是商业区还是住宅区；人口流动情况；商圈范围内人口的消费能力；消费者的购物方式；主要辐射范围内有没有强劲竞争者；交通状况等。

（4）选择合适的经营方式。选择是通过加盟体系开店，还是独立开店。美国对开店成功率进行调查的结果是，采取加盟体系开店成功者约为80%，独立开店成功者约为20%。

（5）确定经营品种。在商圈分析的基础上，根据这一地点的需求情况确定经营品种。

（6）进行资金预算并筹集所需资金。所需资金包括店面的租金、店面装修费、初次铺货计划资金、进货的差旅费用、流动资金、聘营业员费用、税收等。

（7）确定企业名称、经营理念和口号、招聘员工等。

（8）办理营业执照、组织机构代码证和税务登记证（在目前称为"三证合一"）。其中，办理营业执照和税务登记证需要准备的材料包括：所租店面的租赁合同（复印件）、房屋产权证（可用复印件）、身份证（复印件）、四张照片，到所在地相关部门填写相应表格办理。

做一做

案例：王永庆，成功从每一粒米开始

王永庆，中国台湾台北人，祖籍福建安溪，著名企业家、台塑集团创办人，被誉为中国台湾的"经营之神"。

王永庆早年因家贫读不起书，只好去做买卖。16岁的王永庆从老家来到嘉义开了一家米店。那时，小小的嘉义已有米店近30家，竞争非常激烈。当时仅有200元资金的王永庆只能在一条偏僻的巷子里承租一个很小的铺面。

他的米店开办最晚，规模最小，更谈不上知名度了，没有任何优势。在新开张的那段日子里，生意冷冷清清，门可罗雀。

刚开始，王永庆曾背着米挨家挨户去推销，一天下来，人不仅累得够呛，效果也不好。谁会去买一个小商贩上门推销的米呢？为了打开销路，王永庆决定从每一粒米上打开突破口。当时，农民还处在手工作业状态，由于稻谷收割与加工的技术落后，很多小石子之类的杂物很容易掺杂在米里。人们在做饭之前，都要淘好几次米，很不方便，但大家都已见怪不怪，习以为常了。

王永庆却从这司空见惯中找到了切入点。他和两个弟弟一齐动手，一点一点地将夹杂在米里的秕糠、砂石之类的杂物拣出来，然后再卖。一时间，小镇上的主妇们都说，王永庆卖的米质量好，省去了淘米的麻烦。这样，一传十，十传百，米店的生意日渐红火起来。

王永庆并没有就此满足，他还要在米上下功夫。那时候，顾客都是上门买米，自己运送回家，这对年轻人来说不算什么，但对一些上了年纪的人来说就非常不方便了。而年轻人又无暇顾及家务，买米的顾客以老年人居多。王永庆注意到这一细节，于是主动送米上门。这一方便顾客的服务措施同样大受欢迎。当时还没有"送货上门"一说，增加这一服务项目等于是一项创举。

王永庆送米，并非送到顾客家门口了事，还要将米倒进米缸里。如果米缸里还有陈米，他就将陈米倒出来，把米缸擦干净，再把新米倒进去，然后将陈米放在上层，这样，陈米就不至于因存放过久而变质。王永庆这一精细的服务令顾客深受感动，赢得了很多的顾客。

如果给新顾客送米，王永庆就细心记下这户人家米缸的容量，并且问明家里有多少人吃饭，几个大人、几个小孩，每人饭量如何，据此估算该户人家下次买米的大概时间，记在本子上。到时候，不等顾客上门，他就主动将相应数量的米送到客户家里。

王永庆精细、务实的服务，使嘉义人都知道在米市马路尽头的巷子里有一个卖好米并送货上门的王永庆。有了知名度后，王永庆的生意更加红火起来。这样，经过一年多的资金积累和客户积累，王永庆便自己办了个碾米厂，在最繁华热闹的临街处租了一处比原来大好几倍的房子，临街是铺面，里间是碾米厂。

就这样，王永庆从小小的米店生意开始了他后来问鼎中国台湾首富的事业。

王永庆成功的例子说明，不要以为创造就非得轰轰烈烈、惊天动地。把卖好每一粒米这样细小的工作做好同样也是一种创造。

资料来源　川线. 王永庆：成功从一粒米开始［N］. 深圳商报，2005-08-01.

讨论：

（1）王永庆在卖米上坚持的是一种怎样的营销观念？

（2）他为什么能够真正做到以"消费者为中心"？

（3）案例中有哪些做法值得学习和借鉴？

拓展学习

"中国首善"曹德旺的成功秘诀

"我必须保持优秀，否则会造成羞耻，不仅给评委们，而且会给整个中国。"这是2009年5月30日，在摩洛哥蒙特卡洛举行的颁奖大典上，曹德旺力挫群雄，荣获"安永全球企业家奖"，在颁奖典礼上的获奖感言，令全世界动容。曹德旺荣获的"安永全球企业家奖"，是从来自世界43个国家10 000多名企业家中脱颖而出的，有着企业界奥斯卡之称；也是该奖项设立23年以来，首位华人企业家获此殊荣。

曹德旺，我国著名企业家，慈善家，1987年创立福耀集团，至今已成为中国第一、世界第二大汽车玻璃供应商。近年来，曹德旺带领福耀集团积极探索和实践"中国制造2025"。公司以智识引领发展，以创新为驱动，其在信息技术与生产自动化方面位居全球同行业前列，先后荣获"国家智能制造示范企业""中国质量奖""国家创新示范企业""国家级企业技术中心"等各类创新荣誉、资质，并多年蝉联《财富》中国500强、中国民营企业500强，多次获得"中国最佳企业公民""CCTV最佳雇主"等社会殊荣。

曹德旺不仅是一位出色的企业家，还是一位捐款无数的慈善家。从1983年第一次捐款至今，曹德旺个人累计捐赠近120亿元人民币，范围涉及救灾、扶贫、助困、教育、文化等各方面。他认为："慈善是社会的第三种分配方式，其终极目的是为了推动社会和谐发展。"此外，曹德旺在担任第十二届全国政协委员期间，在湿地保护、粮食安全、税收制度、小微企业生存等问题上，积极建言献策，受到了全社会的广泛关注和高度好评，为中国更好更快地发展毫无保留地贡献了自己的力量。

很多人都好奇，曹德旺的成功秘诀是什么？

曹德旺曾经在他撰写的《心若菩提》一书中提到：我一生所有的财富和经验总结起来，不过是一个"心"字；"心"每个人都有，也都可以做到用心，关键在于他们想不想，能不能坚持。

你有多少心，就做多少事。

因家境贫寒，曹德旺9岁才上学，14岁被迫辍学，他不得不跟着父亲到处做生意，卖烟丝、贩水果、拉板车、修自行车……什么苦活、累活都干过。

有一次，父亲跟曹德旺说："你想好将来要做什么吗？"

曹德旺每天累得倒床就睡，只想着能吃饱喝好，哪有什么时间考虑未来。

父亲知道儿子的想法，他说："一个人有多少心，就做多少事，用心、真心、爱心、决心、专心、恒心、耐心、怜悯心……"

如果有一天你能真正理解这些"心"真正的含义，你离成功就不远了。

曹德旺一直记得父亲的告诫，"随着阅历的增加，我越是发现父亲当年的话是多么的正确。"

刚结完婚的曹德旺想起了做白木耳的生意，没资金来源，就到处向外借账，还将妻子的嫁妆变卖了，以此来购买大量的白木耳。

结果因为种种原因，这批白木耳全损失了，连本都没有捞回来。曹德旺赔得一无所有，外面还欠了一身债。那段时间，曹德旺"几乎把他一辈子的眼泪都流干了"。

就在这种困难的情况下，曹德旺不得不放下面子，挨家挨户去借钱还债，等他有些资金后，就立刻将欠下乡亲父老的钱还上。

曹德旺曾经说过："人要有良心，我对社会始终抱着感恩的心态，我是通过自己的力量来帮助社会。"

或许正是因为曹德旺做事用心、专心、恒心，才成就了福耀集团的今天；是因为他做人有正心、善心和怜悯心，才能在慈善事业上做了些事情。

曹德旺常说自己是"企业家",而不是"富豪"。在他看来,企业家要承担风险和肩负重任,企业家必须有一定的境界和胸怀,要多为国家和社会思考,要懂得把国家、人民放在第一位,懂得"取之于民,授之于民"之道。

曹德旺一直是一位备受争议的企业家,但如果真正了解这个人后会发现,他身上有很多优秀的品质和精神,是现在很多人都或缺的。

曹德旺坚持"义利相济"的中国传统商道文化,并身体力行地为国家的繁荣发展积极探索。他是中国第一个人才交流市场的提出者和促成者;为盘活中国人才资源、促进民营经济体良性发展,他是第一个引进独立董事制度的实践者,从公司治理层面保障股东与员工利益;他是 WTO 反倾销胜诉第一人,为中国企业在国际市场追求商业公平树立了榜样。因此,曹德旺被人们称为"中国企业家精神的代表"和公认的"中国首善"。

曹德旺从一个穷小子一步一步走到董事长的地位,他身上的很多品质和经历都值得我们大家,特别是职场中的新人或者在创业途中的年轻人学习和借鉴。

资料来源　根据网络相关资料整理得来。

项目实训

实训内容:组建学习团队,做好开店准备

1.实训目的

在企业营销活动中,有些问题的解决靠一个人是不行的,需要以小组为单位,发挥团队的作用,共同协作来完成。

培养同学们的团队意识,加强相互之间的协作尤其重要。在传统教学活动中,往往只注重个体活动,缺乏团队意识的培养和锻炼,导致过分以"自我为中心",与现代营销观念的要求格格不入。

学好市场营销专业课程的关键在于树立正确的营销理念,强调"以消费者和社会公众利益为中心"。因此,在人际交往过程中需要站在他人的角度,考虑他人的需求,为他人着想。我们希望在学习本课程的过程中,同学们能加强团队意识,提高沟通协调能力。

2.实训步骤

(1)班主任在学期初进行宣传和动员,让学生明白实行"小组合作学习"方式的意义及要求。

(2)根据全班同学的基本情况,考虑性别比例、兴趣倾向、学习水准、交往技能、守纪情况、管理能力等方面因素,按"组内异质、组间同质"的原则进行分组;同时将敢于管事的学生选为组长,小组成员坐在一起上课。

(3)任课教师围绕小组合作学习方式精心设计教学内容,从学生分析、目标设置、任务选择、策略匹配、教学过程组织和掌控等方面全程把握。

(4)教师对小组合作学习情况进行现场观察和介入,提供及时有效的指导,不能流于形式。

(5)以小组为单位,如果你们准备开一家店,你会选择卖什么商品?应该树立怎样的营销理念?如何才能经营好?

3.实训要求

（1）任课教师正确引导同学们进行小组合作学习，学会独立思考和小组讨论相结合。

（2）同学们要学会分工合作，学会独立思考，内化吸收，学会小组讨论，分享交流。

（3）选择开店项目后，同学们要在日常生活中多关注开店项目的相关资讯，争取学习结束后，对该项目所在行业有一定的了解。

4.实训实施

以小组为单位讨论下列问题：

（1）本小组准备开设什么类型的实体店？经营什么商品？

（2）所开实体店确定什么店名和标志（LOGO）？

（3）根据现代营销观念的要求，提出本店的宣传语。

（4）构思营销战略4Ps和营销策略4Ps的基本内容。

项目回顾

通过本项目的学习，我们明确了市场营销的概念，了解了市场、市场营销与营销组合之间的关系和市场营销组合理论的发展，认识到了树立现代营销观念在企业营销活动中的重要性，明确了企业开展市场营销活动应该遵循的程序。

关键词汇

1.市场营销：各种类型企业在市场上为满足消费者需要所开展的综合性销售活动。

2.市场：从市场营销的角度来看，市场是人口、购买力和购买动机三者的集合，即可以形象地表示为：市场=人口+购买力+购买动机。

3.市场营销组合：企业对各种可以控制的市场营销因素进行最佳组合和综合运用。

4. 大市场营销：企业要进入一个特定目标市场，除了运用4Ps以外，还需要运用政治权力（Power）和公共关系（Public Relations）等手段，以争取各方面的合作和支持。

5.市场观念：又称为营销理念、经营哲学，是企业从事营销活动的指导思想，具体来说就是指一个企业的决策者对市场营销活动的看法或态度。

6.市场营销观念：又称为顾客导向，是指以消费者为中心。

7.社会营销观念：又称为社会营销导向，强调以消费者和社会公众利益为中心。

8.市场营销过程：企业开展营销活动应遵循的步骤。其具体是指企业重点考虑如何把有限的人力、财力、物力资源运用到营销活动中去，对企业营销活动进行有效控制和管理。

项目检测

一、单项选择题

1.企业开展市场营销活动的目的是（　　）。

A.满足消费者需要　　　　　　　　B.企业盈利

C.市场竞争　　　　　　　　　　　D.适应国际市场要求

2.将市场划分为商品市场、服务市场和要素市场，是按（　　）不同划分的。

A.地理位置　　　　B.经营对象　　　　C.商品流通环节　　　　D.经营范围

3.想方设法促使每一笔交易成功是市场营销的（　　　）。

A.目的　　　　　　　　B.中心　　　　　　　　C.手段　　　　　　　　D.范围

4."生产什么卖什么"是（　　　）的体现。

A.推销观念　　　　　　B.产品观念　　　　　　C.生产观念　　　　　　D.市场营销观念

5."哪里有顾客的需要，哪里就有我们的机会"是（　　　）的具体体现。

A.生产观念　　　　　　B.推销观念　　　　　　C.社会营销观念　　　　D.市场营销观念

6.一位生产照相机企业的老总说："我们生产的是照相机，销售的是人们美好的回忆和永久的纪念。"他的讲话体现了（　　　）。

A.企业对利润的追求　　　　　　　　　　B.企业的社会责任

C.企业的使命　　　　　　　　　　　　　D.企业的经营手段

7.中国著名的S药业公司，经常在电视上做如"吸烟有害健康"等公益性广告，这说明该公司遵循（　　　）。

A.产品观念　　　　　B.推销观念　　　　　C.市场营销观念　　　　D.社会营销观念

二、多项选择题

1.从营销学的角度，市场是（　　　）三者的集合。

A.人口　　　　　　　　B.购买力　　　　　　　C.购买动机　　　　　　D.消费行为

2.商品市场按商品用途和购买目的不同，可以分为（　　　）。

A.消费品市场　　　　　B.工业品市场　　　　　C.服务市场　　　　　　D.金融市场

3.市场营销组合包括的四个基本要素是（　　　）。

A.产品　　　　　　　　B.价格　　　　　　　　C.地点　　　　　　　　D.促销

4.现代营销观念包括的具体观念是（　　　）。

A.产品观念　　　　　　B.推销观念　　　　　　C.市场营销观念　　　　D.社会营销观念

5.传统市场观念包括的具体观念是（　　　）。

A.产品观念　　　　　　B.推销观念　　　　　　C.市场营销观念　　　　D.社会营销观念

6.市场营销策略所包括的4Ps是（　　　）。

A.市场调研　　　　　　B.产品策略　　　　　　C.选择目标市场　　　　D.促销策略

7.市场营销战略所包括的4Ps是（　　　）。

A.价格策略　　　　　　B.市场细分　　　　　　C.选择目标市场　　　　D.市场定位

三、判断题

1.从现代营销的角度解释，市场是商品交换的场所，是商品交换关系的总和。

（　　　）

2.人口越多，市场就越大；人口越少，市场就越小。 （　　　）

3.顾客需求是建立在货币支付能力基础上的欲望。 （　　　）

4.当前我国的市场环境是商品供过于求、市场竞争激烈的卖方市场。 （　　　）

5.按商品的流通环节不同，市场可划分为批发市场和零售市场。 （　　　）

6.市场营销是综合性销售，是精心组织的销售活动，是主动销售；推销包含在整体营销活动之中。 （　　　）

7.企业开展市场营销活动的目的是得到更多的利润，而实现这一目的的手段就是要重视产品的促销。 （　　　）

8.市场营销活动开始于产品生产之前，结束于产品实现销售之后。 （　　）

四、案例分析

沃尔玛成功的奥秘

沃尔玛是世界上最大的商品零售商，2021年营业额达到5 591.51亿美元，连续多次居世界500强首位。沃尔玛经过了一个什么样的发展历程？它为什么能够成功？沃尔玛成功的奥秘表现在哪些方面？

1.顾客才是真正的老板。事实上，顾客能够解雇我们公司的每一个人，他们只需到其他地方去花钱，就可以做到这一点。衡量我们成功与否的重要标准就是看我们让顾客——"我们的老板"满意的程度。

2.保证满意。简单地讲，保证满意意味着竭尽所能让您满意。修理、换货或退款时，对您说声"谢谢"并笑脸相迎。您是沃尔玛的生计所在。超出顾客的期望，向顾客提供他们需要的东西，并且再多一点服务。

沃尔玛人的工作就是通过满足您的需求并且超出您的期望，使您感觉到您是我们生意中最重要的部分。

3.日落原则。所有沃尔玛员工应该在收到顾客、供应商或其他员工的电话当天日落之前对这些电话做出答复，以迅速回应您来表明我们关心您。

我们不一定要在日落之前解决每一个问题或者完成每一项任务，但我们会与您保持联络，这体现了我们公司的一条基本原则，即我们关心顾客。

4.三米微笑原则。这是沃尔玛服务顾客的秘诀之一，它是由沃尔玛的创始人山姆·沃尔顿先生传下来的。每当他巡店时，都会鼓励员工与他一起向顾客做出保证："我希望你们能够保证，每当你在三米以内遇到一位顾客时，你会看着他的眼睛与他打招呼，同时询问你能为他做些什么。"

5.感谢光临！感谢您光临沃尔玛各商场。我们非常荣幸能够为您提供服务。我们会不断努力提高我们的服务质量，满足您的需求，超越您的期望，同时希望您提出宝贵建议。

假如您未曾到过我们的商场，我们在此诚邀并期待您的光临！

6.顾客服务原则。

第一条，顾客永远是对的。

第二条，如果对此有异议，请参照第一条执行。

请根据以上案例分析：

（1）沃尔玛在整个经营活动中执行的是什么观念？

（2）沃尔玛在具体做法上有哪些独特的地方？

（3）我们国内企业需要学习沃尔玛的哪些方面？

项目评价

本项目考评内容由职业能力与素养表现、专业知识与能力掌握两部分组成，对应相应的考评标准，以自我评分、小组评分和教师评分三方面相结合的方式计算出各项分值并换算得出合计得分，填写在表1-1中。

表1-1 职业素养与专业能力测评表

考评内容		考评标准	分值	自我评分	小组评分	教师评分	合计得分
职业能力与素养表现	行为规范与态度	语言文明，行为得体，注意外在形象；做事态度端正、认真	10				
	沟通与协调	主动与他人沟通，表述清晰，注意倾听，善于协调处理问题	10				
	团队分工协作	融入团队，积极参加活动，关心他人，承担主要工作并认真完成	10				
	表达与展示	能准确收集和传递信息，善于表现自己，充分表达自己的看法	10				
	自我管理	正确认识和评价自我、合理分配和利用时间与精力、具有安全意识与自我保护能力，控制自己的情绪	10				
专业知识与能力掌握	市场营销相关概念	理解、掌握	10				
	市场营销组合理论	理解、运用	10				
	市场营销观念	理解、分析与运用	10				
	项目检测	作业完成情况	10				
	项目实施	参与讨论和策划，提出建议	10				
综合得分			100				

评价说明：①合计得分＝自我评分×20%＋小组评分×40%＋教师评分×40%。②综合得分总分为100分；得分60分以下为不合格；60～75分为合格；76～89分为良好；90分及以上为优秀。

项目2　如何分析市场，发现市场机会

学习目标

知识目标：

1.了解市场营销环境的概念及基本内容。

2.掌握消费者需求分析的基本内容。

能力目标：

1.能够运用基本方法分析企业的营销环境。

2.能够分析消费者购买心理与购买行为的变化。

3.能够帮助企业发现市场机会，避免环境威胁。

4.能够结合自己开办的实体店，找准市场机会，避免各种威胁。

实训内容

1.结合所选择的企业，分析它的营销环境和消费者需求。

2.如何针对本小组开办的实体店分析营销环境和消费者需求？

学时建议

1.教师讲授（讲一讲）6学时。

2.学生学习及讨论（学一学）6学时。

3.项目实训（做一做）2学时。

企业所开展的市场营销活动，是在纷繁复杂而且急剧变化的营销环境影响下进行的；特别是从2018年3月开始，美国挑起的中美贸易摩擦，使国际政治、经济及贸易形势更加复杂，加之新冠疫情对全球造成的影响，世界贸易"雪上加霜"；我国企业不仅要面对国内激烈的市场竞争，同时也要面对更加复杂多变的国际市场。我国最先很好地控制住了国内疫情，并积极支持其他国家抗击新冠疫情，强有力地稳定了国内经济形势，并对全球经济起到积极的影响作用。在各种营销环境及消费者需求不断发生变化的情况下，只有对其进行认真分析，才能够发现新的市场机会，规避各种环境威胁，同时找出企业自身的优势和不足，更好地实现企业的营销目标。

企业开展营销活动需要对哪些因素进行分析?

这是一个非常复杂的问题。

【问题导入】

结合所选择的企业，说一说在营销活动中需要分析哪些营销环境，如何分析消费者对产品的需求。

任务1 分析市场营销环境

导入案例

百年老店破产，到底是谁"杀死"了西尔斯

背负1.34亿美元债务，股价跌破1美元，美国昔日的"殿堂级"百货公司——西尔斯于2018年10月15日宣告破产，142家门店全部关闭。这家有着132年历史、被誉为"重塑美国"的"百年老店"、零售巨头为何会沦落至此?

曾经"塑造一个国家"

许多美国人对西尔斯充满感情，在他们眼中，这家创立于1886年的百货公司"真正改变了美国"。作为零售行业的先驱，西尔斯的创新曾经无处不在。尤其在1925年，首家零售商店开张，把美国人从传统的街头杂货铺带进购物中心，为第二次世界大战后美国的城镇化做出了贡献。

西尔斯一度"霸占"美国人的所有日用品市场，从洗衣机到缝纫机，从家具到汽车。

Kenmore系列家用电器改变了美国人做家务的形态，西尔斯也由此主导美国家电市场。Craftsman品牌的工具以提供终身保修成为美国中产阶级的支柱。西尔斯还首次提供Allstate汽车保险服务、售卖"西尔斯现代之家"。

美国有线电视新闻网称，在20世纪中叶的一段时期，在美国消费的每100美元中就有1美元来自西尔斯，每两个美国家庭中就有一家使用西尔斯的产品。"这个品牌塑造了一个国家。"

冰冻三尺非一日之寒

从300亿美元市值缩水至1亿美元，股价跌破1美元，直至今日申请破产保护。西尔斯怎么会一步一步跌入死亡的深渊？

有观点认为，这是电商崛起对零售行业冲击的结果。在西尔斯之前，已有不少零售企业倒闭，包括美国最大的玩具连锁店玩具反斗城等等。但也有分析指出，"西尔斯之死"不能完全由电商"背锅"。事实上，实体零售在美国零售市场总额中仍占到91%的比重，网购仅占9%，其他像沃尔玛等实体零售企业也并未被网购"杀死"。

美国媒体认为，西尔斯的问题并非一日之寒，而是数十年积弊所致。它的失误可以追溯至20世纪80年代，早在网购兴起之前，西尔斯就已渐渐跟不上美国人不断变化的购物习惯。而沃尔玛和塔吉特等大卖场形态的零售商的涌现，不断挑战着西尔斯的"霸主"地位，因为它们在价格、商品选择、追踪消费者习惯等方面都完胜西尔斯。

无情抛售"销量担当"

经过20世纪80年代的巅峰期之后，1989年，西尔斯遭遇命运转折之年，开始由盛转衰。西尔斯的管理层试图以削减库存、关闭门店、出售大厦、剥离相关业务等方式来节省成本，但省下的钱没能用在门店的维护和翻新上，以致西尔斯的门店变得破败不堪。相比之下，西尔斯的竞争对手们却投入大量资金翻新门店，使其富有现代气息。

西尔斯舍不得投资翻新门店，却舍得花钱进军时尚和美容业、银行业和房地产业，公司由此变得臃肿不堪。与此同时，西尔斯还忽视维护旗舰品牌，比如"销量担当"Kenmore电器、Diehard电池和Craftsman工具，都被西尔斯"无情"抛售，试图寻找接手的买家。

即便受到亚马逊等电商的冲击，西尔斯也没有尝试改变商业模式。"西尔斯从未实现转型，从推出购物目录的传统零售商转变为一家在线零售商。在公司陷入恶性循环后，只是靠出售地产给亚马逊、关闭门店、解雇工人、抛售品牌等方式维持生存。"《财富》网称，终于，这一切成为压垮西尔斯的最后一根稻草。

资料来源 廖勤.百年老店破产，到底是谁"杀死"了西尔斯［N］.解放日报，2018-10-17.

问题：

（1）拥有132年历史的西尔斯，曾经的"零售之王"为什么会走到破产的地步？

（2）西尔斯的倒闭对我们有怎样的启示？

（3）企业如何适应营销环境和消费者需求的变化？

讲一讲

知识点1：正确理解市场营销环境

1.市场营销环境的定义

环境是人类生存的空间以及其中可以直接或间接影响人类生活和发展的各种自然因

素。环境既包括以空气、水、土地、植物、动物等为内容的物质因素，也包括以观念、制度、行为准则等为内容的非物质因素；既包括自然因素，也包括社会因素。环境是相对于某个主体而言的，主体不同，环境的大小、内容等也不同。

习近平总书记在党的十九大报告中指出，坚持人与自然和谐共生。必须树立和践行"绿水青山就是金山银山"的理念，坚持节约资源和保护环境的基本国策。每年的6月5日为世界环境日；我们应当树立起保护环境的意识。

市场营销环境是指影响企业开展营销活动的各种因素。这些因素是与企业营销活动紧密联系的，影响着企业营销活动的开展。

2.营销环境包含的因素

问题：一个企业会受到哪些因素的影响？影响企业营销活动的因素有哪些？

我们可以从不同的角度对营销环境包含的因素进行划分。

（1）从企业对各种因素的控制和适应程度可以划分如下：

①企业能够主动控制的因素。它包括企业本身、分销渠道企业等。

②企业能够施加影响的因素。它包括消费者、竞争者、公众等。

③企业不能控制、不能改变、只能适应的因素。它包括宏观环境中的各种因素。

（2）从各种因素的范围大小可以划分如下：

①营销微观环境，是指直接影响企业营销活动的各种因素，是企业能够主动控制和可以施加影响的因素，是相对于宏观环境而言的。

它包括企业本身、中间商、消费者、竞争者、公众等。

②营销宏观环境，是相对于微观环境而言的，是指对企业营销活动有影响的各种社会性因素，它既可能给企业带来市场机会，也可能造成营销威胁。

它包括人口环境、经济环境、社会文化环境、政治与法律环境、自然环境、科技环境等。

3.营销环境的特点

（1）差异性：不同企业会受到不同环境因素的影响，同一环境因素对不同企业的影响程度也不一样。

（2）多变性：各种环境处在不断变化之中。

（3）关联性：各种因素之间相互联系、相互制约。

（4）复杂性：市场是复杂的，企业会受到各种因素的影响。

4.分析营销环境的必要性

（1）营销环境是企业营销活动的约束条件。

（2）企业营销的成败，关键在于能否适应不断变化的营销环境。

（3）对营销环境的分析，是企业开展营销活动的立足点。

（4）通过分析，有利于企业发现机会，避免威胁，为营销活动做出正确的决策。

学一学

知识点2：微观营销环境分析

1.企业自身因素的影响

对一个企业自身因素进行分析，需要考虑以下几个方面：

①营销机构的建立是否健全。

②营销人员的配备、培训和使用是否恰当。

③营销因素的运用是否熟练。

④能否对营销活动进行有效的控制。

小组讨论

造成西尔斯破产的自身因素是什么？

2.中间商的影响

中间商是指向企业提供各种货源和解决商品销路的商业组织。

中间商包括资源供应商、产品经销商、物流组织、中介机构和咨询机构等。（在项目6的分销渠道中将进行分析）

3.消费者的影响

消费者也被称为目标顾客或目标市场。

消费者需求将在本项目的后部分内容中进行分析。

如何选择目标市场将在项目3中进行分析。

4.竞争者的影响

竞争者一般是指与本企业提供的产品或服务相似，并且所服务的目标顾客也相似的其他企业。

竞争者有广义和狭义之分，一般而言，企业要面对四种类型的竞争者，需要对不同类型的竞争者进行分析。

第一种是愿望竞争者，即营销不同产品，满足消费者不同需要的竞争者。

第二种是类别竞争者，即营销不同产品，满足消费者同一种需要的竞争者。

第三种是形式竞争者，即营销同一种产品，但产品的规格、型号、式样等不同的竞争者。

第四种是品牌竞争者，即营销的产品规格、型号、式样等相同，只是品牌不一样的竞争者。

小组讨论

（1）结合"百年老店破产，到底是谁'杀死'了西尔斯"案例，分析西尔斯需要面对哪些方面的竞争？

（2）结合你所选择的企业，分别找出它需要面对的四种类型的竞争者。

5.社会公众的影响

公众是对企业营销活动有直接或间接影响的团体和个人。不同公众对企业的影响程度不一样。企业需要面对的公众类型按不同的划分标准有不同的分类方式。

第一，按公众的构成来划分，一个企业需要面对的公众包括内部公众和外部公众。内部公众包括董事会、股东、企业员工等。外部公众包括金融机构、媒体、政府、群众团体、社区、一般公众等。

第二，根据与企业营销活动的关系划分，其包括非公众、潜在公众、知晓公众和行动公众。非公众是指与企业利益无关，不受企业营销活动的影响，也不对企业产生影响的公众。潜在公众是指可能将要与企业发生利益关系，但目前暂时还没有意识到的公众。知晓公众是指与企业有相关的联系，有相应的利益关系，对企业有关的信息都感兴趣的公众。行动公众是指准备或已采取某种购买行为的公众。

小组讨论

结合你所选择的企业，找出它所面对的四种公众类型。

讲一讲

知识点3：宏观营销环境分析

1.市场营销宏观环境包含的因素

根据"市场=人口+购买力+购买动机"，找出影响企业营销活动的各种因素。

（1）人口环境。人口环境是指一个国家或地区的人口规模情况、人口结构、人口分布状况和人口流动情况。

（2）经济环境。经济环境是指构成企业生存和发展的社会经济状况和国家经济政策，是影响消费者购买能力和支出模式的因素，它包括收入的变化、消费者支出模式的变化等。它直接影响市场的发育和消费者的购买力水平。经济环境包括宏观经济环境与微观经济环境。

宏观经济环境分析的内容包括：当前的经济发展水平、经济结构、经济制度等内容。微观经济环境分析的内容包括：消费者的收入情况和支出状况。

（3）社会文化环境。社会文化环境是指一个国家或地区在某种社会形态下已经形成的价值观念、宗教信仰、道德规范、审美观念、风俗习惯等被社会所公认的各种行为规范。

（4）自然环境。自然环境是一切直接或间接影响人类的，自然形成的物质、能量和现象的总和。

（5）科学技术环境。科学技术环境是指科学技术的进步以及新技术手段的应用对社会进步所产生的作用。

（6）政治法律环境。政治法律环境是指一个国家或地区的政治制度、体制、方针政策、法律法规等。这些因素常常制约、影响企业的经营行为。

2.市场营销宏观环境的特点

与微观环境相比较，市场营销宏观环境的特点表现为：

（1）具有普遍性，对所有企业都会造成一定影响。

（2）它是企业不能控制、不能改变，只能适应的因素。

（3）这些影响因素既能够给企业带来新的市场机会，也可能会造成新的营销威胁。

结合以上特点，要求企业认真分析宏观环境对企业营销活动的影响，制定有针对性的营销战略与营销策略。

学一学

知识点4：宏观环境具体因素分析

1.人口环境分析

（1）人口环境分析的要素包括：人口规模、人口结构、人口分布和人口流动状况。

（2）我国目前的人口环境状况可以概括为：①人口规模大，超过 14 亿人口，整体素质有待提高。②由 56 个民族的人口构成。③经济落后地区人口向发达地区流动速度较快。④大量的农村人口向城市流动，城市压力增大。⑤人口的老龄化问题日益突出。⑥家庭人口状况正在向小家庭、少子女、高离婚率、单亲家庭增多等方面变化。

小资料

世界目前的人口环境

截至 2022 年 11 月 15 日，全球人口总数达到 80 亿。全球人口在 2011 年 10 月 31 日达到了 70 亿。从 70 亿增长到 80 亿，用了 11 年零半个月。2022 年，人口最多的两个区域都分布在亚洲；其中东亚和东南亚有 23 亿人口（约占全球人口 29%），中亚和南亚有 21 亿人口（约占全球人口 26%）。目前，中国和印度各有超过 14 亿的人口，分别占上述两个区域人口的大多数。第三至第十名分别是：美国、印度尼西亚、巴西、巴基斯坦、尼日利亚、孟加拉国、俄罗斯、墨西哥。这 10 个国家人口合计超过 44 亿，约占世界总人口的 58%。

世界人口分布不平衡。据统计，地球上人口最稠密地区约占陆地面积的 7%，那里却居住着世界 70% 的人口，而且世界 90% 以上的人口集中分布在 10% 的土地上。欧亚两洲约占地球陆地总面积的 32.2%，但人口总数却占世界人口总数的 75.2%。尤其是亚洲，世界人口的 60% 左右居住于此；非洲、北美洲和拉丁美洲约占世界陆地面积的一半，而人口尚不到世界总人口数量的 1/4；大洋洲地广人稀；南极洲迄今尚无固定的居民。欧洲和亚洲人口密度最大，平均每平方公里都有 90 人以上；非洲、拉丁美洲和北美洲平均每平方公里在 20 人以下；大洋洲人口密度最小，平均每平方公里才 2.5 人。

资料来源　根据 2022 年 11 月 15 日中国新闻网及其他网站相关资料整理得来。

小组讨论

上网查阅资料，收集我国目前人口状况的相关资料。

（1）结合对我国目前人口状况及变动趋势的分析，你从中发现了哪些市场机会？

（2）企业需要避免哪些人口环境变化所造成的威胁？

2.经济环境分析

经济环境主要分析微观经济环境中的消费者收入情况和支出状况。

（1）对消费者收入情况进行分析，包括分析个人收入、个人可支配收入和个人可任意支配收入三项指标。

①个人收入，是指在一定时间内（通常指一年），个人从各种途径所获得的收入的总和，包括工资薪金、租金收入、股利股息收入及社会福利等。

该指标是预测个人的消费能力，未来消费者的购买动向及评估经济情况的好坏的一个有效的指标。

②个人可支配收入，是个人收入减去个人纳税支出后的余额。它是可以由消费者个人或家庭自由支配的货币额。

个人可支配收入，等于个人收入扣除向政府缴纳的所得税、遗产税和赠与税、不动产税、人头税、汽车使用税以及交给政府的非商业性费用等（统称非税支付）以后的余额。

在一般情况下，个人可支配收入分为三个部分：用于个人消费支出的收入；个人储蓄，包括储蓄存款和现金；其他可支配收入，如各种债券、股票、应收应付款、个人保值商品等。

影响个人可支配收入大小的因素主要有个人收入的多少和有关的纳税政策及税率的高低等。

个人可支配收入被认为是消费开支的最重要的决定性因素。因而，常被用来衡量一国生活水平的变化情况。

③个人可任意支配收入，是指从个人可支配收入中再减去维持生活所必需的支出和其他固定支出（如房租、水电、食物、衣着等项开支）后所剩余的部分。这部分收入是消费需求变化中最活跃的因素，也是企业开展营销活动时所要考虑的主要对象。

（2）对消费者支出情况进行分析，包括支出模式、支出结构、消费者的储蓄与信贷，以及恩格尔系数等要素。

小资料

2022年2月28日，国家统计局发布《2021年国民经济和社会发展统计公报》。

面对复杂国际环境、疫情和极端天气等多重挑战，国民经济持续恢复，发展水平再上新台阶。一个个新突破，见证着中国经济社会的变化。

经济规模突破110万亿元创新高

2021年，我国国内生产总值（GDP）比上年增长8.1%，两年平均增长5.1%，在全球主要经济体中名列前茅；经济规模突破110万亿元，达到114.4万亿元，稳居全球第二大经济体。

2021年，按年平均汇率折算，我国经济总量达到17.7万亿美元，预计占世界经济的比重超过18%，对世界经济增长的贡献率达到25%左右。

人均GDP突破8万元超世界平均

数据显示，2021年我国人均GDP达到80 976元，按年平均汇率折算达12 551美元，超过世界人均GDP水平。

国民总收入突破113万亿元

国民总收入1 133 518亿元，比上年增长7.9%。全员劳动生产率为146 380元/人，比上年提高8.7%。

实际使用外资首次突破1万亿元

外资准入负面清单持续缩减，投资便利化水平提升，完备的产业链供应链、广阔的市场机遇、优化的营商环境使中国继续成为引进外资的热土。2021年，我国实际使用外商直接投资金额1.1万亿元，比上年增长14.9%，首次突破1万亿元。

粮食总产量再创历史新高

粮食生产再获丰收。2021年粮食总产量13 657亿斤，比上年增产267亿斤，增长2.0%，再创历史新高。

人均可支配收入达35 128元

居民收入与经济增长基本同步。2021年全国居民人均可支配收入35 128元，比上年实际增长8.1%，快于人均GDP增速，与GDP增速同步。

其中，脱贫县居民收入快速增长。2021年，脱贫县农村居民人均可支配收入14 051

元，比上年名义增长11.6%，实际增长10.8%，快于全国农村居民人均可支配收入增速。

全年出生人口1 062万人

年末全国人口141 260万人，比上年末增加48万人，其中城镇常住人口91 425万人。全年出生人口1 062万人，出生率为7.52‰；死亡人口1 014万人，死亡率为7.18‰；自然增长率为0.34‰。全国人户分离的人口5.04亿人，其中流动人口3.85亿人。

养老保险覆盖超10亿人

社会保障网织密织牢。2021年末全国基本养老保险覆盖超10亿人，基本医疗保险覆盖超13亿人。其中，城镇职工基本养老保险、城乡居民基本养老保险、基本医疗保险参保人数分别为48 075万人、54 797万人、136 424万人，分别比上年末增加2 454万人、554万人、293万人。

全国农民工人均月收入4 432元

全国农民工总量29 251万人，比上年增长2.4%。全国农民工人均月收入4 432元，比上年增长8.8%。

全年空气质量达标的城市占64.3%

环境质量持续提升。空气质量继续改善。2021年，全国339个地级及以上城市平均空气质量优良天数比例为87.5%，比上年提高0.5个百分点；全年空气质量达标的城市占64.3%；细颗粒物（PM2.5）年平均浓度30微克/立方米，比上年下降9.1%。

国家统计局表示，尽管全球疫情影响仍在持续，国际环境更趋复杂严峻和不确定，国内发展面临需求收缩、供给冲击、预期转弱三重压力，但我国经济长期向好的基本面没有变，经济发展韧性好、潜力足、空间大的特征没有变，经济稳定恢复和转型升级态势没有变，构建新发展格局、推动高质量发展的有利条件没有变。

资料来源：根据2022年2月28日国家统计局网站相关数据整理得来。

小组讨论

（1）以自己家庭为例，分析家庭收入情况，明确不同消费商品用哪一类收入购买。

（2）以自己家庭为例，分析家庭的支出情况。

（3）通过对我国经济环境的分析，能否发现新的市场机会？企业需要面对怎样的环境威胁？

小资料

恩格尔系数

恩格尔系数是根据恩格尔定律而得出的比例，是指一个家庭在一定时间内（通常指一年）食品支出总额占消费支出总额的比重。

19世纪中期，德国统计学家和经济学家恩格尔对比利时不同收入家庭的消费情况进行了调查，研究了收入增加对消费需求支出构成的影响，提出了带有规律性的原理，由此被命名为恩格尔定律。

恩格尔定律的主要内容是指一个家庭或个人收入越少，用于购买生存性的食物的支出在家庭或个人收入中所占的比重就越大。对一个国家而言，一个国家越穷，每个国民的平均支出中用来购买食物的费用所占比例就越大。恩格尔系数由食物支出金额在总支出金额中所占的比重来最后决定。

恩格尔系数＝一定时期食品方面支出÷家庭总支出×100%

联合国粮农组织运用恩格尔系数提出了划分标准（见表2-1），反映一个国家或地区的富裕程度。

表2-1   恩格尔系数衡量表

划分标准	评价
系数>59%	贫困
59%≥系数≥50%	温饱
49%≥系数≥40%	小康
39%≥系数≥30%	富裕
系数<30%	最富裕

3.社会文化环境分析

社会文化环境需要分析的要素包括社会阶层、相关群体、人们的受教育情况、价值观念、审美观念、不同地方的风俗习惯和宗教信仰等。比如：

（1）社会阶层，是指按照一定的社会标准，将社会上的成员划分为若干个社会等级。划分标准有收入、财富、受教育程度、职业、社会名望等。

社会中的每一个成员，按一定标准划分必然属于某一阶层，每一阶层内部通常有相同的价值观念、生活方式和相似的商品需求和购买行为。

小思考

我国现阶段的社会阶层是如何划分的？包括哪些社会阶层？

（2）相关群体，是指与消费者有一定社会联系的个人、团体和组织。根据对消费者的影响程度不同，其可以划分为以下三个层次：初级群体，包括家庭、亲戚、朋友、同事、邻居等，对消费者的购买行为具有直接和主要的影响。次级群体，是指消费者所参加的工会、职业协会、同学会、同乡会、各种团体等，这些群体对消费者购买行为具有间接的影响。渴望群体，是指消费者期望和崇拜的对象，如追星族。消费者虽不属于这一群体，但这一群体成员的态度、行为对消费者有着很大影响。

相关群体对消费者购买不同商品的影响是有所区别的：当消费者购买引人注目的商品时，受相关群体的影响较大；当消费者购买不太引人注目的商品时，受相关群体的影响较小。应该注意的是，初级群体对消费者的购买行为产生直接的和主要的影响。

根据调查显示，如果某一消费者购买了某种商品，这一行为将直接影响着他周围大约25名消费者。如果反响较好，可以促成8个左右的消费者产生购买欲望；如果反响不好，也会给25个左右的消费者留下不好的印象，甚至导致其放弃购买。

（3）风俗习惯，是指个人或集体的传统风尚、礼节、习性，是特定社会文化区域内历代人们共同遵守的行为模式或规范。风俗习惯主要包括民族风俗、节日习俗、传统礼仪等。风俗由于是一种历史形成的，它对社会成员有一种非常强烈的行为制约作用。

资料1 中秋节吃月饼的由来

中秋节吃月饼的习俗在我国已有悠久的历史。关于中秋节吃月饼的由来，有不同的说法。

有这样一个传说：唐朝时，李世民为征讨北方突厥，平定其屡次的侵犯，令手下大将李靖亲自率部出征。李靖转战边塞，屡建奇功，八月十五这天凯旋。为了庆祝胜利，京都长安城内外鸣炮奏乐，军民狂欢通宵。当时有个到长安通商的吐蕃人，特地向皇上献圆饼祝捷。李世民大喜，接过装潢华丽的饼盒，取出彩色圆饼，指着悬挂于天空的明月说道："应将胡饼邀蟾蜍。"随后，将圆饼分给了文武百官。从此，中秋节吃月饼的习俗便流传了下来。

资料2 美国人的风俗习惯

问候礼貌：美国人的嘴很"甜"，无论认识或不认识，美国人见面一定会问好。不过，美国人是问候归问候、交情归交情。

社交礼仪：见人就面带微笑，碰到认识的人一般会主动问候对方。

朋友约会：美国男女之间交往比较开放，与异性朋友外出看电影、吃饭非常普遍。

用钱习惯：美国人为自己花钱非常随意，但为别人花钱，分得非常清，连一分钱都不想多花。

赴约礼节：美国人常会说，请随时来找我，但即使其邀请态度相当诚恳，拜访前仍需打电话联系，以确定时间，免得造成主人不便。

穿衣礼节：美国人平时不注意穿戴，但在重要场合却非常讲究。

送礼习惯：美国人没有送礼的习惯，在圣诞节时才会给亲人或好友送礼，平时大多会寄张卡片。

步行礼节：走路时，一般以右边为尊；男女同行，男士应走左边，出入应为女士开门。

小组讨论

（1）对一个地方的人进行观察和了解，你认为当地人有哪些特点？

（2）根据其特点的变化，我们能否发现新的市场机会及需要避免的威胁？

4.自然、科技及法律环境分析

自然环境、科技发展和法律因素对企业营销活动的开展有重要影响。

（1）了解当前我国自然环境的变化。许多自然资源（包括石油、煤炭等）非常短缺；能源成本上升，导致产品成本、营销费用和产品销售价格上涨；环境污染日趋严重；环境保护成为全民关注的话题；政府对环境保护和治理的力度加大；近几年，中央不断派出生态环境保护督查组，对地方环境治理方面反映出来的问题进行现场督查整改落实，而且进行"回头看"，体现中央政府对生态环境治理的决心和信心。造成生态环境破坏的企业将面临严重的挑战，保护生态环境的企业将有很大的市场机会。

（2）了解科技发展对企业营销的影响。当前新能源、大数据、人工智能等新兴产业是我国经济发展的引擎；我国经济由高速增长阶段转向高质量发展阶段，创新机会无穷，产品更新换代速度加快，市场生命周期缩短；产品结构、分销结构及人们消费方式、购买行为逐渐变化；随着互联网和电子商务的快速发展，互联网营销、手机营销等微营销的兴起，使销手段日益多样化。

案例分析

世界最伟大企业之一，如今却跌落神坛

2018年6月，通用电气被踢出道琼斯指数，这家拥有126年历史的企业，已经显露出夕阳之色。

回首美国通用电气公司的辉煌历史，它被巴菲特称为"美国商业的象征"，被人称为能够代表人类工业时代的标志性企业，市值曾一度达到全球最高，创始人是无人不知的发明大王爱迪生。

根据日本经济新闻报道，美国通用电气的业务重组进入最终阶段。当地时间7月20日，其宣布将在2018年年内退出照明业务，将业务集中于电力、航空和再生能源3个部门。这是通用电气自救的一种手段，通过简化体量减缓衰落的趋势。照明是通用电气的"祖产"，有很多公司愿意为其"接盘"，中国企业恐怕也在此之列。

瘦死的骆驼比马大，通用电气目前的市值在1 100亿美元左右，不过在2012年，通用电气市值曾达到巅峰8 293亿美元，6年时间跌落7 000多亿美元。这不禁让人想问，这背后的原因是什么？

多年以来，通用电气的扩张战略是大规模收购其他企业。55亿美元买下维旺迪娱乐公司、95亿美元买入英国医学影像公司、100亿美元收购阿尔斯通的电力业务、140亿美元买下油气资产……这些公司买来后没有被很好地消化，有的反而成为负担，尽管财大气粗，也终究会消耗光积累的资本。

还有一个重要的原因，就是没有做出改革。通用电气的陨落也折射出美国经济的发展方向，如今以苹果、谷歌、Facebook一批科技巨头代表了美国的新兴科技。

在科技竞争之中失去了先机，是通用电气陷入困境的重要原因之一。美国经济已经发生巨变，消费、金融、医疗和科技公司占据经济主导地位，而曾经重要的工业公司地位相对下滑。这不得不说是管理层的问题，其没有一个前瞻性的战略眼光。

马云曾经说过希望阿里巴巴能够活到102岁，百年企业存在的并不少，可真正能保持一流地位的却十分罕见。也有人指出，通用电气走下神坛，反而是一种新生。

资料来源 辛评君. 世界最伟大企业之一，如今却跌落神坛，6年市值蒸发7 000亿美元［EB/OL］.［2018-12-12］. https://www.toutiao.com/a6581423950675313159.

问题：美国通用电气"跌落神坛"的原因是什么？其受到了哪些宏观环境的影响？

（3）了解和掌握与营销活动相关的法律。市场经济是法治经济，需要通过各种法律手段来约束企业的经济行为；企业在开展营销活动时，需要分析各种法律环境的影响，把握与企业营销活动有关的各种法律文件。

与企业市场营销活动密切相关的法律包括：《中华人民共和国消费者权益保护法》《中华人民共和国环境保护法》《中华人民共和国产品质量法》《中华人民共和国商标法》《中华人民共和国价格法》《中华人民共和国反不正当竞争法》《中华人民共和国广告法》等。

烟民告赢烟草公司　将获124亿美元赔偿

加拿大魁北克高等法院于2015年6月1日就两桩历时17年的烟民集体诉讼案做出判决，要求加拿大3家烟草企业对魁北克省烟民做出超过155亿加元（约合124亿美元）的道德和惩罚性赔偿，缘由是它们没能充分警告吸烟可能带来的危害。

其中一起集体诉讼案中，大约10万名魁北克烟民认定，被告自20世纪50年代起就清楚它们在出售这种会导致癌症或其他疾病的有害产品，却没有向卫生部门或公众发出充分警告，而是把利润置于消费者健康之上。

这两桩集体诉讼案发起于1998年，是烟草公司首次在加拿大被告上法庭，但3家烟草企业均对判决提出了异议，认为证据不充分，打算上诉。

不过，不管3家公司是否选择上诉，它们都需要在60天内先掏出至少10亿加元（8亿美元），成立一个信托基金，作为初步赔偿。法庭将举行听证，以决定如何向原告支付赔偿金。

资料来源　曾德金．看加拿大禁烟有多"狠"〔EB/OL〕．〔2018-12-12〕．http://roll.sohu.com/20150615/n415026515.shtml.

问题：

（1）抽烟对人体会造成哪些伤害？

（2）从现代营销观念的角度对这一案例进行评说。

做一做

市场营销环境包括的要素非常复杂，企业要分析营销环境对自身的影响，需要熟练运用具体的分析方法。

以下介绍的方法包括：SWOT分析法、市场机会与环境威胁分析法和产品与市场发展分析法。

1.如何运用SWOT分析法

所谓SWOT分析法，又称为自我诊断法，就是将与企业密切相关的各种主要的内部优势与劣势、外部的机会与威胁，通过调查，将具体要素用表格形式进行排列，然后进行系统分析，从中得出一系列相应的结论，为企业制定营销决策提供依据。

SWOT分析法的基本思路如下：

（1）市场营销环境分为微观环境与宏观环境、企业内部环境与企业外部环境。

（2）营销环境对企业营销活动的影响可分为：对企业营销活动有利的因素；对企业营销活动不利的因素；对企业营销活动暂时没有影响的因素。

（3）通过对企业内部因素进行分析，找出自身的优势（Strengths）与劣势（Weaknesses）。

（4）通过对企业外部因素进行分析，可以发现企业客观存在的市场机会（Opportunities）与环境变化造成的威胁（Threats）。

（5）通过表格（矩阵）形式（见表2-2），将优势、劣势、市场机会、环境威胁一一列举出来，进行分析、比较和决策。

表2-2 SWOT分析法

企业内部因素分析		企业外部因素分析	
优势	劣势	机会	威胁
1.···	1.···	1.···	1.···
2.···	2.···	2.···	2.···
3.···	3.···	3.···	3.···

小组讨论

（1）运用SWOT分析法进行自我诊断，找出自己的优点和缺点，以及进入社会将要面临的机会与威胁。

（2）运用SWOT分析法对所选择的企业进行分析，分别找出S、W、O和T。

运用SWOT分析法对企业进行分析的基本思路：

S（优势）包括：有利的竞争态势、充足的财政来源、良好的企业形象、雄厚的技术力量、规模经济、产品质量、市场份额、成本优势、广告攻势等。

W（劣势）包括：设备老化、管理混乱、缺少关键技术、研发落后、资金短缺、经营不善、产品积压、竞争力差等。

O（机会）包括：新产品、新市场、新需求、外国市场壁垒解除、竞争对手失误等。

T（威胁）包括：新的竞争对手、替代产品增多、市场紧缩、行业政策变化、经济衰退、客户偏好改变、突发事件等。

2.如何运用市场机会与环境威胁分析法

在市场经济条件下，任何企业都会受到各种宏观环境的影响，在各种宏观环境的影响下，企业存在着不同的市场机会和环境威胁。

通过对企业的市场机会和环境威胁进行分析，找出企业目前所处的现状，从而采取相应的营销策略。

分析思路与步骤：

①运用市场机会和环境威胁两个指标进行分析。

②将市场机会分为高和低，环境威胁也分为高与低。

③运用市场机会和环境威胁两个指标建立象限图，形成四种不同类型的企业（如图2-1所示）。

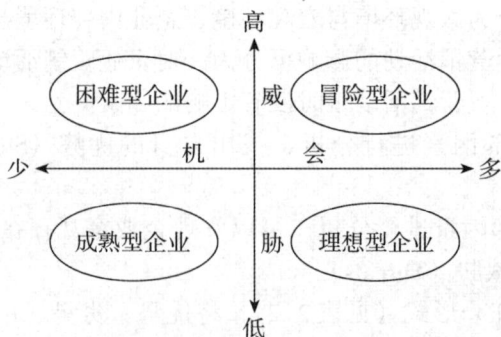

图2-1 市场机会与环境威胁分析法

四种类型企业的特征分别如下：

①理想型企业是机会多、威胁低的企业。

②冒险型企业是机会多、威胁高的企业。

③成熟型企业是机会少、威胁低的企业。

④困难型企业是机会少、威胁高的企业。

小组讨论

找出目前市场上客观存在的四种类型的企业并进行说明。

3.如何运用产品与市场发展分析法

从企业的角度，运用营销活动中产品和市场这两个重要因素对企业进行分析，从而确定企业需要采取的营销战略。

分析思路与步骤：

①在企业市场营销活动中，有两个需要重点关注的要素——市场与产品。

②将产品分为现有产品与新产品，将市场分为现有市场与新市场。

③建立象限图，企业可以从这四个象限的满足程度上来寻找和发现市场机会，采取有针对性的营销战略（如图2-2所示）。

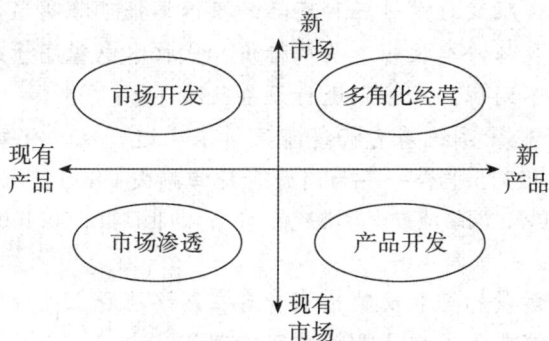

图2-2　产品与市场发展分析法

四种类型营销战略的重点分别如下：

①市场渗透战略：企业在现有市场上营销现有产品，主要分析消费者需求是否得到最大满足，有没有渗透机会。

②市场开发战略：企业主要分析在其他市场上是否存在对企业现有产品的需求，如果有，就可以通过开发新的市场营销现有产品。

③产品开发战略：企业主要分析现有市场上是否存在其他未被满足的需求，如果有，通过分析与评价，就可以开发新的产品来满足现有市场的需要。

④多角化经营战略：企业主要分析新的市场中存在哪些未被满足的需要，这些市场机会大多属于企业原有经营范围之外的，可以运用新产品来开发新的市场。

小组讨论

试举例说明目前市场上各种类型企业的营销情况。

导入案例

网络消费投诉举报增长点

2021年3月14日，武汉12315平台发布年度消费投诉大数据，网络消费投诉举报量同比增长25.09%。

平台全年接收涉网络投诉举报16 012件，占投诉举报总量的15.53%。投诉量的增加与社区团购、直播卖货、拼团网购等网络消费新业态快速兴起有关。在生鲜团购方面，消费者反映问题主要包括食材、水果、肉制品等生鲜产品的质量不达标，价格欺诈，缺斤少两等。

2020年上半年，受疫情影响，部分商家备货不足，货源无法提供等问题导致不发货、延迟退款、以次充好等；售后服务不到位，送货、安装不及时，质保期内拖延或者拒绝履行退货、换货或者维修义务等；网页广告中存在夸大宣传、使用绝对化用语等涉嫌违反广告法的内容，误导消费者。

网络消费投诉举报排名前五位的商品分别为食品、计算机产品、家用电器、通信产品、医疗器械。在线下，服装鞋帽等五种商品的投诉举报下降明显，物业服务投诉举报同比增长最高，反映问题包括停车收费不明码标价、代收水电费高于政府定价、电梯故障频发、维修不及时、维保不到位，未按期进行设备验收等。

2020年武汉市市场监管系统着力畅通市民诉求渠道，及时化解和回应群众反映强烈的各类民生问题，武汉12315平台一年为消费者挽回损失1 800万元。

资料来源　刘畅，韩玉婷. 网络消费投诉增长点 [N]. 湖北日报. 2021-03-15.

问题：

（1）从网络消费投诉量的增长反映出消费者在网络消费上关注什么？

（2）消费者在网络消费上表现出哪些购买心理？

（3）针对网络消费需求的变化，企业将如何面对？

讲一讲

知识点1：消费者需求分析

1.消费者需求的定义

区别几个概念：需要、欲望、需求。

需要：是有机体感到某种缺乏而力求获得满足的心理倾向，它是有机体自身和外部生活条件的要求在头脑中的反映，是人们与生俱来的基本要求。

欲望：是由人的本性产生的想达到某种目的的要求，欲望无善恶之分，人的欲望是无法满足的；关键在于如何控制。

需求：愿意并有支付能力的需要和欲望。

对消费者需求的解释：是指人们为了满足物质和文化生活的需要而对物质产品和服务具有货币支付能力的欲望和购买能力的总和。

以消费者为中心是现代营销观念的根本内容，它是一条自始至终贯穿于企业营销活动的主线。企业要真正做到以消费者为中心，就需要对消费者的需求以及购买活动进行分析和研究。只有分析清楚消费者需求及购买活动过程，才能更好地满足消费者需求。

2.分析消费者需求的作用

对消费者需求进行分析的重要性表现为：

（1）以"消费者为中心"是现代营销观念的核心内容。

（2）"顾客就是上帝"作为企业营销的一条主线，贯穿于营销活动全过程。

（3）不能只停留在口头上，还要落到实处。

（4）企业在满足消费者需求上还存在许多问题。

因此，要求企业营销人员必须对消费者的需求变化进行分析和研究，找准不同时期和不同阶段消费者的现实需求和潜在需求，从中发现新的市场机会。

小思考

所选择的企业准备进入武汉市场，作为企业营销人员，该如何对这一市场进行分析？

3.消费者需求分析的方法

根据西方企业对消费者需求分析的经验总结，对一个具体市场的分析，需要运用到一种方法，这种方法就是"5W1H分析法"。

"5W1H分析法"的具体内容是：

①Who：谁在购买？

②What：购买什么？

③Why：为什么购买？

④When：何时购买？

⑤Where：何地购买？

⑥How：怎样购买？

"5W1H分析法"可归纳为：企业营销人员需要了解谁（Who）在什么时候（When）、什么地方（Where）购买什么商品（What），以及为什么（Why）购买和怎样（How）购买。

作为企业营销人员，对一个具体市场的分析需要弄清楚以上六个问题（5W1H）。

4.消费者需求分析的步骤

结合消费者购买商品的过程进行分析，消费者在购买商品过程中一般要经过三个步骤，也就是购买商品的"三部曲"，即：需要—购买动机—购买行为。

也就是说，消费者因为产生了某种需要，就有了购买商品的想法，最终产生实际购买商品的活动。因此，对消费者需求进行分析，需要从三个步骤着手，弄清楚六个问题。

学一学

知识点2：消费者需求的内容与特征

1.消费者需求的内容

提示：习近平总书记在党的二十大报告中指出："明确我国社会主要矛盾是人民日益增长的美好生活需要和不平衡不充分的发展之间的矛盾，并紧紧围绕这个社会主要矛盾推进各项工作，不断丰富和发展人类文明新形态。"因此，消费者的心理需求更加重要，企业应该重视消费者的心理需求。

从现代消费者的角度，从一般需求上考虑，消费者需求包括生理需求和心理需求。

（1）生理需求：生理的、本能的需要，强调商品的物质性。

（2）心理需求：心理的、精神上的需要，重视商品的精神性和心理满足。

小组讨论

（1）消费者的生理需求和心理需求哪一个更重要？为什么？

（2）作为营销企业，需要重视消费者的哪些需求？为什么？

（3）消费者在心理需求上有哪些表现？

提示：现阶段，我国社会主要矛盾已经由过去"人民日益增长的物质文化需要同落后的社会生产之间的矛盾"转化为"人民日益增长的美好生活需要和不平衡不充分的发展之间的矛盾"。因此，从现代社会来讲，心理需求比生理需求更重要，营销企业应该更重视消费者的心理需求，消费者心理需求表现为被尊重的需要、方便的需要、审美的需要和服务的需要。

2.消费者需求的特征

消费者需求所具有的特征，是从一般性上来讲的；其主要特征表现为：需求的无限性、层次性、多样性、伸缩性和可诱导性。

（1）需求的无限性：消费者需求不可能停滞不变，当一种需求被满足了，又会产生新的需求。导致需求具备无限性特点的因素有：社会生产力的发展、市场商品的不断变化、消费者收入水平的提高等。

（2）需求的层次性：消费者对各种需求表现出一定的层次，虽然每一层次之间没有明显的划分界限，但大体上存在一定的次序。

美国著名心理学家马斯洛从人的心理需要出发，归纳总结出需要的五个层次，称作"需要层次论"（如图2-3所示）。

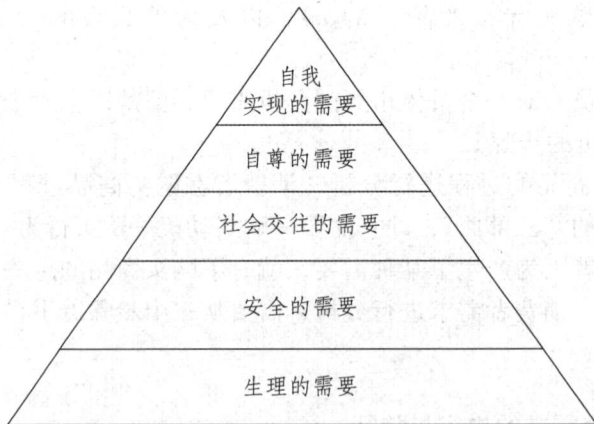

图2-3 需要层次论

这一理论对我们从心理角度研究消费者需求具有一定的指导意义，但它也存在一定的局限性，忽视了人在社会中所处的位置不同。

（3）需求的多样性：不同消费者在年龄、性别、职业、收入水平、受教育程度、生活习惯及心理等方面存在着差异，形成了千差万别的爱好和兴趣，表现出对商品的需求多种多样。

（4）需求的伸缩性：由于消费者受收入和购买力水平的影响，心理上不断发生变化，在购买商品的种类、数量、品牌、价格、质量等方面也会发生变化和转移。

（5）需求的可诱导性：消费者需要容易受外界因素的引导和调节，企业能够通过各种营销策略和手段的合理运用来诱发消费者对新产品产生兴趣，对本企业产生好感。

另外，消费者需求还表现出时代性、连带性和替代性等特征。

3.企业应关注的内容

针对消费者需求的特征，企业应重点关注的内容包括：

（1）针对需求的无限性，企业要不断开发新的产品。

（2）针对需求的层次性，企业要分析不同层次的商品需求，找出新的市场机会。

（3）针对需求的多样性，企业要实行多品种营销。

（4）针对需求的伸缩性，企业不能一味地追求高档与奢华。

（5）针对需求的可诱导性，企业要有针对性地开展促销活动。

讲一讲

知识点3：消费者的购买动机分析

1.购买动机的定义

人们从事任何活动都是由一定动机所引起的。消费者购买商品也不例外，其购买行为是在购买动机的驱使下产生的。

动机是指求得个人需要得到满足的想法或欲望，它是一种心理活动，是一种内在表现，很难通过外在的观察了解到。

购买动机是指消费者在购买商品时的想法或欲望，即消费者在购买商品时所产生的心理活动。

问题：我们平时在购买商品时有哪些想法？

2.购买动机的类型

引起购买动机有内外两类条件，内在条件是需要，外在条件是诱因。需要经唤醒会产生驱动力，驱动消费者去追求需要的满足。因此消费者购买动机包括生理购买动机与心理购买动机两大类型。

（1）生理购买动机。生理购买动机是指消费者为了满足生理的、本能的需要而产生的购买想法和欲望。它包括的类型有维持生命动机、保护生命动机、延续生命动机和发展生命动机。

生理购买动机的特点表现为经常性、重复性和习惯性。

（2）心理购买动机。心理购买动机是指由于消费者的认识、感情、意志等心理活动而产生的购买商品的想法和欲望。它包括的类型有感情动机、理智动机和信任动机。

①感情动机。感情动机是指由于消费者感情方面的需要所引起的购买动机。感情动机包括情绪动机和情感动机。

情绪动机包括：积极的情绪，如喜欢、愉快、热爱等；消极的情绪，如厌恶、愤怒、恐惧等；双重情绪，如对某种商品既有满意的地方，也存在着不满意的方面。

情感动机一般表现为道德感、友谊感、理智感和爱美感等。例如，家长为自己的小孩购买手机可能是受情感因素的影响，别人家小孩有，自己的小孩也要有，但买什么样的手机可能又受情绪的影响。

②理智动机。理智动机是指建立在对商品客观认知的基础上，经过分析、比较后所产生的购买动机。

③信任动机。信任动机又称惠顾动机，是消费者因为理智与感情的经验，对某一商场或某一品牌商品产生了特殊的信任、偏好，而出现重复购买的动机。

需要注意的是，消费者在购买商品过程中，必然要经过心理活动这一重要环节，它支配着消费者实际的购买活动。但实际购买活动中又无法将生理购买动机和心理购买动机严格区分开来，这就要求企业营销人员认真分析消费者购买商品时的各种心理表现，才能更好地满足消费者需要。

学一学

知识点 4：正确认识消费者购买商品时的心理表现

消费者在实际购买活动中的主要心理表现有求实心理、求廉心理、求新心理、求美心理、求名心理和求同心理。

1. 求实心理

求实心理是指消费者追求商品实际使用价值，注重商品质量、性能、使用效果，强调商品的实用、实惠，不太注意商品外观、造型、色彩、品牌等，具有这种心理的一般以中老年人和收入较低者居多。

2. 求廉心理

求廉心理是指消费者追求商品的廉价和便宜，注重商品价格由高向低的变化，表现为购买廉价、降价及处理商品，具有这种心理的一般以收入水平较低者和生活俭朴的消费者居多。

3. 求新心理

求新心理是指消费者追求商品的流行和新颖，注重商品的款式及在市场上的流行程度，不太注意商品的实用性与价格，易受广告宣传和社会因素的影响，具有这种心理的一般以经济条件较好的青年消费者居多。

4. 求美心理

求美心理是指消费者讲究装饰与打扮，追求漂亮和时髦，注重商品的造型、色彩和图案，具有这种心理的以中青年女性居多。

5. 求名心理

求名心理是指消费者追求商品名牌，注重商品的品牌、产地及产品在市场上的声誉，有意炫耀自己，显示自己的地位、名望、富有等，具有这种心理的主要以收入水平较高、有一定社会地位的消费者及年轻人居多。

6. 求同心理

求同心理是指消费者没有固定的偏好，购买的商品与别人雷同，喜欢随波逐流，具有这种心理的主要是缺少生活经验和购买经验的消费者。

此外，消费者还可能表现为好胜心理、好奇心理、癖好心理等。

消费者的购买心理具有内隐性，而且非常复杂；不同的人购买同一种商品会表现出不同的心理；同一个人购买不同的商品也会表现出不同的心理。作为营销人员要准确把握消费者的各种心理，才能做到有的放矢，收到成效。

案例分析

买了一辆从没想到的车

女律师简妮·布洛菲尔特小姐一大早兴冲冲地来到一家经营汽车的大公司，她之前看中了这儿出售的海蓝色"西尔斯"牌小轿车，价格尽管贵一点，但她喜欢这款车的颜色和式样，而且"西尔斯"这个牌子和名称也叫她喜欢。不巧，销售员正要去吃午饭。他对她说，如果她愿意等待30多分钟的话，他一定立即赶回来为她服务。简妮小姐同意等一会儿，总不能不让人吃饭呀，就是再加上30分钟也没关系。关键是她特意挑选今天这个日子来买车，无论如何都必须把车开回去。她走出这家大公司，看见街对面也是一家出售汽车的公司，便信步走了过去。

销售员是个活泼的年轻人，他一见简妮进来，立即彬彬有礼地问："我能为您效劳吗？"简妮微微一笑，告诉他自己只是来看看，消磨一下时间。年轻的销售员很高兴地陪她在销售大厅参观，并自我介绍说他叫汤姆。汤姆陪着简妮聊天，很快两人便变得很投机。简妮告诉他，自己来买车，可惜这里没有她想要的车，只好等那家公司的销售员回来了。汤姆很奇怪简妮为什么一定要今天买到车。简妮说："今天是我的生日，我特意挑选今天这个日子来买车。"

汤姆笑着向简妮祝贺，并和身旁的同伴低声耳语了几句。不一会，这个同伴捧着几支鲜艳的红玫瑰进来了，汤姆接过来送给简妮："祝你生日快乐！"简妮的眼睛亮了，她非常感谢汤姆的心意。他们越谈越高兴，什么海蓝色"西尔斯"，什么30分钟，简妮都想不起来了。突然，简妮看见大厅一侧有一辆银灰色的轿车，色泽是那样的柔和诱人，她问汤姆那是辆什么牌子的轿车。汤姆热心地告诉了她，并仔细地介绍了这辆车的特点，尤其是价钱比较便宜。简妮觉得自己就是想要买这种车。

结果是简妮·布洛菲尔特小姐驾驶着一辆自己原来根本没有想到的车回家了，车上插着几支鲜艳的红玫瑰。简妮的生日充满了欢乐。

问题：
(1) 简妮小姐在购车过程中表现出了哪些心理？
(2) 销售员是如何抓住简妮小姐的这些购买心理的？
(3) 如何正确认识消费者购买商品时的各种心理表现？

讲一讲

知识点5：消费者购买行为的内容

1.购买行为的定义及内容

行为，即举止行动，受思想支配而表现出来的外表活动。购买行为，是指消费者为了满足某种需要，在一定的购买动机支配下，进行实际购买的活动。

对消费者购买行为的分析，主要可以从以下三个方面着手：

（1）消费者的购买过程。

（2）消费者购买行为的类型。

（3）消费者的购买习惯。

2.购买过程的基本步骤

购买过程的基本步骤，是指消费者实际购买商品所经过的具体步骤。分析消费者的购买过程要从消费者产生需要开始，延伸到得到商品之后的整个过程。

消费者购买商品的过程一般分为五个步骤（如图2-4所示）：

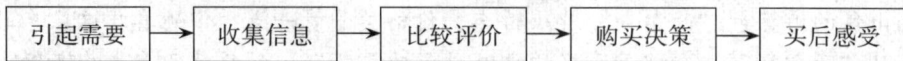

引起需要 → 收集信息 → 比较评价 → 购买决策 → 买后感受

图2-4 消费者购买过程

针对每一步骤，我们需要弄清楚下列问题：

①消费者对具体商品产生需求的原因是什么？

②消费者主要通过哪些途径收集商品信息？

③消费者对一个商品比较评价哪些内容？最看重商品什么？

④消费者的购买决策有哪些结果？

⑤消费者购买商品后会有怎样的感受？

3.消费者购买行为的类型

"人上一百，形形色色"，不同消费者在实际购买商品活动中会表现出不同的行为类型。

（1）按消费者购买商品时的态度与要求划分，可分为习惯型、理智型、冲动型、选价型、想象型、疑虑型和不定型。

（2）按消费者在购买现场时的情感反应划分，可分为沉着型、温顺型、健谈型、反感型和激动型。

（3）按消费者购买前是否有明确购买目标划分，可分为全确定型、半确定型和不确定型。

4.消费者的购买习惯

购买习惯是指消费者在长期购买商品时逐渐养成、不易改变的购买形态。

分析消费者购买习惯一般应从以下几方面着手：

（1）购买时间的习惯。

（2）购买地点的习惯，包括决定购买的地点和实施购买的地点。

（3）购买方式的习惯。

（4）家庭购买的习惯，包括一个家庭购买的提议者、决定者、购买者和使用者。

小思考

你作为消费者，在购买商品的时候有哪些方面的习惯？

学一学

知识点6：消费者购买行为分析

1.消费者购买过程分析

在分析消费者购买过程的时候，首先需要进行角色转换，一方面，从学生转换为消费者，思考自己在购买商品时是如何做的，进行总结归纳。另一方面，从消费者转换成营销人员，思考针对消费者购买商品的每一步骤如何开展营销活动。

（1）产生需要的原因。

产生需要是消费者购买商品的起点，应重点分析消费者产生需要的原因。产生需要的原因主要包括：消费者的生理需要与心理需要；消费者内在需要与外在需要。

（2）收集信息的途径。

需要了解消费者收集信息的途径，注意个人来源、商业来源、公众来源及经验来源等。

①个人来源，即从家庭、朋友、邻居、其他关系密切的人那里得到信息。

②商业来源，包括广告、企业的促销活动、推销人员的宣传介绍、商品展览、陈列、包装、产品说明书等。

③公众来源，即从报刊、电视、广播等大众传播媒体的宣传报道和有关评论性文章中得到信息。

④经验来源，即消费者本人亲自到现场参观、考察、试验及实际使用等得到有关信息。

（3）比较评价的内容。

消费者在收集到各种信息之后，需要根据自己的心理要求进行分析、比较、评价。这是购买商品的决定性步骤。

（4）购买决策的结果。

消费者决定是否购买这一商品一般有三种决策结果：立即购买、延期购买、不购买。

企业市场营销要注意的关键问题是：如何让消费者做出一定购买的决策。

（5）买后感受的情形。

消费者通过对已购商品的使用或别人评价，有一个是否达到预期的反馈，反馈的结果有满意、一般、不满意三种情况。

消费者对一种商品的感受直接影响对企业及产品的信誉、形象的评价，进而影响是否重复购买这一产品，以及对他人购买行为产生潜在影响。

小组讨论

（1）结合自己一次难忘的购物经历，对购买过程进行总结，并在小组中进行分享。

（2）针对消费者购买商品的每一步骤，企业营销人员应该做什么？

提示：了解、分析消费者对商品产生需要的原因；重点关注消费者收集商品信息的主要途径；明确消费者对商品比较评价的主要内容；想方设法促成消费者做出购买商品的决策；时刻关注消费者的买后感受。

2.消费者购买行为的类型分析

（1）按消费者购买商品时的态度与要求划分：

①习惯型。根据过去的购买经验和习惯进行购买，忠于一个或少数几个品牌，经常到某一家商店去购物；有固定的消费习惯和偏好，购买商品时心中有数，目标明确。

②理智型。在做出购买决策之前经过仔细比较和考虑，胸有成竹，不容易被别人说服，不轻率做决定。

③冲动型。容易受产品外观、广告宣传、促销活动等因素的影响，轻率做出决定，也容易动摇和反悔，是企业各种营销活动中积极争取的对象。

④选价型。在购买商品时对价格比较敏感和在意，可进一步分为选择价格高和选择价格低两种类型。

⑤想象型。想象力非常丰富，对产品的象征性特别重视，购买商品时容易受感情因素和外界宣传的影响。

⑥疑虑型。内向型的心理，购买商品行动谨慎、迟缓，疑心重。"三思而后行"，买后还疑心是否受骗、上当。

⑦不定型。购买商品缺乏主见，没有固定的偏好，容易接受新的东西，消费心理和习惯处在逐步形成中。

（2）按消费者在购买现场时的情感反应划分：

①沉着型。购买商品时沉默寡言，情感不外露、举止不明显，购买态度持重，不愿谈与商品无关的话题。

②温顺型。购买商品时遵从售货员的宣传和介绍，对商品本身并不过多考虑，比较注重服务态度和服务质量。

③健谈型。能很快与他人接触，愿意与别人交换意见，富有幽默感，喜欢开玩笑，甚至忘记自己在干什么。

④反感型。性情怪异，多愁善感，不能接受别人的意见和看法，对营业员的介绍异常警惕，抱不信任的态度和神态。

⑤激动型。情绪容易激动，在言谈举止和表情上显得过于急躁。购买商品时傲气十足，甚至用命令式的口气提出要求，对商品和服务要求非常高，稍不如意就会发生争吵。

（3）按消费者购买前是否有明确购买目标划分：

①全确定型。在购买商品前已经有明确的购买目标，对商品的名称、品牌、型号、规格、式样、颜色、价格等方面有明确的要求。

②半确定型。在购买商品前已有大致的目标，但要求不太明确，最后的购买决策是经过选择、比较、评价后做出的。

③不确定型。没有具体的购买目标，进入商店后以参观、浏览为主，一般是漫无目的地观看，遇到合适或感兴趣的商品也会购买。

总之，消费者的购买行为非常复杂，不同消费者的购买行为不一样，同一消费者在购买不同商品时也会表现出不同的购买行为类型，而且是一种综合性的表现。因此，需要结合实际情况，认真地分析和总结，这样才能更好地接待每一位消费者。

小组讨论

你在购买具体商品时，会表现出怎样的行为类型？试举例说明并与小组同学分享。

3.影响消费者行为的因素

消费者在购买商品活动中所受到的影响因素非常复杂，从一般角度来分析，基本因素包括消费者个人因素与社会因素。

（1）消费者个人因素。个人因素包括感知、学习、态度和信念。

①感知。心理学认为，感知过程是一个有选择性的心理过程，它有三种机制：

第一，选择性注意。一个人每时每刻都面临着许多刺激物，但不可能都会引起注意，而只能有选择地注意某些刺激物。

第二，选择性曲解。消费者即使注意到刺激物，也不一定能正确认识并如实、客观地反映，往往按照自己的偏见或先入为主地曲解客观事物。人们有一种将外界输入的信息与自己头脑中早已形成的模式相结合的倾向，这种按个人意图曲解信息的倾向叫选择性曲解。

第三，选择性记忆。人们对所了解的信息不可能都记住，一般只会记住支持自己看法和信念的信息。

以上三种机制告诉我们，企业在营销过程中必须努力，以多次重复的、有吸引力的刺激加深消费者的印象，突破消费者固有的感觉壁垒。

②学习。学习是指结合人脑发展进程，通过接受外部信息及经验的积累而产生的思想观念、行为或行为潜能的变化。企业要尽可能使自己的产品信息进入消费者学习的范围，进而形成其观念，改变其行为。

关于学习有许多理论，在营销中应用比较多的是"刺激-反应"理论，它由驱动力、刺激物、诱因、反映和强化几个相互影响的因素组成。

驱动力是指促成行动的一种内在刺激。当这种刺激达到一定强度时，就会导向一定刺激物，能够引起购买行为产生的提示物就是诱因。

企业要设法将自身及产品的相关信息融入消费者每天的学习信息中，使他们主动或被动地接触这些信息，进而影响其购买行为。

促使消费者学习有多种方法，如强化、重复、表象、适度刺激、泛刺激等。

③态度。态度是指人从自身出发，主观上对某一事物所持有的正向或反向的评价、感受或倾向。态度在人群中具有认同的特性，一般对自己熟悉或有过切身体会的事物态度较绝对，不易改变。

消费者态度的改变包括两层含义：一是态度强度的改变，二是态度方向的改变。

④信念。信念是指人们对事物所持有的自己认为可以确信的看法。这个看法的根源是消费者对某事物带给自己或自己所代表的群体的利益。

一个客观存在的事实是：人们对企业及其产品或服务所持有的信念，往往就构成了该企业及其产品、服务的形象，并成为人们行为的依据。

(2) 社会因素。社会因素包括相关群体、社会阶层、社会文化和家庭因素。

①相关群体。相关群体是指与消费者有一定社会联系的个人、团体和组织。它包括初级群体、次级群体和渴望群体（在前面宏观环境中的社会文化环境中已经讲到）。

②社会阶层。社会阶层是按照一定的社会标准，将社会的每一个成员划分为若干个社会等级。划分标准有收入、财富、受教育程度、职业、社会名望等（在前面宏观环境中的社会文化环境中已经讲到）。

③社会文化。人们的消费行为首先受核心文化的制约，核心文化是决定人们思维和行为的内在因素，体现为人们的基本信仰、价值观念和生活准则。当前，党中央提出的24字社会主义核心价值观，从国家层面上看是"富强、民主、文明、和谐"；从社会层面上看是"自由、平等、公正、法治"；从公民个人层面上看是"爱国、敬业、诚信、友善"。

④家庭因素。家庭是最重要的相关群体，它对消费者个人价值观念、审美意识、生活

方式及消费观念的形成影响最大。家庭对购买行为的影响主要体现在下列方面：

第一，家庭权威中心。其一般分为四种情况，即丈夫决定型、妻子决定型、共同决定型、各自决定型。

在消费者购买过程中，每个家庭成员可能扮演五种不同的角色，即发起者、影响者、决策者、购买者和使用者。

第二，家庭生命周期。家庭生命周期是一个家庭从产生到消亡的全过程，一般会经历以下五个阶段：

单身期：是指已经成年的年轻人离开父母而单独生活的期间。

新婚期：是指形成结婚意向到第一个孩子出生的一段时间。

满巢期：是指从第一个孩子出生到孩子离家独立生活的期间。

空巢期：是指子女离家独立生活到父母俱在期间。

寂寞期或鳏寡期：是指夫妻二人只剩一个，家庭进入解体的时期。

一个家庭处于不同阶段，对于市场的商品需求是不一样的。

企业营销人员需要认真分析一个市场在家庭生命周期不同阶段所占比例的大小，才能有针对性、更好地满足不同消费者的需要。

小组讨论

上网搜集有关家庭生命周期方面的资料，列举其在不同阶段对具体商品的需求。

做一做

案例：要抓住00后用户，先要了解他们的消费特点

所谓千禧一代，指的是1982年至2000年出生的一代人，他们已成为全球消费的主力军。而随着第一批00后成年走进大学，意味着在2000年前后出生的"后千禧世代"开始正式进入消费大市场，成为比90后更难"对付"的一批新生消费力量。如何才能抓住这一批消费主力"预备军"在下一个消费周期中取得优势，裂推云认为首先要抓住他们的消费特点。

相较于千禧一代对于互联网的"后知后觉"，00后从小就被互联网"团团包围"，他们与互联网的契合度更高，相应地对文化和意识的包容度和接受度也更高。根据2018年发布的《腾讯00后研究报告》可知，00后的世界观、人生观、价值观和消费观等属性都明显不同，呈现出更加多元化、包容化、自主化的特点。

由于从小通过互联网接触到大千世界，00后更加注重包容、平等和自我。他们的权威感低，不会一味看重名牌；善于倾听所有的声音，不会故步自封；他们注重认识自我、倾听自我、表达自我，有更多更深层次的心理和情感诉求。

"预备军"00后的消费态度存在以下六大特点：

1. 向往专注且有信念的品牌和偶像。相较于千禧一代更加注重价格、质量或者性价比等方面，00后更加注重品牌和偶像所代表的价值观、生活态度和人生意义等，希望自己能成为这样的人，从而选择与自己在精神上有更高契合度的品牌。

2. 愿意为自己的兴趣付费。00后会在自己感兴趣的领域投入很多的时间和金钱，有一句话说，当人的物质需求被满足后，就会开始满足精神需求。00后从小就没有经历过物

质短缺的时代，他们对物质的体验不是有和没有，而是好和更好。因此他们反而对物质没有更多的执念，更注重精神方面的需求，更愿意为自己的兴趣买单。

3.在自己的能力范围内付费。这是由上文提到的00后自我认知度高，以及对物质的执念不深等原因决定的。他们更加清楚自己需要消费什么和能够消费什么，不会盲目消费。

4.KOL（意见领袖）影响力降低。00后认为KOL跟粉丝之间的关系偏功利化，差别对待粉丝也让KOL的可信度降低。这跟第一点相似，他们追求的是专注且有信念的品牌和偶像，而KOL往往为了赚钱丢失了自己的精神和信念，所以其可信度大打折扣。

5.内容=社交工具。作为在童年时期就被互联网化的一代人，00后喜欢表达自己，渴望跟同辈人进行互动交流，而内容是他们表达自己的方式和激发互动的工具。

6.认为国产品牌不比国外品牌差。00后有着强烈的国家意识和民族自豪感，他们对国外品牌不盲目追崇，没有通过国外品牌来标榜自己的想法。他们拥有自己的独立思想，支持国货是他们关心国家的一种方式。

00后比任何一个时代的人都更加理想主义，也更加地理智客观。由于时代的原因，他们可以大胆追求喜欢的事物，不会被经济所困扰。他们喜欢有趣的新鲜事物，不会被"代表"也不会去"代表"别人，他们每个人都是独立的个体，更加注重精神上的自我。

资料来源　佚名．要抓住00后用户，先要了解他们的消费特点［EB/OL］．［2018-10-23］．http：//www.sohu.com.

讨论：

（1）案例中反映的00后表现出哪些方面的特点？你认可这些观点吗？

（2）有哪些特点是值得肯定和提倡的？需要避免哪些问题？

（3）针对00后所表现的特点，企业如何满足00后的需求？

拓展学习

中美贸易摩擦仍持续，中国已占据这些有利位置

中美贸易摩擦三年多来（包括拜登执政近一年来），中美双边经贸的发展证明，美方的打压虽然继续，但已经逐渐失去效果，单边关税无法阻止中国产品对美出口强劲增长；脱钩也没有发生。对中方有利的发展态势增多。但在世界前沿高端核心技术上，中方面临的困难正在增加。

1.双边贸易

（1）中方统计结果：2021年前10个月，中美贸易同比猛增33.4%，超过了对全球的增速（31.9%），也超过对中国产品没有征收额外关税的欧盟和东盟（各增长30.0%），从而关税作用化为乌有。

2021年10月份当月，中美贸易额达到667.94亿美元，其中出口537.70亿美元，进口130.24亿美元。如果最后两个月保持10月份月均水平，全年双边贸易额将达7 435亿美元，比贸易摩擦发生之年2018年的历史最高水平6 335亿美元增长17.3%，创造历史新高。

其中出口将达5 728亿美元，比2018年的4 784亿美元增长19.7%；进口将达1 707亿美元，比2018年的1 551亿美元增长10.1%。三年累计，我国对美出口增速仍然接近从美进口增速两倍，尽管我国出口遭遇大面积高额关税，而进口又有第一阶段协议指标催

促。这说明，我国对美出口竞争力足以战胜单边关税障碍，我国产品在美国的不可替代性远超美国产品在中国市场的可替代性。

（2）2021年前10个月实绩与2018年同期相比，我国对美出口累计增长18.7%；对全球出口则累计增长32.1%。这说明贸易摩擦仍然对我国产品输美产生一定影响。美国市场占我国出口总额比重从19.2%降至17.2%。但同期东盟和欧盟（2021年为欧盟加英国）比重各增加1.5个百分点。我国在美国市场失去的比重，在东盟和欧盟市场轻松补回并有余。同期我国从美进口累计增长7.9%；从全球进口则增长22.3%。美国在我国进口市场的份额从7.5%降至6.6%。同期东盟和我国台湾比重分别上升1.9和0.9个百分点，欧盟比重保持在11.6%不变。美国已经不是我国进口的主要来源。

（3）美国比重的下降，对我国高技术产品出口可能有所影响，但对其进口没有影响。2018年前10个月到2021年前10个月，高新技术产品出口累计增长27.8%（从6 081.15亿美元增至7 772.30亿美元），低于同期出口总额增速（32.1%）4.3个百分点。同期高新技术产品进口从4 673.71亿美元增至6 758.10亿美元，累计增长44.6%，相当于同期进口总额增速（22.3%）的两倍。

（4）美方的基本态势是：对华出口给美国带来很大利益。美中贸委会2021年1月份发布的题为《美中经济关系：关键时刻的关键伙伴关系》报告显示，截至2019年，对华出口给美国创造了120万个就业岗位。该会2021年11月1日公布的报告显示，2020年美国435个国会议员选区中，有278个选区对华出口实现增长；其中72个选区对华出口净增1亿美元以上。

然而单边关税使美国企业和家庭蒙受重大损失。该会委托牛津经济研究所研究发现，由于关税92.4%由美国进口商支付，进口消费品和中间产品涨价使美国企业和消费者蒙受了沉重打击。对华贸易摩擦使得美国2018—2019 GDP减损0.5个百分点（1 080亿美元），家庭实际收入减少880亿美元，美国公司市场资本化减少1.7万亿美元。因此，美国3 500多家公司向美国国际贸易法院起诉美国政府对华加征关税为非法，要求政府赔偿其损失。美国大企业联合会160名跨国公司CEO联名呼吁拜登政府取消对华额外关税，迫使美国贸易代表署加快关税排除程序。

据前述美中贸委会报告预计，如果中美贸易摩擦继续升级，今后五年美国GDP将合计减少1.6万亿美元，就业岗位将减少73.2万个。因此，美方单边关税无法持续。美国地方和商界非常广泛地支持发展中美贸易，这是推动中美贸易不断克服种种政治障碍而持续增长的重要因素。

2.双向投资

在特朗普政府和拜登政府打压和限制下，中国对美直接投资持续低落。据荣鼎咨询公司统计，2020年中国对美直接投资72亿美元，虽比2019年的63亿美元有所增长，但比2016年达到的459亿美元大幅下降。主要投资项目有腾讯收购环球音乐集团，哈药收购GNC。行业集中在消费领域，高科技领域和绿地投资几乎没有。

同年，美国企业对华投资为87亿美元，比2019年减少近三分之一，为2004年以来最低。2020年中美双向直接投资合计为159亿美元，为2009年以来最低。

2020年美国在华风险投资为32亿美元；中国企业在美风险投资为23亿美元，为5年来最低。双方风险投资主要行业是金融服务、消费服务和信息通信技术。

美国在华企业普遍看好中国市场前景。据美中贸委会 2021 年 7 月会员调查，95% 企业 2020 年在华实现盈利，四分之三企业盈利好于或等于全球总盈利水平，78% 企业认为中国市场好于其他新兴市场。上海美国商会 2021 年 10 月 6 日发布的调查报告显示，82.2% 的企业预计 2021 年收入增长，77.9% 的企业对未来五年中国业务乐观，这一比例已恢复至贸易摩擦以前水平。高盛等华尔街巨头则直接与中国银保监会、证监会对话。

中美双向直接投资的态势是美企投资中国保持相当高热度，且中国市场开放度越来越高；中企在美投资则遇到较大困难，但仍然保持一定水平。因此，这方面态势是美企需要中国市场更多一些。

3.高科技合作

这方面态势非常不好。美国继续加紧对华为、中兴的严格限制，将高端半导体芯片供应链向美国为中心集中，排斥中国；将大约 900 家中国企业列入实体清单，但中端及以下的技术方面如车用芯片尚允许对华供应。

4.地缘贸易板块

美国花费极大精力拉拢欧洲盟友和日本，建立 AUKUS 三国联盟和印太联盟，以图尽可能压缩中国的贸易与投资空间。但迄今为止，处于有利位置的恰好是中国，不是美国。

2021 年前三个季度与三年前 2018 年同期比，中国与东盟贸易额从 4 340.04 亿美元增至 6 305.39 亿美元，增长 45.3%；美国与东盟贸易额则从 2 019.5 亿美元增至 2 370.56 亿美元，增长 17.4%。中国-东盟贸易额与美国-东盟贸易额规模相比，从 2.15 倍扩大到 2.66 倍。同期中国与欧盟 27 国贸易额从 4 479.69 亿美元增至 5 993.37 亿美元，增长 33.7%；同期美国与欧盟贸易额从 5 956.86 亿美元增至 6 446.43 亿美元，增长 8.2%。中国-欧盟贸易额规模已经相当于美欧贸易额 93.0%。2022 年 1 月 RCEP 生效，将是世界最大自由贸易区，占世界出口总额 30% 左右。中国与其他 14 个成员的贸易额将继续迅速扩大，而美国处于域外。因此，从地缘贸易角度，中国略占优势。

5.小结

以上总态势显示，中美经贸紧张关系大体进入战略相持阶段。美方虽然持续施压和围堵，但成效非常有限。科技制裁虽然给中国造成很大压力，但总体并没有阻滞中国发展。规则之争，美国始终未能迫使中国听从。

另一方面，中国也未能迫使美国进行根本调整。加征的关税连 1% 的取消都没有。以国家安全为名的全面科技封锁和单边制裁依然持续。因此，迫使美方放弃这些错误政策，还有很长的路要走。

资料来源　根据人大重阳网 2022 年 1 月 6 日相关报道整理得来。

项目实训

实训内容：企业营销环境和消费者需求分析

1.实训目的

结合自己所选择企业的具体情况，对市场营销环境及消费者需求情况进行分析，提高同学们分析问题的能力。一方面，熟悉和了解影响企业开展营销活动的各种因素，消费者的需求状况；另一方面，通过分析能为该企业发现新的市场机会，避免各种不利环境给企业带来的市场威胁。结合本小组开办的实体店，对营销环境和消费者需求进行分析，能够发现市场机会，避免各种威胁。

2.实训步骤

（1）以小组为单位进行分析和讨论，组长负责组织和协调，同学们积极参与。

（2）结合该企业的实际情况，分析微观环境和宏观环境对企业的影响，找出新的市场机会和需要避免的威胁。

（3）结合该企业的具体商品，分析消费者的需求情况、购买心理和购买行为，从中发现企业应该重点发展的商品、需要开发的新商品和需要回避和放弃的商品。

（4）各小组推荐一名同学，将小组讨论结果在全班进行分享，提出本小组的观点和结论。

（5）教师对各小组分享的结果进行点评，确定最佳分析方案。

3.实训要求

（1）全班同学积极参与小组讨论，踊跃发言，敢于表达自己的观点和想法。

（2）组长负责组织好本小组的讨论，善于调动和启发同学们的思路。

（3）教师观察各小组讨论情况，及时指导。

（4）各小组推荐一名同学在全班进行讨论结果分享。

（5）小组每次推荐的同学应该是轮流进行。

4.实训实施

结合本小组所开办的实体店，讨论下列问题：

（1）实体店在经营过程中，需要分析哪些营销环境？

（2）针对所经营的主要商品，分析消费者的需求情况？

（3）实体店将存在哪些市场机会？需要避免哪些威胁？

项目回顾

通过本项目的学习，明确了企业要开展有效的营销活动，在树立正确营销观念的基础上还需要分析市场，善于发现市场机会。对市场营销环境中微观环境和宏观环境进行分析，对消费者需求、购买心理和购买行为进行分析，是发现市场机会、避免环境威胁的重要条件。

关键词汇

1.市场营销环境：影响企业开展营销活动的各种因素。

2.微观营销环境：直接影响企业营销活动的各种因素，是企业能够主动控制和可以施加影响的因素。

3.宏观营销环境：对企业营销活动有影响的各种社会性因素，是既可以给企业带来市场机会，也可能造成营销威胁的因素。

4.购买动机：消费者在购买商品时的想法或欲望，是消费者在购买商品时所产生的心理活动。

5.购买行为：消费者为了满足自己的某种需要，在一定的购买动机支配下，进行实际购买的活动。

6.购买过程：消费者实际购买商品所经过的具体步骤。其分析的范围是从产生需要开始，到得到商品之后的整个过程。

7.购买习惯：消费者在长期购买商品时逐渐养成、不易改变的购买形态。

项目检测

一、单项选择题

1.直接影响企业营销活动，企业又能够主动控制和可以施加影响的因素，称为（　　）。

A.市场营销环境　　　B.微观环境　　　　C.宏观环境　　　　D.政治法律环境

2.在市场营销环境的各种因素中，企业不能控制、不能改变、只能适应的因素是（　　）。

A.消费者　　　　　　B.竞争者　　　　　C.社会公众　　　　D.宏观环境

3.向企业提供各种货源和解决商品销路的商业组织，叫作（　　）。

A.竞争者　　　　　　B.中间商　　　　　C.社会公众　　　　D.宏观环境

4.2012年10月31日，世界人口突破70亿大关，这是市场营销环境中的（　　）。

A.微观环境　　　　　B.经济环境　　　　C.人口环境　　　　D.自然环境

5.由于人们的认识、感情、意志等活动引起的动机称为（　　）。

A.生理动机　　　　　B.心理动机　　　　C.感情动机　　　　D.理智动机

6.消费者购买商品时，注重它的实际使用价值，这种心理属于（　　）。

A.求廉心理　　　　　B.求实心理　　　　C.求新心理　　　　D.求同心理

7.某一家庭购买商品，由一家人在一起协商决定，这种形式属于（　　）。

A.各自做主型　　　　B.丈夫支配型　　　C.妻子支配型　　　D.共同决定型

8.市场机会多、环境威胁低的企业，称为（　　）。

A.冒险型企业　　　　B.理想型企业　　　C.成熟型企业　　　D.困难型企业

二、多项选择题

1.下列属于市场营销微观环境的要素是（　　）。

A.企业本身　　　　　B.社会公众　　　　C.中间商　　　　　D.社会文化环境

2.下列属于市场营销宏观环境的要素是（　　）。

A.人口环境　　　　　B.竞争者　　　　　C.经济环境　　　　D.自然科技环境

3.下列属于社会文化环境因素的有（　　）。

A.社会阶层　　　　　B.相关群体　　　　C.风俗习惯　　　　D.职业妇女增加

4.购买决策通常包括的三种结果是（　　）。

A.立即购买　　　　　B.延期购买　　　　C.不购买　　　　　D.经常购买

5.从市场营销的角度来分析，企业要面对的竞争者类型包括（　　）。

A.愿望竞争者　　　　B.类别竞争者　　　C.形式竞争者　　　D.品牌竞争者

6.营销企业要重视的消费者心理需求包括（　　）。

A.尊重的需要　　　　B.方便的需要　　　C.服务的需要　　　D.安全的需要

三、判断题

1.消费者对其购买的产品是否满意，将影响到以后的购买行为。　　　　（　　）

2.社会公众是市场营销的宏观环境。　　　　　　　　　　　　　　　　（　　）

3.微观环境是企业不能控制、不能改变、只能适应的因素。　　　　　（　　）

4.消费者受外界的刺激是产生购买动机的根本原因。　　　　　　　（　　）

5.从现代社会角度讲，消费者的心理需要比生理需要更加重要。　　（　　）

6.从市场营销的角度讲，竞争者有广义和狭义之分。一般来说，企业要面对四种类型的竞争者。　　　　　　　　　　　　　　　　　　　　　　　（　　）

7.宏观环境是既可以给企业带来市场机会，又可能造成营销威胁的因素。（　　）

四、案例分析

标注"儿童"字样就贵好几倍 儿童食品市场鱼龙混杂

又到开学季，不少家长开始采购儿童用品，从儿童书包到儿童牛奶、儿童水饺，与"儿童"相关的产品都被放入购物车中。

记者发现，很多家长在给孩子购买食品时更青睐冠以"儿童"字样的食品，认为它们更符合孩子的身体发育需要，而这类食品往往价格较高。这些打着"儿童食品"旗号的食品是否真的适合儿童？记者展开了调查。

有的家长被"洗脑"，对儿童食品深信不疑

记者走访了广州一些大型超市，发现冠有"儿童"字样的食品确实不少，与同类的普通食品相比，这些食品无一例外有着颇受儿童喜爱的卡通图案包装。

记者在广州市天河区一家大型超市看到，零食区货架上一款盒装的"儿童饼干"吸引了不少孩子的围观，饼干盒封面颜色鲜艳，并印有精美可爱的熊猫图案。正在挑选该商品的何女士告诉记者，"小孩买东西就喜欢可爱的包装盒，无论多贵都嚷着要买。"

除了孩子喜欢，妈妈们似乎也愿意为此买单。这些"儿童食品"大多在显眼处标有"含多种儿童成长必需的营养元素""妈妈呵护宝宝的首选"等字样，相比普通食品，价格也普遍高出一大截。

号称"添加多种矿物质、完全无菌、源自高山或地下水"的"婴儿水"，出现在各大超市、电商平台，售价高达二三十元一瓶。广州的刘女士似乎"着了魔"一样，对商家宣称的"无菌"深信不疑，甚至连给宝宝冲奶粉、煮粥都要用"婴儿水"。2019年4月，中国青年报社会调查中心对2 003名受访儿童家长进行的一项调查显示，84.8%的受访家长更倾向于给孩子购买有"儿童食品"字样的产品。

上过当的肖女士则认为买"婴儿水"这样的"儿童食品"等于交"智商税"。最近肖女士购买了一款12.5元的"寿桃"牌儿童胡萝卜面，据超市促销人员介绍，该款面条不含添加剂，且含有大量儿童所需的营养元素。但肖女士回到家仔细检查配料表才发现，除添加了2%的胡萝卜粉，其他配料和普通面条一样，"何来更加营养呢？"

自造概念、炒作噱头，"儿童食品"市场鱼龙混杂

记者采访发现，一些企业把"儿童食品"当成了宣传噱头，宣称产品"营养价值高""孩子更爱吃"，这背后其实与商家营销手段密切相关：

——炒作概念，部分"儿童食品"与普通食品成分无区别。记者在某电商平台看到一款"欣和零添加减盐型天然亲宝有机酱油"，客服告诉记者，该酱油含盐量比较低，适合一岁到三岁的宝宝。然而记者查看成分表后发现，"钠"的含量达到了每10毫升500毫克，不仅与普通酱油无异，更称不上"低盐"——根据食品营养标签的国家标准，每100克或100毫升食品中钠的含量小于或等于120毫克才属于"低盐"。

江苏省消保委2018年发布的酱油产品比较试验报告显示，5款宣称为"儿童酱油"的产品在营养元素等指标上与普通酱油并无太大差异，甚至一些"儿童酱油"钠含量比普通酱油还高。江苏省消保委提示，目前我国没有"儿童酱油"的相关产品标准，记者查询相关国家标准发现，现有的酱油分类标准主要依据成分和制作工艺分为酿造酱油、再制酱油等，并没有依据食用者年龄划分的酱油类型。

——名不副实，部分产品宣称适用人群与实际不符合。第三方婴童产品测评平台小红花测评从网上选购了10款热销的宝宝面条，价格在6.8元/件至119元/件之间，这些产品均在产品详情页面宣称适用于6个月以上的宝宝食用。然而，平台委托珠海出入境检验检疫局技术中心检验发现，测评中一半面条的铁含量都不符合婴幼儿辅食国标要求。

——部分儿童食品为了增加口感加入多种添加剂。记者在广州某超市冷冻区发现一款"儿童菲力牛排"，从牛排配料表成分来看，与该品牌的其他牛排产品几乎一致，且含有食用香精等8种食品添加剂。

华南农业大学食品学院教授柳春红表示，一些产品为了迎合儿童口味，可能加入更多食品添加剂如色素、调味料等。事实上，目前食品添加剂国家标准的制定是基于体重60公斤的成年人为参考而设定的，并没有针对儿童制定添加剂限量标准。"若儿童食用含有过多添加剂的食品，可能产生急、慢性毒性，当然这些都与最终摄入的剂量有关。"

"儿童食品"市场亟待整治，莫让商家钻空子

业内人士表示，目前国内国际对于儿童的年龄划分界线比较模糊，商家为了开拓消费市场故意制造概念、营造噱头，自造"儿童食品"概念。柳春红等专家认为，必须在"儿童食品"管理上下功夫：

首先，建立儿童食品标准或者儿童食品指南。广东省食品安全质量协会执行会长、广东省食品安全专家蔡高斯建议，针对儿童不同生长阶段的营养需求，制定相应的食品安全标准，规范标签标识和销售宣传。

其次，加强儿童食品的源头监管。专家表示，伴随着消费升级、差别化消费市场的不断开拓，有关部门应对"儿童"相关字样出现在食品包装上做更严格的规范，同时在广告法等相关法律法规中加入关键词限制，遏制有误导倾向的儿童食品标签"漫天飞"。

最后，加强对消费者的引导。市场监管部门提醒家长在选择儿童食品时，不要被卡通包装和宣传口号所迷惑，注意看配料表进行选择。

资料来源　根据新华社2019年9月3日相关报道整理得来。

请根据以上案例分析：

（1）家长在采购儿童食品时，反映出怎样的消费心理？

（2）商家在儿童食品的营销上存在哪些问题？应怎样改正？

（3）你认为如何规范儿童食品市场，保证儿童食品的安全与健康？

项目评价

本项目考评内容由职业能力与素养表现、专业知识与能力掌握两部分组成，对应相应的考评标准，以自我评分、小组评分和教师评分三方面相结合的方式计算出各项分值并换算得出合计得分，填写在表2-3中。

表 2-3   **职业素养与专业能力测评表**

考评内容		考评标准	分值	自我评分	小组评分	教师评分	合计得分
职业能力与素养表现	行为规范与态度	语言文明，行为得体，注意外在形象；做事态度端正、认真	10				
	沟通与协调	主动与他人沟通，表述清晰，注意倾听，善于协调处理问题	10				
	团队分工协作	融入团队，积极参加活动，关心他人，承担主要工作并认真完成	10				
	表达与展示	能准确收集和传递信息，善于表现自己，充分表达自己的看法	10				
	自我管理	正确认识和评价自我、合理分配和利用时间与精力、具有安全意识与自我保护能力，控制自己的情绪	10				
专业知识与能力掌握	相关基本概念	理解、掌握	10				
	市场营销环境分析	理解、分析及运用	10				
	消费者需求分析	理解、分析与运用	10				
	项目检测	作业完成情况	10				
	项目实施	参与讨论和策划，提出建议	10				
综合得分			100				

评价说明：①合计得分＝自我评分×20% ＋小组评分×40%＋教师评分×40%。②综合得分总分为100分；得分60分以下为不合格；60～75分为合格；76～89分为良好；90分及以上为优秀。

项目 3　　如何找准自己的目标市场

学习目标

知识目标：

1. 正确理解市场细分，掌握市场细分的基本要求及标准。
2. 掌握目标市场的定义、基本模式和基本策略。
3. 正确理解市场定位，掌握市场定位的方法及策略。

能力目标：

1. 能够运用市场细分的标准对某一市场进行细分。
2. 能够根据不同企业情况选择目标市场策略。
3. 能够运用具体要素对产品进行市场定位。
4. 能够结合自己开办的实体店，找准目标市场和产品定位。

实训内容

1. 结合所选择的企业，分析市场细分和选择目标市场情况。
2. 针对本小组开办的实体店，确定目标市场和市场定位。

学时建议

1. 教师讲授（讲一讲）4 学时。
2. 学生学习及讨论（学一学）4 学时。
3. 项目实训（做一做）2 学时。

在市场竞争日趋激烈的今天，企业要有效地开展营销活动，就需要从全局和整体上实施营销战略。目标市场选择是企业营销战略的核心内容。企业要选择合适的目标市场，首先需要对市场进行细分，同时还需要进行准确的市场定位，这样才能为营销策略的制定提供客观依据。

【问题导入】

你所熟悉的企业是如何进行市场细分的？其选择了怎样的目标市场？如何进行的产品和企业定位？

任务1　　市场细分

导入案例

美国钟表公司的市场细分

美国钟表公司在第二次世界大战结束后的很长一段时间，主要生产经营名贵手表，满足美国高收入消费层的需要。

随着20世纪50年代以后世界钟表业突飞猛进的发展，以瑞士和日本为代表的钟表对美国市场造成极大冲击，使美国钟表业举步维艰，经营陷入困境。在这种形势下，美国钟表企业需要想出新的对策。

因此，美国钟表公司开始重视市场信息的收集、分析和研究，在此基础上对钟表市场进行细分。

通过市场细分，发现美国的钟表市场客观存在着三种类型的消费者群：

第一类：以购买名贵手表为主的消费者，他们追求象征性和感情上的价值，购买手表是作为礼物送人。这类消费者占整个消费者的31%。

第二类：强调手表计时准确、经久耐用、式样新颖美观，一般这类手表价格较高。这类消费者占整个消费者的46%。

第三类：购买手表是作为掌握时间的工具，一般这类手表价格低廉。这类消费者占整个消费者的23%。

通过这一市场细分，发现过去的美国钟表公司只满足了31%的消费者的需要，而69%的市场还没有去开发。因而当机立断，把战略重点放在了第二、三类消费者身上，并生产了一种名为"天美时"的价廉物美的手表，很快占领了这一市场。

资料来源　根据百度百科相关资料整理。

问题：

（1）美国钟表公司为什么要进行市场细分？其是如何进行市场细分的？

（2）通过市场细分你发现了什么？

（3）如何对一个具体市场进行细分？

讲一讲

知识点1：正确理解市场细分

1.市场细分的定义

市场细分，是指企业根据消费者在需求上的差异性，将一个总体市场划分为若干个分市场的活动过程。

市场细分是市场营销学中一个重要的概念，20世纪90年代以来，世界政治、经济形势发生了重大的变化，极大地改变了人们的消费观念和购买行为，消费者更多地通过分析、比较，选择真正适合自己的商品，消费者越来越成熟，也越来越具有个性。这就要求企业必须把客户的需求和创造顾客放在第一位，使产品真正适销对路。

市场细分正是企业打开市场的重要手段。自从美国市场营销学教授温德尔·史密斯提出市场细分理论以来，市场细分已被广泛地用来指导企业的市场营销活动，它的运用在加强企业市场竞争能力方面起到了重要作用。在指导实践的同时，市场细分理论和方法也得到了不断完善和发展。

市场细分是企业选择正确的目标市场，寻找市场机会的重要手段。在正确理解市场细分的基础上，可以运用市场细分的具体变量和要求，对一个具体市场进行细分。

掌握市场细分的概念，需要明确下列问题：

（1）不是任何市场都可以或需要细分的；市场细分的基础是对同一产品在需求上的差异性。

（2）市场细分的目标是为了在需求不同的市场中把需求相同的消费者聚合到一起。

（3）市场细分不是对产品进行分类，而是对同种产品需求差异的分类。

2.正确理解市场细分

我们可以从以下几方面来理解市场细分：

（1）谁要对市场进行细分？

（2）对什么市场进行细分？

（3）根据什么来进行细分？

一般来说，所有面向市场的企业都需要对市场进行细分，当然这项工作是由企业的营销人员来完成的。

对市场进行细分，首先要找准企业所面对的总体市场，不同类型企业的总体市场是不一样的，如服装企业、家电企业和食品企业所面对的总体市场不同。

一个市场之所以能够进行细分，就是因为消费者的需求具有差异性。一个市场是否需要进行细分，就是看这一市场的消费者需求是否存在差异性。如果需求不存在差异性，就不需要进行细分。

在进行市场细分前，我们要理解和区分下列几个概念：

同质性商品与异质性商品、同质市场与异质市场、同质偏好、分散偏好与集群偏好

①同质性商品，是指消费者需求基本一致，没有明显区别的商品。

②异质性商品，是指消费者需求存在着明显区别的商品。

找一找：市场上有哪些同质性商品和异质性商品？

③同质市场，是指经营同质性商品的市场。

④异质市场，是指经营异质性商品的市场。

目前市场上同质性商品越来越少，异质性商品越来越多，也就是说需要细分的市场越来越多。

想一想：同质市场和异质市场哪个市场竞争大？

⑤同质偏好，是指市场上所有顾客有大致相同的偏好。

⑥分散偏好，是指市场上顾客的偏好极其分散，散布在整个空间。

⑦集群偏好，是指某一群消费者对某种产品的共同偏好。如男青年爱好骑摩托车，女青年喜欢背随身小包，山西和陕西的消费者喜欢食醋。

想一想：如图3-1所示，哪种偏好是市场细分的基础？

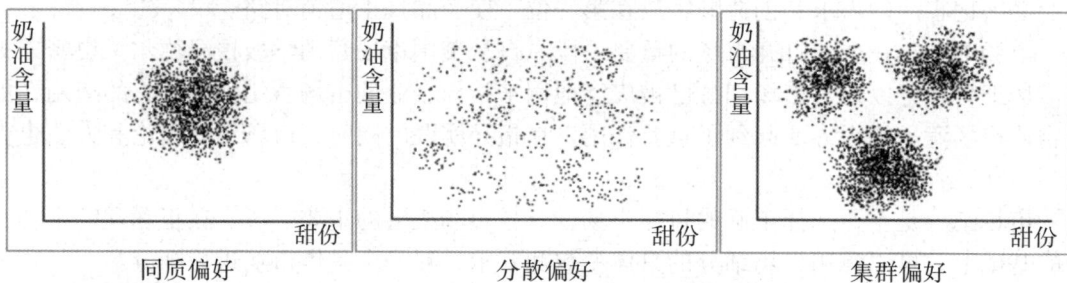

图3-1　三种偏好

学一学

知识点2：市场细分的作用与要求

1.市场细分的作用

小组讨论

结合导入案例思考：

（1）美国钟表公司为什么要进行市场细分？

（2）市场细分对美国钟表公司起到了什么作用？

市场细分的作用表现在：

（1）市场细分是开展营销活动的前提和基础，是营销的首要环节。

（2）市场细分有利于发现市场机会，开拓新的市场。

（3）市场细分可以让企业更好地选择目标市场。

（4）市场细分有利于掌握目标市场的特点，制定营销策略。

（5）市场细分有利于企业合理配置资源，扬长避短，增强竞争力。

2.市场细分的基本要求

对于一个市场的细分，需要从以下四个方面来综合考虑：

（1）有明显的特征。

一个分市场内的消费者需求应基本一致，这一分市场与其他分市场有明显的不同。

（2）有合理的范围。

一个分市场的范围既不能过大，也不能太小，应与企业的营销能力相适应，企业有能力进入和控制该市场。

小资料

大众汽车以人性化著称，有位叫费利克斯的德国男子由于患有侏儒症，导致他无法驾驶正常汽车，然而亲自驾驶一辆汽车却是他的梦想，最后大众公司将他的梦想变成了现实，亲自为他设计了一款侏儒车（如图3-2所示）。车子的发动机只达到100匹马力，最高时速为27公里，对于正常版大众而言，费利克斯的大众显得非常迷你，二者放在一起，一大一小形成鲜明的对比。

图3-2 侏儒车

资料来源 根据易车网2016年8月26日相关报道整理得来。

小组讨论

大众的这款侏儒车可以投入量产吗？为什么？

（3）保证一定的盈利。

要考虑到顾客数量、购买力水平，使企业有利可图，应与企业的营销总目标相适应。

（4）有相对的稳定性。

一个细分后的市场不可能绝对稳定，因为市场在变，消费者需求在变。但细分后的市场要保证一段时间的相对稳定，这样才能保证企业开展正常、有效的营销活动并取得盈利。

小组讨论

在汽车市场上，一方面，有着庞大的市场需求。另一方面，消费者的需求日益趋向多样化和个性化，不同的消费者对汽车的品牌、款式、排量、价位、质量、性能、配置、颜色等，通常有不同的喜好和需求。

在我国，对汽车的需求呈现出极度多样化和个性化的特征。从品牌看，欧系、美系、日系、韩系，几乎世界所有国家的汽车品牌和产品在中国都有生存空间。

从车型类别看，不论是身价百万的奔驰、宝马等豪华车，还是吉利、五菱宏光等几万元的入门车；无论是排量3.0以上的大型车，还是1.0以下的微型车，在中国都有市场。

从车型年代看，一边是越来越多的国际同步车型被争相引入中国，一边是20年前的捷达等品牌依然畅销。

（1）汽车市场的细分要考虑哪些基本要求？

（2）汽车市场的细分需要考虑哪些标准？

讲一讲

知识点3：市场细分的标准

一个市场到底需要运用哪些标准来进行细分呢？

以服装市场为例，基本思路是：不同地区的消费者，在服装需求上存在区别；同一个地区的消费者，因为年龄、性别等的不同，在服装需求上也存在区别。年龄、性别等相同的消费者，因为收入、职业、受教育水平、经济实力等的不同，在服装需求上也存在差异。同样，收入、职业、经济实力等差别不大的消费者，因为购买心理和购买行为不同，也会导致在服装需求上的差别。

因此，市场细分考虑的标准有：地理标准、人文标准、心理标准和行为标准。

1.按地理标准细分市场

（1）细分依据：因为处于不同地理位置上的消费者在商品及服务需求上存在着明显的差异，因此首先需要用地理标准来细分市场。

（2）具体变数：包括地理区域、气候环境、人口密度、城镇规模等。

2.按人文标准细分市场

（1）细分依据：同一个地区的消费者，因为年龄、性别、职业、受教育程度、收入等人文因素的不同，在商品及服务需求上也存在差别。

（2）具体变数：包括年龄、性别、职业、受教育程度、收入、家庭人口数、家庭生命周期等。

3.按心理标准细分市场

（1）细分依据：同一地区年龄、性别、收入等相同的消费者在商品需求及服务上依然不同，这是由消费者在心理上存在着明显的区别造成的。

（2）具体变数：包括生活方式、个性、偏好、购买心理等。

4.按行为标准细分市场

（1）细分依据：虽然有些消费者的购买心理相同，但由于在购买行为上千差万别，所以在商品需求及服务上也存在差别。

（2）具体变数：包括购买时机、寻求利益、使用者情况、使用频率、品牌忠诚度、待购阶段、对产品的态度等。

小思考

选择一个你所熟悉的市场（如手机市场），如何考虑运用以上标准进行细分。

学一学

知识点4：市场细分标准的运用

1.用地理标准细分（见表3-1）

表3-1　　　　　　　　　　　　　**按地理标准细分的市场**

具体变数	细分市场1	细分市场2
地理区域	国内市场	东北市场、西北市场、华北市场、华东市场、华中市场、西南市场等
	国外市场	欧洲市场、北美市场、东南亚市场等
气候	北方市场	北京市场、河北市场等
	南方市场	湖北市场、广东市场等
人口密度	城区市场	
	郊区市场	
	乡村市场	
城镇规模	特大城市市场	上海市场
	大中城市市场	长沙市场
	中小城市市场	宜昌市场
	乡镇市场	

提示：（1）地理标准是市场细分的基础，是一个首先需要的标准。

（2）地理标准是一个不能单独使用的标准，需要结合下面的标准来使用。

2.用人文标准细分（见表3-2）

表3-2　　　　　　　　　　　　　**按人文标准细分的市场**

具体变数	细分市场
性别	男性市场、女性市场、中性市场等
年龄	孕婴市场、幼儿市场、儿童市场、少年市场、青年市场、中年市场、老年市场
职业	公务员市场、专业技术人员市场、白领市场、普通职员市场等
收入	高收入人群市场、中产阶级市场、工薪族市场、低收入人群市场等
受教育程度	初中及以下市场、高中（中专）市场、大专市场、大学及以上市场
家庭规模	三人以下市场、三口之家市场、三人以上市场
家庭生命周期	青年单身市场、新家庭市场、有受教育子女家庭市场、成熟家庭市场

提示：人文标准是市场细分的一个重要标准，使用频率更高。

3.用心理标准细分（见表3-3）

表3-3 　　　　　　　　　　　**按心理标准细分的市场**

具体变数	细分市场
生活方式	简朴型、保守型、时尚型、享受型、奢华型
个性	外向型、内敛型、冲动型、激动型、被动型、交际型、支配型、理智型、友善型、豪爽型
偏好	喜欢、一般、不喜欢、反感
购买心理	求实心理、求廉心理、求名心理、求新心理、求美心理、求同心理

提示：心理标准是一个使用较为复杂的变数，使用时需要认真考虑。

4.用行为标准细分（见表3-4）

表3-4 　　　　　　　　　　　**按行为标准细分的市场**

具体变数	细分市场
购买时机	购买旺季、购买淡季、节假日等
使用者状况	从未使用过、以前用过、有可能用过、初次使用、经常使用等
使用频率	从未使用、偶尔使用、经常使用等
品牌忠诚度	专一、动摇、转移、犹豫等
对产品态度	热情、肯定、积极、关心、漠然、否定、敌视等
待购阶段	从来不知道、已经知道、很清楚、有兴趣、有购买欲望、准备购买等

提示：行为标准是市场细分的最佳起点，企业只有熟练地运用行为变数进行细分，才能更好地发现市场机会。

小资料

某牙膏品牌的市场细分见表3-5。

表3-5 　　　　　　　　　　　**某牙膏品牌的市场细分**

细分标准1	细分标准2	细分标准3	细分标准4
经济因素（低价）	男性	品牌偏好者	高度的自主，价值导向
医疗因素（防止蛀牙）	大家庭	经常使用者	忧虑，保守
美容因素（洁齿）	中青年	抽烟者	社交能力强，活跃
味道因素（好味道）	小孩	果味爱好者	自我中心，享乐主义

（1）在上面的资料中，该牙膏企业运用到了哪些市场细分的标准？

（2）牙膏市场已经细分出了哪些具体市场？还可以细分出哪些市场？

5.市场细分的方法

任何企业都可以选择地理、人文、心理及行为标准中的具体变数对市场进行细分，但因为经营方向、营销产品及满足消费者的需求不一样，所选择的细分标准、数量、难易程度也不同。针对不同产品选择怎样的变数，需要根据企业的实际情况灵活地决定。市场细分常用的方法包括：

（1）单一因素法：根据消费者需求情况，选择某一个变数对市场进行细分，如儿童玩具可以按年龄来进行细分。

（2）综合因素法：根据消费者需求情况，选择两个或两个以上的变数，从多个角度对市场进行细分，如服装、化妆品可以根据性别、年龄、收入情况、职业、购买心理、品牌忠诚度等来进行细分。

（3）系列因素法：根据消费者需求情况，选择两个或两个以上的变数，按一定顺序依次对某一市场进行细分。

6.市场细分的程序

美国学者麦卡锡提出了一套逻辑性较强，粗略、直观又很有价值的市场细分程序，大致包括以下七个步骤：

（1）为自己的产品确定一个合理的范围。

（2）列举出潜在顾客的基本要求。企业可从地理、人文、心理和行为变数等方面通过头脑风暴法，对潜在顾客的需求做出大致的分析。

（3）了解不同潜在顾客的不同需求。企业可以依据人口因素进行抽样调查，了解不同顾客的基本需求中哪些因素是最为重要的。

（4）移去潜在顾客中的共同需求。消费者的共同需求虽然重要，也可作为营销组合策略的参考，但不能作为市场细分的基础。

（5）为不同的分市场暂定一个名称。

（6）进一步认识各潜在顾客群体的特点。

（7）测量不同分市场的规模。

做一做

麦当劳作为一家国际餐饮巨头，是全球大型跨国连锁餐厅，1955年创立于美国芝加哥，目前网点和业务范围遍布全球六大洲119个国家，拥有约32 000间分店，在很多国家代表着一种美式生活方式。其主要售卖汉堡包，以及薯条、炸鸡、汽水等快餐食品。麦当劳开心乐园餐免费赠送玩具，如迪士尼电影人物玩偶，对儿童颇具吸引力。

广泛的市场范围和复杂的经营品种，要开展正常的营销活动，应找准自己的目标市场和准确的市场定位，因此首先需要进行有效的市场细分。那么，麦当劳又是如何来进行市场细分的呢？

1.麦当劳按地理标准细分市场

麦当劳有美国国内市场和国际市场，而不管是在国内市场还是在国外市场，都有各自不同的饮食习惯和文化背景。麦当劳进行地理细分，主要是分析各区域的差异，如美国东西部的人喜欢喝的咖啡口味是不一样的。通过把市场细分为不同的地理单位进行经营活动，从而做到因地制宜。每年麦当劳都要花费大量的资金进行认真、严格的市场调研，研究各地的人群组合、文化习俗等，再书写详细的细分报告，以使每个国家甚至每个地区都有一种适合当地生活方式的市场策略。

例如，麦当劳刚进入中国市场时大量传播美国文化和生活理念，并以美国式产品牛肉汉堡来征服中国人。但中国人爱吃鸡，与其他洋快餐相比，鸡肉产品也更符合中国人的口味，更加容易被中国人所接受。针对这一情况，麦当劳改变了原来的策略，推出了鸡肉产品。在全世界从来只卖牛肉产品的麦当劳也开始卖鸡肉产品了。这一改变正是针对地理要素所做的，也加快了麦当劳在中国市场的发展步伐。

2.麦当劳按人文标准细分市场

通常人口细分市场主要根据年龄、性别、家庭人口、家庭生命周期、收入、职业、教育、宗教、种族、国籍等相关变量，把市场分割成若干整体。而麦当劳主要是从年龄及生命周期阶段对人口市场进行细分，其中，将不到开车年龄的划定为少年市场，将20～40岁之间的年轻人界定为青年市场，还划定了老年市场，人口市场划定以后，要分析不同市场的特征与定位。

例如，麦当劳以孩子为中心，把孩子作为主要消费者，十分注重培养他们的消费忠诚度。在餐厅用餐的小朋友，经常会意外获得印有麦当劳标志的气球、折纸等小礼物。在中国，还有麦当劳叔叔俱乐部，参加者为3～12岁的小朋友，麦当劳叔叔俱乐部定期开展活动，让小朋友更加喜爱麦当劳。这便是相当成功的人口细分，抓住了该市场的特征与定位。

3.麦当劳按心理标准细分市场

根据人们生活方式划分，快餐业通常有两个潜在的细分市场：方便型和休闲型。在这两个方面，麦当劳都做得很好。例如，针对方便型市场，麦当劳提出"59秒快速服务"，即从顾客开始点餐到拿着食品离开柜台标准时间为59秒，不得超过一分钟。对休闲型市场，麦当劳对餐厅店堂布置非常讲究，尽量做到让顾客觉得舒适自由。麦当劳努力使顾客把麦当劳作为一个具有独特文化的休闲好去处，以吸引休闲型市场的消费者群。

资料来源　根据网络资料整理。

讨论：

（1）麦当劳在对市场进行细分时，考虑到了哪种具体标准？

（2）麦当劳是否需要运用行为标准来细分市场？需要运用哪些具体变数？

（3）从麦当劳的市场细分中我们能学到什么？

任务2　　选择目标市场

导入案例

东方树叶如何选择目标市场

茶是全世界最大众化、最受欢迎、最有益于身心健康的绿色饮料。茶饮料市场亦是各大食品、饮料企业必争之地，行业近年来市场迅速增长。目前，生产茶饮料并在我国销售的企业已经超过一万家，如统一、康师傅、娃哈哈等。农夫山泉推出"东方树叶"系列茶饮料，为茶饮料市场注入了一股清泉，它以新颖的设计、独特的意蕴、健康的观念在各大茶饮料中脱颖而出，逐渐在市场上站稳了脚跟。

作为新入局者，相比市场上既有的茶饮料，"东方树叶"具有一定的个性特点：

● 口味多，可以给消费者较大的选择空，强调"健康与纯正"，不含糖、零卡路里，受广大女性消费者喜爱。

● 100%茶叶自然抽出，饱含纯正地道的中国茶风味，是对中国茶文化的传承。

● 强调高品质，是一款定位高端的产品，价位相对较高。

● 在广告和包装上面富有新意，有亮点，在同类产品中突出。

能够在市场上争取到消费者的关注，东方树叶将目标市场主要瞄准了两大群体：

既有消费者：年龄在18到35岁的上班族、大学生群体，其中以女性消费者居多，这类人的特点是崇尚健康的生活方式、追求时尚，是"东方树叶"的重要的消费群体。

潜在消费者：爱茶的中老年人。茶是中国人，特别是年长者喜爱的饮料，甚至是一些人的生活必需品，但中国人喝茶习惯热茶，新冲泡的茶，农夫山泉要做的是改变这些人的观念，传输一种新的理念——茶不是非热不可，也可以"冷饮"，以此抢占爱茶的中老年人这类消费人群。

资料来源　根据网络资料整理。

问题：

（1）"东方树叶"茶饮料是如何选择目标市场的？

（2）"东方树叶"茶饮料目标市场策略与其产品特点有什么关系？

（3）针对不同的商品应该如何选择目标市场？

讲一讲

知识点1：正确理解目标市场

1.目标市场的定义

目标，是个人、部门或整个组织所期望实现的成果。

目标市场，是指企业在市场细分的基础上，经过比较、评价所选择的最佳服务对象。目标市场是针对具体企业而言的，也就是说，虽然是同类型企业，但目标市场也许是不同的。

市场细分、目标市场与营销策略的关系是：企业要确定自己的目标市场，首先需要对市场进行细分。企业确定了目标市场之后，需要实施营销策略，开展有效的营销活动。

2.选择目标市场的必要性

（1）由于资源有限，任何企业都无法满足消费者的所有需求。

（2）受竞争实力的影响，并不是每一个分市场企业都能够进入。

（3）从盈利角度考虑，并不是每一个分市场企业都愿意进入。

因此，企业应选择自己的目标市场，集中优势兵力打"歼灭战"。

3.选择目标市场应考虑的因素

企业选择目标市场时，需要综合考虑下列因素：

（1）目标市场的需求量。其包括：它决定了企业产品有多大的销售空间和增长潜力。

目标市场需求总量估算：需求总量估算=消费者人数×消费者购买力×消费者购买欲望

①尚未开发的市场需求总量估算=消费人次×平均愿意消费的价格

②已开发的市场需求总量估算=消费人次×消费水平

（2）市场的竞争状况。其包括：这一市场是否被竞争者所控制；企业能否进入该市场，并占有一席之地。

（3）企业的营销能力。其包括：企业能否开展正常的营销活动，能否控制该市场的局面。

（4）市场的发展潜力。其包括：该市场能否保证企业较长时间的生存和发展。

学一学

知识点2：目标市场策略的运用

1.目标市场的基本模式

（1）产品与市场集中模式。产品与市场集中模式是指企业确定生产一种产品来满足某一分市场的需求（如图3-3所示）。

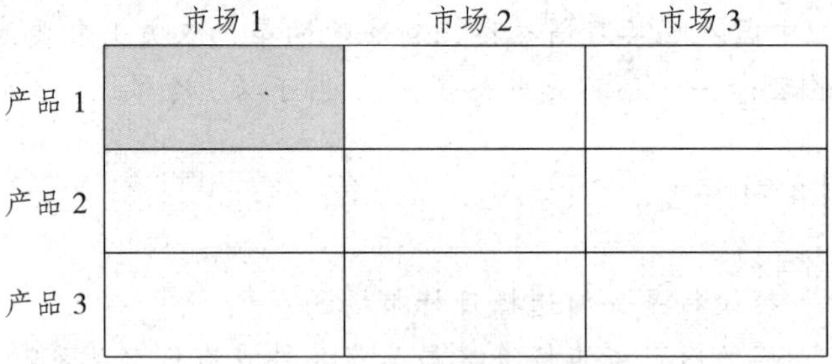

图3-3　产品与市场集中模式

（2）产品专业化模式。企业确定生产一种产品来满足各个分市场的需求（如图3-4所示）。

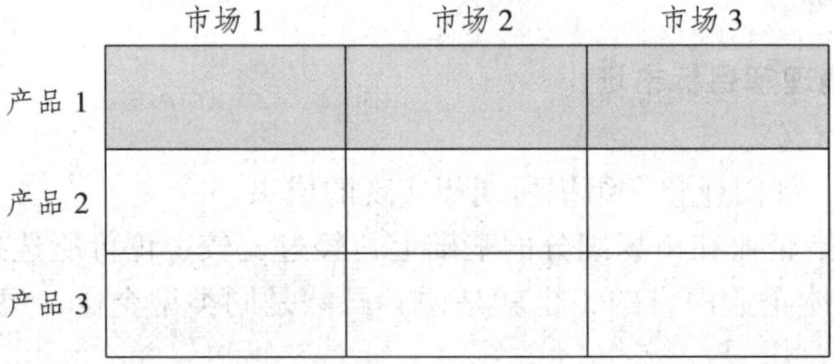

图3-4　产品专业化模式

（3）市场专业化模式。企业确定生产不同的产品满足同一个分市场的需求（如图3-5所示）。

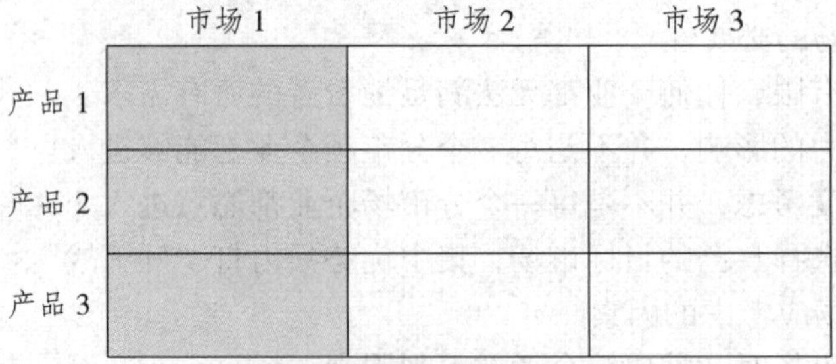

图3-5　市场专业化模式

（4）选择性专业化模式。企业有选择地确定生产几种产品满足几个分市场的需求（如图3-6所示）。

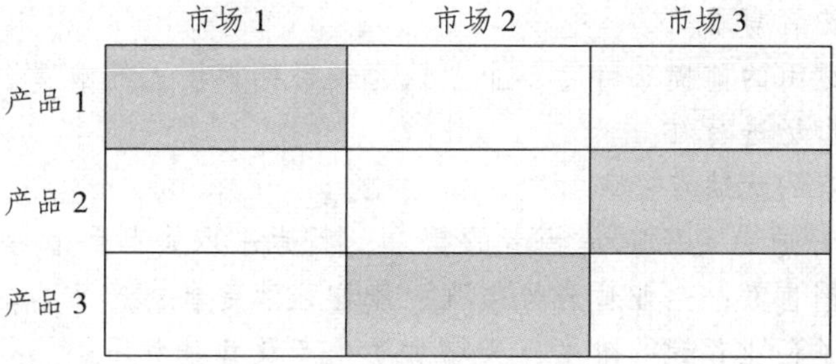

	市场1	市场2	市场3
产品1	■		
产品2			■
产品3		■	

图3-6　选择性专业化模式

（5）覆盖整个市场模式。企业确定把整个市场作为营销对象，生产不同的产品满足不同市场的需求（如图3-7所示）。

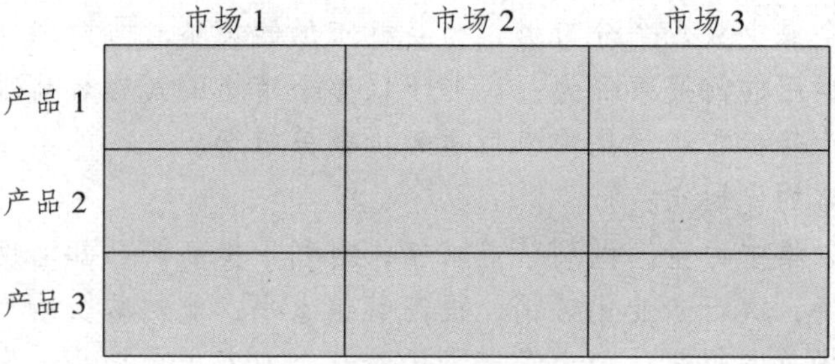

	市场1	市场2	市场3
产品1	■	■	■
产品2	■	■	■
产品3	■	■	■

图3-7　覆盖整个市场模式

小组讨论

（1）手机企业选择目标市场时应考虑哪些因素？

（2）手机品牌适合于怎样的目标市场模式？为什么？

（3）华为、苹果等主要手机品牌分别采取了怎样的目标市场模式？

2.选择目标市场的基本策略

企业选择目标市场，有三种可供选择的基本策略：无差别营销策略、差别营销策略和集中营销策略。

（1）无差别营销策略。无差别营销策略，是指企业只营销某一种商品，运用一种营销组合策略，为整个市场服务。

无差别营销策略运用的前提条件为：企业认为市场上的消费者需求基本上无差别；企业不对市场进行细分，只注意消费者需求的共性，不注意需求的差异性。

①无差别营销策略的优缺点：

优点：营销方式简单，便于操作；能够节省一定的营销费用。

缺点：忽视消费者需求的个性，不能更好地满足不同消费者的需求；目标市场范围大，不利于企业市场竞争；受企业资源限制。

②无差别营销策略的适用范围：

无差别营销策略适用于同质性产品（也就是需求差异性较小的产品，如食盐、面粉、部分蔬菜等）、垄断性的新产品（产品既供不应求，又缺乏竞争对手的产品，如可口可乐上市初期)。

（2）差别营销策略。差别营销策略，是指企业营销不同的产品，采用不同的营销组合策略，满足不同消费者需求。

差别营销策略运用的前提条件为：企业认为其目标市场上的消费者需求存在明显的差异性，因此需要对市场进行细分。

①差别营销策略的优缺点：

优点：能够更好地满足不同消费者的需求；因为采取多品种营销，既分散了市场风险，又能提高产品销售额；企业适应性较强；能增强消费者对产品的信任感。

缺点：既增加了企业营销的难度，又增加了生产及营销费用。

②差别营销策略的适用范围：

差别营销策略适用于需求差异性较大以及品种、规格、式样、等级等复杂的产品。

（3）集中营销策略。集中营销策略，是指在市场细分的基础上，根据企业自身情况，有针对性地选择一个或少数几个分市场作为目标市场的策略。

集中营销策略运用的前提条件为：企业不以整个市场的消费者需求作为目标，而是选择部分消费者群作为目标市场，集中力量占领少数分市场。

①集中营销策略的优缺点：

优点：企业可以集中力量，做到精益求精；有利于提高产品知名度，创立名牌；有利于企业深入了解市场，实行专业化营销，提高营销水平；能够减少生产和营销费用。

缺点：目标市场范围较窄，加大了市场风险；企业回旋余地小，发展潜力受到限制。

②集中营销策略的适用范围：

集中营销策略适用于中小型企业（因为资源有限）和进入新市场的企业。

小组讨论

某自行车生产企业，根据地理位置、年龄、性别将自行车市场细分为几个子市场：农村市场，因常运输货物，要求牢固耐用，载重量大；城市男青年市场，要求快速、样式好；城市女青年市场，要求轻便、漂亮。针对每个子市场的特点，制定不同的市场营销组合策略。

闻名世界的肯德基炸鸡，在全世界有800多个分公司，都是同样的烹饪方法、同样的制作程序、同样的质量指标、同样的服务水平，采取无差别策略，生意很红火。肯德基在上海开业不久，上海荣华鸡快餐店开业，且把分店开到肯德基对面，形成"斗鸡"场面。因荣华鸡快餐把原来外国人用面包作主食改为用蛋炒饭作主食，西式沙拉土豆改成酸辣菜、西葫芦条，更能取悦于中国消费者。所以，面对竞争强手时，无差别策略也有其局限性。

（1）以上资料中的企业分别采用了什么样的目标市场策略？

（2）无差别营销与差别营销有什么相同点与不同点？

提示：相同点就是都通过市场细分发现消费者的不同需求。不同点有：差别营销策略是把整个市场作为企业营销的目标，经营不同商品，采用不同营销组合；集中营销策略是选择部分市场作为企业营销的目标，经营少数商品，采用有限的营销组合。

3.策略选择应考虑的因素

（1）企业的资源和营销能力。

企业资源丰富，营销能力强，可以采用差别营销策略。企业资源匮乏，营销能力差，可以采用集中营销策略。

（2）产品的同质性和异质性。

同质性产品，一般采取无差别营销策略。异质性产品，适用于差别营销策略或集中营销策略。

（3）产品处于市场生命周期的不同阶段。

对处于市场生命周期不同阶段的产品，所应采取的目标市场策略也是不同的。

①处于投入期的产品，由于品种单一，竞争者少，市场竞争不激烈，可采取无差别营销策略，以试探市场需求的规模和了解顾客的具体需求。另外，也可采用集中营销策略，将力量集中于某个细分市场上，以便形成局部优势。

②产品进入成长期后，则适宜选用差别营销策略，以便增加新的花色品种，提高企业的竞争能力，延长产品的市场生命周期。

③产品进入成熟期后，由于市场竞争激烈，消费需求日益多样化，可采用差别营销策略，以开拓新市场，满足新需求。

④产品进入衰退期后，可采用集中营销策略，以便延长产品的市场生命周期。

（4）竞争对手的目标市场策略。

企业采用怎样的目标市场策略，往往需要根据主要竞争对手所采取的目标市场策略而定。

如果竞争对手的实力强，采用的是无差别营销策略，那么本企业可以实行差别营销策略。如果竞争对手采用的是差别营销策略，那么本企业在对市场进一步细分的基础上，可采用有效的差别营销策略或集中营销策略。如果竞争对手的实力较弱，企业也可以采取"对着干"的策略，凭借实力击败竞争对手。

做一做

目标市场营销模式的核心思想是，你不要指望拥有全部的消费者，类似于战场上的"点射"而非"扫射"，因而花费的成本比"扫射"低。

美国华格利公司是世界上最大的口香糖生产商，它在推出"大红"品牌时就采用了目标"点射"模式。

华格利公司首先把口香糖分成橡皮糖、泡泡糖和薄荷香型、浓香型等几类。

该公司发现在桂花香型口香糖这一细分市场上，"丹尼"品牌居于领导地位，这个市场的消费者主要是青少年，但对现有品牌存有两大不满，清新气息在口腔内保留时间太短，同时口香糖体积不够大。

本来这一细分市场是华格利公司的弱项，他们没有一个品牌可与"丹尼"抗衡，于是华格利公司决定开发新一代桂花香型口香糖，并确定必须克服上述两大缺点，否则宁愿不做。

结果，他们向市场推出了"大红"牌桂花香型口香糖，这种口香糖在清新气息保留时间上大大延长了，而且体积比"丹尼"牌口香糖大出30%多。

华格利把"大红"牌桂花香型口香糖定位于高档产品，并辅之强大广告攻势，最后使"大红"牌口香糖取代了"丹尼"牌口香糖的地位。

讨论：

（1）华格利公司是如何分析目标市场的？

（2）华格利公司采用的是哪种目标市场营销模式？

（3）目标市场战略有哪几类？华格利公司采用的是哪种目标市场战略，该案例中影响目标市场战略选择的因素是什么？

提示：华格利公司推出的"大红"牌口香糖之所以能取代"丹尼"牌口香糖，就是因为它经过了市场分析和市场细分，充分掌握了桂花香型口香糖这一细分市场的情况，特别是以克服"丹尼"牌口香糖的缺陷作为自己的主攻目标，生产出清新气息在口腔中保留时间长和体积大的口香糖，满足了消费者需要，因而取得了市场的领导地位。

任务3　市场定位

导入案例

OPPO和vivo：精准定位带来的营销启示

小米发明了"互联网思维"的手机营销理念，但是OPPO和vivo这两个品牌的营销模式似乎跟互联网模式、社交网络模式关系并不大，而是通过精准目标市场定位进行的整合营销，从而取得了成功。

从品牌的调性来看，OPPO和vivo比较年轻，比较东方，比较清新。

品牌的调性反映了其所面对的顾客。这两个品牌的目标顾客很显然是年轻人，向下可以延伸到学生，比如高中生、大学生，往上可以延伸到小白领（城市里二十五六岁、二十七八岁的小白领）。

在年轻的小白领中，这两个品牌的定位又偏女性。不能说其完全针对女性，但更受女孩子喜欢，这是一个不争的事实；调性更加柔美，这也是一个不争的事实。

这种定位跟小米就不太一样。因为小米偏专业，强调和懂行的顾客进行比较深度的交流，包括在技术上、在软件上的交流。而三、四、五级市场的女性顾客（包括男性顾客）对技术是不太懂的，是非专业的。

同时，OPPO、vivo的定位虽然是年轻人，但给人感觉比小米更高一些，就是说价格不是那么低。小米的价格一开始较低，目标市场定成了一些收入偏低的年轻人。

大家都知道，大部分国产手机品牌不能说有什么特别的核心技术，但是在应用技术层面、应用功能层面，做一些基于顾客导向的创新，实际上是非常有效的。

近几年以来，OPPO、vivo都在主打照相这样一个价值维度，单反、双摄像头、2 000万像素、柔光自拍、"照出你的美"等等。用这样的一些价值诉求和价值主张，很简单，吸引了大量的年轻的、比较爱美的、热爱生活的消费者。

面对这样的顾客群，在推广和宣传上，这两个品牌也同样是一个系统的整合性的考虑，比如说去抢占一些目标人群高度关注的注意力资源（明星资源）。

从OPPO、vivo选明星的做法上，就能看出它们的思维方法，就是准确而简单。

有的品牌特别强调性价比，说我的东西很好，卖的价格那么便宜，按道理应该是势无可挡地抢占市场份额，但是事实似乎不是这样。OPPO、vivo主力产品的销售价格已经在

2 000~3 000元之间了，不能算很便宜。

手机这种产品比较有意思，是消费者随时随地用的，而且是在公开场合、在社交的网络里用的，这种产品除了实用性的功能之外，有很强烈的心理价值。凡是有心理价值的产品，总体上来说就不能太便宜。对顾客来说，太便宜就是没有面子，太便宜就显得自己的收入不是很高。

这样一弄之后，好像只有比较特立独行、比较边缘的人，才用比较便宜的手机，或者收入比较低的人，才用比较便宜的手机。这样的观念在社会上一旦形成，实际上不太有利于特别强调性价比的品牌。OPPO、vivo产品的价值定位，强调了高品位的体验和社交功能，是很精准的。

资料来源　佚名. OPPO和vivo：精准定位带来的营销启示［EB/OL］.［2018-12-12］. http：//www.360doc.com/content/17/0527/20/41836862_657809171.shtml.

问题：

（1）OPPO和vivo手机针对的是怎样的消费者群？

（2）针对不同的消费者群，OPPO和vivo又是怎样进行市场定位的？

（3）不同的企业和不同的产品，如何进行市场定位？

讲一讲

知识点1：正确理解市场定位

1.市场定位的含义

市场定位，是指企业营销人员确定本企业及产品在市场上所处的位置。

它具体包含两层含义：第一，市场定位是企业营销人员需要考虑的问题；第二，市场定位包括企业定位和产品定位两方面内容。

"狗不理"
杭州失宠

（1）企业定位，是指企业营销人员确定本企业的整体形象在消费者和社会公众心目中的位置。

针对消费者或用户对该种产品的某种特征、属性和核心利益的重视程度，强有力地塑造出此企业产品与众不同的、给人印象深刻的、鲜明的个性或形象，并通过一套特定的市场营销组合把这种形象迅速、准确而又生动地传递给顾客，影响顾客对该产品的总体感觉。

（2）产品定位，是指企业营销人员为本企业产品创造和培养一定的市场特色。

小思考

（1）一个人要从哪些方面注意自己的整体形象？

（2）一个企业的整体形象包括哪些内容？

（3）结合手机产品，它的特色应从哪些方面体现？

2.企业进行市场定位的必要性

市场竞争越来越激烈，企业要找准自身及产品在市场上的位置就必须进行市场定位。同时，由于消费者需求具有多变性，企业只有通过市场定位，才能更好地满足消费者需求。

（1）通过市场定位，可以为本企业及产品找准位置。

（2）只有进行准确的市场定位，才能发挥企业优势，有针对性地开展营销活动。

（3）只有通过准确的市场定位，才能树立企业及产品形象，扩大知名度，创立名牌。

（4）只有进行准确的市场定位，才能不断地满足消费者的需求变化。

学一学

知识点2：市场定位策略的运用

案例分析

宝马MINI——时尚的代名词

作为BMW集团旗下顶级小型轿车的代表，充满创意的MINI一直以来都崇尚个性、与众不同，它调皮、富有格调以及用现代的方式阐述高贵的性格。MINI以其经典的设计深受无数人的钟爱，其中也包括英国著名球星贝克汉姆和英国著名笑星《憨豆先生》（MRBEAN）的扮演者罗恩·阿特金森（Rowan Atkinson）。影视导演当然也看中了MINI的这份独特气质，于是MINI成为各种电影电视作品中的重要角色，并且是常青树，几十年如一日地活跃在镜光灯下。MINI的品牌定位是时尚奢华的，它强调彰显个性，突出车主的社会地位。用一位车迷朋友的话说，MINI对于女性是一款奢华的玩具，而对于男性则是象征英雄主义的利剑。

MINI目前是宝马集团中唯一的、独立的品牌。MINI虽然是宝马行列中最为娇小的一款车，但其动力、操作的平顺轻松、准确和灵敏性以及动态稳定性依然是出类拔萃的。很多人耳熟能详的宝马口号——"驾乘乐趣"也同样适用于MINI，它的出色表现让人容易联想到的是一部具有赛车性能的小型家庭轿车。2019年，宝马及MINI品牌在中国市场销售达到72.37万辆新车，同比增长13.1%，创下自1994年进入中国市场以来的销售纪录。

资料来源　根据网络资料整理。

问题：

（1）MINI品牌体现出哪些特色？

（2）该品牌定位是否对市场收益有积极的影响？

1.市场定位的步骤

企业进行市场定位一般应遵循三个步骤：

（1）分析市场竞争形势（找位）。

分析目标市场的现状，确认本企业潜在的竞争优势。

（2）找出企业自身优势（选位）。

企业在产品开发、服务质量、销售渠道、品牌知名度等方面具有的可获取明显差别利益的优势。

（3）通过定位显示产品优势（到位）。

企业在市场营销方面的核心能力与竞争优势，不会自动地在市场上得到充分的表现，必须制定明确的市场战略来加以体现。比如通过广告传导核心优势战略定位。

2.市场定位的方法

市场定位主要是针对产品的定位，可运用产品定位图法（如图3-8所示）。

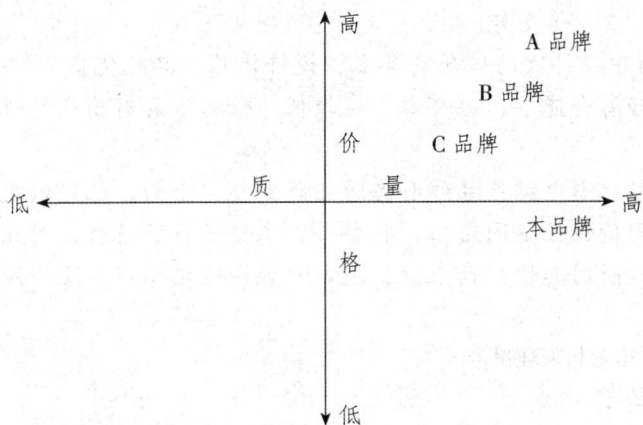

图3-8 产品定位图法

产品定位图法运用的步骤如下：

（1）选择产品的两个主要要素作为纵、横两个坐标，画出象限图。关键点：需要根据消费者的需求情况考虑一种产品的两个主要要素是什么。

（2）在坐标轴的两端标明其程度，并确定四个象限。

（3）收集市场上同类产品的有关资料，并在图上分别标示其相应的位置。

（4）比较不同产品消费者对它的偏爱程度，从而确定本企业产品在市场上所处的位置。

需要强调的是，考虑一种产品究竟从哪些方面定位，需要考虑消费者最关注的要素，包括质量、用途、功能、性能、式样、服务、价格、声誉、属性、使用对象等方面。

案例分析

联想的笔记本电脑产品线

联想集团成立于1984年，是我国最早从事信息技术行业的企业之一，经过30多年的发展，已经成为具有全球影响力的IT企业。在个人电脑领域，联想的市场占有率稳居全球第一，其中笔记本电脑市场2020年市占率达24.5%。

在超越惠普、戴尔等老牌笔记本企业的过程中，联想的精准市场定位和全面的市场覆盖思路发挥了重要作用。自进入该市场以来，尤其是2004年收购IBM的PC业务以来，联想的笔记本电脑产品线和品牌系列多次革新，目前已经形成了作为商务本ThinkPad、平价商务本ThinkBook、游戏本拯救者、轻薄商务本YOGA、轻薄全能本小新等多个大系列。

ThinkPad：定位为高端商务本、生产力工具，做工好用料足，部分机型配有4G/5G网络模块，当然价格相对较高。根据硬件性能和材质，又细分为X1系列、P系列，适应不同的客户需求。

ThinkBook：定位为中端平价商务本，在轻薄的机身尺寸中，具备非常不错的硬件性能，接口配置丰富，扩展性高，比较适合有平面设计或者中度工业设计等需求使用。根据硬件配置和尺寸，又细分为14、14P、15、15P等多个型号。

拯救者：定位为游戏本，配置较高，外形炫酷，兼顾一定的便携性，适合游戏用户。根据CPU的不同（Intel、AMD）分为Y系列和R系列，每个系列又按不同硬件配置分为

7000、9000（P、K、X）等型号。

YOGA：定位为中高档次的轻薄商务本，设计优雅，品控优良。

小新：定位为轻薄全能本、办公本，在较低的价格下具有出色的性能。细分为小新和小新PRO两个系列。

可见，联想的笔记本电脑产品线和品牌矩阵完整、全面，已经实现了从低端到中端再到高端，覆盖了不同价位段不同定位，将整个需求链进行了填补，对用户来说需要做的仅仅是确定预算而已，而对其他厂商来说，现在的国内笔记本市场几乎没有给新入局者留下的空隙。

资料来源　根据网络资料整理得来。

根据案例内容思考：

（1）联想笔记本电脑是如何进行市场定位的？

（2）不同系列的笔记本电脑体现出怎样的特色？

（3）是否存在定位不准、特色不突出的问题？

3.市场定位的策略

市场定位策略包括产品定位策略和企业定位策略。

小思考

想想看，这些产品是怎样定位的？

（1）泰宁诺止痛药，非阿司匹林的止痛药。

（2）怕上火，就喝王老吉。

（3）Lite啤酒，喝了不会发胖的啤酒。

（4）8848钛金手机：商界精英专属，高端私人服务。

（5）云南白药创可贴，有药好得更快些。

（1）产品定位策略。常用的产品定位策略有：

①产品品质定位。产品品质定位是指产品通过自身良好的品质进行定位，在营销宣传中突出产品的具体品质，运用各种表现手段让消费者体验产品的优势所在，给他们留下明确、清晰的印象，以维护自己的产品地位和形象。产品品质定位的关键是改良产品的质量，以接近消费者的理想产品形象。

②产品价格定位。产品价格定位是把自己的产品价格定位于一个适当的范围或位置上，以使该品牌产品的价格与同类产品价格相比较更具有竞争实力，从而占有更多的市场份额。

产品价格定位一般有三种情况：

一是高价定位，即把不低于竞争者产品质量水平的产品价格定在竞争者产品价格之上。这种定位一般都是建立在企业良好的品牌、质量和售后服务优势之上的。

二是低价定位，即把自己的产品价格定得远低于竞争者价格。这种定位的产品质量和售后服务并非都不如竞争者，有的可能比竞争者更好。之所以能采用低价，是由于该企业要么具有绝对的低成本优势，要么是企业形象好、产品销量大，要么是出于抑制竞争对手、树立品牌形象等战略性考虑。

三是市场平均价格定位，即把价格定在市场同类产品的平均水平上。

③产品用途和利益定位。根据产品给顾客提供的用途或所得到的产品利益进行定位。产品提供给顾客的用途和利益是顾客能切身体验到的，故可以作为定位的依据。

例如，美国米勒酿酒公司在1975年推出了一种低热量的"Lite"（莱特）牌啤酒，将其定位为喝了不会发胖的啤酒，这就迎合了那些经常饮用啤酒而又担心会发胖的人的需要。

④功效定位。功效定位是以有别于同类产品的性能为重点，在广告宣传中突出产品的特异功效，使该品牌产品与同类产品有明显的区别，以增强竞争力。例如，美国七喜汽水的广告宣传，就以不含咖啡因为定位基点，以显示与可口可乐等众多饮料的不同。

⑤产品属性定位。产品属性定位是指根据产品本身所固有的性质（包括产品的制造技术、制造设备、制造流程、产品功能、产品原料、产品产地、产品历史情况等因素）进行产品定位。例如，"泰宁诺"止痛药的定位是"非阿司匹林的止痛药"，显示药物成分与以往的止痛药有本质的差异。

⑥使用者定位。使用者定位是指企业找出产品的正确使用者与购买者，并借助使用者代表进行劝说，达到吸引目标消费者的定位策略。

⑦根据市场竞争情况定位。它包括竞争性定位和非竞争性定位，这种定位是直接针对某一特定竞争者的，而不是针对某一产品类别。例如：云南白药创可贴，有药好得更快些。

⑧产品的重新定位。产品的重新定位是指根据市场变化和竞争需要，调整原来的产品定位。

（2）企业定位策略。企业定位策略即确定企业在市场上的整体形象所运用的定位策略，具体包括：

①市场领导者形象定位。它是指在市场竞争中居于领导地位的企业所确定的市场定位。

②市场挑战者形象定位。它是指在市场竞争中居于挑战地位的企业所确定的市场定位。

③市场追随者形象定位。它是指在市场竞争中居于追随者地位的企业所确定的市场定位。

④市场利基者形象定位。它是指在市场竞争中居于夹缝中生存的企业所确定的市场定位。

小思考

在任何一个成熟的市场上，都有两家主要的竞争对手，分别扮演着领导者和挑战者的角色，同时也有其他竞争者参与。以手机市场为例，分别说出不同厂家和品牌所表现的市场形象？

做一做

案例：博来工具"隐形冠军"炼成之路

冰冷的电动工具，温婉的江南女子，看似毫不相干，却是浙江博来工具有限公司的最佳组合。正是这位长发及腰的公司董事长傅月华，带领团队从不到10人的作坊式加工厂，扶摇直上成长为如今以外贸见长的规模化公司，牵手多家世界500强企业。

博来工具于2016年成为金华市首家获评省级"隐形冠军"的企业，连续五年销售额增长率超20%。2018年，该企业以4.3亿元的年销售额在武义工业企业中名列前茅。

毗邻"百工之乡"永康，位于武义的博来工具何以在众多电动工具企业中脱颖而出，受到世界500强企业的青睐？

从事电动工具行业20年，傅月华坦言，是2006年参加德国科隆展国际五金工业博览会的经历让她打开了思路。"当时，传统电动工具市场已近饱和，诸多同行已经走在前面。"傅月华说，在科隆展上，前沿的电机设备、营销理念和发展趋势让她大开眼界，"那时候，我真正意识到正确定位销售方向与自主创新的重要性。"

从德国回来后，傅月华开始"二次创业"，将博来工具定位为外贸型企业，从而避开当时国内市场竞争激烈的红海。

"欧美市场对于DIY产品的需求很大，尤其是家装类电动工具产品。"傅月华结合德国观展经历，决定剑走偏锋，选择看似冷门的产品——家用搅拌机为突破口，打开自己的市场。

不跟风热门，意味着从设计到生产都得自主研发。"要做出独一无二的搅拌机。"抱着这样的信念，公司聘请了技术专家，培训业务骨干，不断提升研发能力。时隔一年，当傅月华带着完全自主研发的搅拌机再次来到德国科隆，立刻吸引了一家世界500强企业的关注，并向博来抛来绣球。

为紧抓这次国际合作的机会，博来工具对标国际一流标准，对制造环境、生产设备和管理理念都进行了大规模的整改和革新。生产过程中产生的废气废水，均按标准进行无害化处理，所有照明灯具采用LED节能灯……

经过一系列脱胎换骨般的变化，2008年寒冬，博来正式牵手这家电动工具巨头企业，其自主研发的搅拌机进入该企业的全球采购体系，也让博来迎来了市场的春天。良好的口碑和过硬的品质，博来生产的搅拌机首先打开了欧洲市场，目前已远销全球40多个国家和地区。

墙面打磨机是博来工具的另一款拳头产品。同样是在德国科隆展上，细心的傅月华发现打磨机售价高，国内鲜有厂家生产，供需缺口巨大。她毫不犹豫地进入了这片蓝海市场，发挥企业生产工艺的优势，并嫁接先进的研发技术，以订单开发的方式，与世界500强企业共同开拓国际市场。如今博来生产的墙面打磨机已达到了全球60%的市场占有率。

资料来源　孙媛媛. 博来工具"隐形冠军"炼成之路［N］. 金华日报. 2019-01-19.

讨论：

（1）博来工具为何要进行市场定位，收效如何？

（2）博来工具采用了哪种市场定位策略？

（3）博来工具的市场定位遵循了什么步骤？

拓展学习

学会找准自己的位置

在职场中，需要学会找准自己的位置。综合素质超群的人才能够脱颖而出，除了必备的职业技能，哪些能力是需要我们不断锤炼的呢？

1.善于沟通。要有"一言兴邦"的沟通能力，知道如何用最合适的方式表达，知道哪些话该说，哪些话不该说。成功的沟通是双向的，既要有好的表达能力，也要有好的倾听能力。只有沟通，并且善于沟通，才能更好地了解对方，建立良好的人际关系。

2.懂得自律。一个自律的人，会让目标决定自己的行为，而非他的情绪。面对金钱的诱惑时，他能想到"君子爱财，取之有道"；面对工作还是娱乐的选择时，他能果断地对享受说"不"。高度自律的人懂得"断舍离"，会更加专注在自己的目标上。

3.高效完成任务。在同样的时间里，谁能更好更快地做好工作，谁就能创造更多价值。面对大大小小的各类工作事项，要学会合理安排规划。在上班之前，可以按轻重缓急给工作排序；在工作结束之后再进行整理回顾，看看哪些地方还可以提高效率。

4.学习能力。学无止境，要摸索适合自己的学习方法。要不断开动脑筋，懂得灵活变通。要善于借鉴他人好的学习技巧，让自己不断进步。还要培养自己的创新能力，在职场中，面对一个问题时不拘泥于传统经验，而是会开动脑筋，想出多个解决办法，并选择最佳方案。

5.时间观念。时间就是金钱，要掌握个人时间的主导权。要做到守时，无论上班、下班、约会都要守时。这既是一种礼貌的体现，更是一种自我素质的体现。现在的守时最好在约定时间 10 分钟以内，太早和太迟都不好。守时在工作中表现为按时完成工作任务，不拖延，不懈怠。

6.独立思考。不要随波逐流，要有鉴别能力，别人的观点只能作为参考，最终还是要自己做决定。要培养自己的科学思维，学会客观、全面、辩证地看问题，这样在做选择时就不会那么犹豫不决。要学会和自己独处，静下心来反思，做你自己最好的朋友。

7.抗压能力。要锤炼自己的心理素质，练就一颗平常心，不以物喜，不以己悲。在工作取得成绩时能不浮躁，在工作遇到挫折时能不气馁。要从小事做起，脚踏实地，一步一个脚印，把小事做好，才能做大事。

8.团队精神。团队精神，就是大局意识、服务意识和协调意识"三识"的综合体。优秀员工会先集体后个人，秉承团队精神，让所在集体发挥"1+1 大于 2"的效果。他们会做到相互信任，相互包容，相互补台，相互谦让。

9.承担责任。要有对工作负责的责任感。在面对急难险重的任务时要挺身而出，勇挑重担。在面对问题、出现失误时不掩饰、不找借口，主动承认错误并分析失误原因。有责任会让一个员工在工作中不断完善自我，不断进步。

10.平衡生活。要善于在工作和生活之间找到一个平衡点，不要把工作上的压力带回家。留出休整的空间：与他人交谈倾诉、阅读、冥想……在工作之外可以培养一种有益身心的兴趣爱好，持之以恒地交替应用你喜爱的方式并建立理性的习惯，逐渐体会它对你身心的裨益。

资料来源　根据学习微平台 2020 年 9 月相关报道整理得来。

项目实训

实训内容：企业市场细分和选择目标市场情况分析

1.实训目的

结合所选择企业的营销战略情况，分析在对不同市场进行细分时运用的标准和具体变数，细分出哪些市场。同时，了解该企业所选择的目标市场有哪些，是怎样进行产品定位和企业定位的。结合本小组开办的实体店，找准目标市场和进行准确的产品定位。

2.实训步骤

（1）以小组为单位进行分析和讨论，组长负责组织和协调，同学们积极参与。

（2）结合所选择企业的实际情况，找出该企业在进行市场细分时运用的标准和具体变数。

（3）分别列举该企业所选择的目标市场情况。

（4）分析该企业的产品在市场上有什么特色，是怎样进行产品定位的。

（5）分析该企业在市场上的整体形象，明确企业的定位。

3.实训要求

（1）全班同学积极参与小组讨论，踊跃发言，敢于表达自己的观点和想法。

（2）组长负责组织好本小组的讨论，善于调动和启发同学们参与。

（3）教师观察各小组讨论情况，及时指导和启发。

（4）各小组推荐一名同学在全班进行讨论结果分享。

4.实训实施

结合本小组所开办的实体店，讨论下列问题：

（1）针对实体店所经营的商品，如何进行市场细分？

（2）实体店如何准确地选择目标市场？

（3）实体店中经营的主要商品如何进行产品定位？

项目回顾

企业只有选择自己的目标市场，才能有效地开展市场营销活动。目标市场的选择，首先需要对企业的总体市场进行细分，从中发现和选择能发挥企业优势的目标市场，在此基础上进行准确的企业和产品定位。

关键词汇

1.市场细分：企业根据消费者在需求上的差异性，将一个总体市场划分为若干个分市场的活动过程。

2.同质性商品：消费者需求基本一致，没有明显区别的商品。

3.异质性商品：消费者需求存在着明显区别的商品。

4.目标市场：企业在市场细分的基础上，经过比较、评价所选择的最佳服务对象。

5.市场定位：企业营销人员确定本企业及产品在市场上所处的位置。

6.企业定位：企业营销人员确定本企业的整体形象在消费者和社会公众心目中的位置。

7.产品定位：企业营销人员为本企业产品创造和培养一定的市场特色。

项目检测

一、单项选择题

1.（　　）是企业选择正确的目标市场，寻找市场机会的重要手段。

A.市场调查　　　　B.市场分析　　　　C.市场细分　　　　D.市场定位

2.一个市场之所以能够进行细分，是因为（　　）存在差异性。

A.消费者需求　　　　B.企业产品　　　　　C.市场竞争　　　　　D.地区经济

3.企业在市场细分的基础上，经过比较、评价所选择的最佳服务对象，就是企业的（　　）。

A.市场　　　　　　　B.目标市场　　　　　C.产品定位　　　　　D.企业定位

4.企业向各个分市场提供生产的同一种产品即为（　　）。

A.市场专业化　　　　B.产品专业化　　　　C.选择性专业化　　　D.产品与市场集中

5.下列属于按心理标准细分市场的变数是（　　）。

A.社会阶层　　　　　B.对产品的态度　　　C.个性　　　　　　　D.家庭生命周期

6.武汉市自来水公司生产的自来水供应武汉市居民，采取的是（　　）策略。

A.无差别营销　　　　B.差别营销　　　　　C.集中营销　　　　　D.分散营销

7.企业营销人员确定本企业及产品在市场上所处的位置，称为（　　）。

A.市场定位　　　　　B.产品定位　　　　　C.企业定位　　　　　D.综合定位

8.把在市场竞争中居于夹缝中生存的企业所确定的市场定位，称为（　　）。

A.市场领导者形象定位　　　　　　　　　B.市场挑战者形象定位

C.市场追随者形象定位　　　　　　　　　D.市场利基者形象定位

二、多项选择题

1.市场细分需要考虑的基本要求是（　　）。

A.有明显的特征　　　B.有合理的范围　　　C.保证一定的盈利　　D.有相对的稳定性

2.市场细分包括的标准有（　　）。

A.地理标准　　　　　B.人文标准　　　　　C.心理标准　　　　　D.行为标准

3.在下列市场细分的标准中，属于地理变数的有（　　）。

A.人口密度　　　　　B.生活方式　　　　　C.地理区域　　　　　D.国籍

4.在市场细分的标准中，属于人文标准的有（　　）。

A.人口密度　　　　　B.年龄　　　　　　　C.性别　　　　　　　D.家庭生命周期

5.企业在选择目标市场时，需要考虑的因素有（　　）。

A.市场需求量　　　　B.市场竞争状况　　　C.企业的营销能力　　D.市场的发展潜力

6.企业选择目标市场所运用的三种基本策略是（　　）。

A.无差别营销策略　　　　　　　　　　　B.差别营销策略

C.集中营销策略　　　　　　　　　　　　D.分散营销策略

7.属于企业整体形象定位的策略有（　　）策略。

A.市场领导者形象定位　　　　　　　　　B.市场挑战者形象定位

C.市场追随者形象定位　　　　　　　　　D.市场利基者形象定位

三、判断题

1.一个市场之所以能够进行细分，是因为消费者需求存在差异性。　　　　（　　）

2.如果市场不存在需求的差异性，就没有必要进行市场细分。　　　　　　（　　）

3.消费者需求基本一致，没有明显区别的商品，称为异质性商品。　　　　（　　）

4.企业在进行市场细分时，往往采用一类标准进行细分。　　　　　　　　（　　）

5.地理标准是市场细分的一个重要标准，也是经常使用的标准。　　　　　（　　）

6.行为变数是市场细分的最佳起点。　　　　　　　　　　　　　　　　　（　　）

7.企业要确定目标市场，首先就需要对市场进行细分，如果不对市场进行细分，就无法选择准确的目标。（　　）

8.企业实力不强，特别是小企业，应采用差别营销策略。（　　）

9.通过准确的市场定位，才能树立企业及产品形象，扩大知名度，创立名牌。
（　　）

四、案例分析

恒大冰泉：巨亏的教训

2014年，中国地产巨头恒大集团宣布进入矿泉水市场，借助其冠名的广州恒大足球队获得亚洲足球冠军联赛冠军的荣耀时刻，高调发布定位高端的矿泉水品牌——恒大冰泉，并提出三年300亿的销售目标。

2016年，眼见目标完成无望，恒大集团将矿泉水集团出售给关联企业深圳三维都灵，并签订了五年的共名协议。如今已到2021年，是这个共名协议的最后一年，如果今年恒大冰泉还不能打破困局，并在饮用水市场占据一席之地的话，那么很有可能面临没有销量又没有名气的尴尬局面……

恒大冰泉失败的原因众说纷纭，但核心问题还是品牌定位问题。

首先是品牌命名。

恒大作为一个地产的品牌，应该说已经是一个极其重要的资产，但是用在矿泉水上面就并非产了，因为两个行业差别太大，恒大地产的美度和联想没有办法转移到矿泉水行业中来。恒大品牌本身的含义相对于品性而言，缺乏鲜明的联想，远不如昆仑山、农夫山泉、依云等来的和直接、干脆、美好。

其次是产品的包装和海报设计。

一款高端用水就应该具备高端的颜值。至少也应该有独特的差化的造型。但是恒大冰泉的子和普通的矿泉水一样普通，根本感觉不到任何的颜值和调性。包装选用的颜色也太大众化，和蓝天样的颜色非常普通；海报也是走的大众化路线，和高端完全不沾边。

再次是广告语。

恒大冰泉创造了一项神奇的纪录：据不完全统计，仅在2014年一年时间里，恒大冰泉的广告语竟变化十余次，用过的广告语如下：

恒大冰泉，长白山天然矿泉水

深层好水，天然健康

黄金水源，深层矿泉

恒大冰泉，中国真矿泉

天天饮用，健康长寿

一处水源供全球

爸爸妈妈，我想喝恒大冰泉

我们搬运的不是地表水

喝恒大冰泉，美丽其实很简单

喝茶醇甘，做饭更香

饮水、泡茶、做饭，我只爱你，恒大冰泉……

美丽、长寿、健康、水源……似乎什么都想要，但这样也就等于什么也没有。看看别人的"我们不生产水,只做大自然的搬运工",别人的品牌诉求就很清晰,让人感觉真实可信赖,也很多年没有变过,长期坚持就能形成强大的品牌力。

最后是定价策略。

上市初期,恒大冰泉把自己定位为中高档矿泉水,将昆仑山作为对标品牌。500ml装单品,昆仑山卖6元,恒大冰泉就定价为4元。但是恒大冰泉却在价格上随意调整,不但价格体系极其混乱,而且动不动就打折促销,更厉害的是,动不动就降价。不到一年时间,价格就拦腰斩断,而且还接连下挫,于是高端消费者弃之而去,中低端消费者更是不买账。

资料来源 作者根据公开资料整理。

结合以上案例分析:

(1)造成恒大冰泉出现目前状况的原因是什么?

(2)如何给该品牌重新进行市场定位?

项目评价

本项目考评内容由职业能力与素养表现、专业知识与能力掌握两部分组成,对应相应的考评标准,以自我评分、小组评分和教师评分三方面相结合的方式计算出各项分值并换算得出合计得分,填写在表3-6中。

表3-6 职业素养与专业能力测评表

考评内容		考评标准	分值	自我评分	小组评分	教师评分	合计得分
职业能力与素养表现	行为规范与态度	语言文明,行为得体,注意外在形象;做事态度端正、认真	10				
	沟通与协调	主动与他人沟通,表述清晰,注意倾听,善于协调处理问题	10				
	团队分工协作	融入团队,积极参加活动,关心他人,承担主要工作并认真完成	10				
	表达与展示	能准确收集和传递信息,善于表现自己,充分表达自己的看法	10				
	自我管理	正确认识和评价自我、合理分配和利用时间与精力、具有安全意识与自我保护能力,控制自己的情绪	10				
专业知识与能力掌握	市场细分的定义及标准运用	理解、掌握和运用	10				
	目标市场的定义、模式及策略运用	理解、分析和运用	10				
	市场定位的定义、方法与策略运用	理解、分析与运用	10				
	项目检测	作业完成情况	10				
	项目实施	参与讨论和策划,提出建议	10				
综合得分			100				

评价说明:①合计得分=自我评分×20%+小组评分×40%+教师评分×40%。②综合得分总分为100分;得分60分以下为不合格;60～75分为合格;76～89分为良好;90分及以上为优秀。

项目4　如何在产品上下功夫

学习目标

知识目标：

1. 理解产品整体概念与产品组合。
2. 明确市场生命周期理论及各阶段的特点与策略。
3. 掌握新产品开发与推广策略。
4. 掌握品牌与包装策略。

能力目标：

1. 能够对产品整体概念与企业产品组合策略进行分析。
2. 能够灵活运用产品生命周期各阶段的策略。
3. 能够运用新产品开发与推广策略。
4. 能够结合企业实际实施品牌策略与包装策略。
5. 能够在自己开办的实体店中，进行商品规划。

实训内容

1. 结合所选择的企业，分析产品策略的运用情况。
2. 针对本小组开办的实体店，进行产品策略规划。

学时建议

1. 教师讲授（讲一讲）6学时。
2. 学生学习及讨论（学一学）6学时。
3. 项目实训（做一做）2学时。

市场营销以满足市场需要为中心，而市场需要的满足只能通过提供某种产品或服务来实现。因此，产品是企业营销组合中最重要的因素之一。产品策略是营销组合策略的基础，它直接影响和决定其他营销组合策略，与企业市场营销的成败关系重大。在现代市场经济条件下，每一个企业都应致力于产品组合结构的优化和服务质量的提高，并随着产品生命周期的演化，及时开发新产品，注重提升品牌价值和优化产品包装，增加企业竞争力，更好地满足消费者的需要。

产品策略是营销策略4Ps中的基础，应该在哪些方面做文章？

产品策略包含的内容非常复杂，希望认真学习。

【问题导入】

你所选择的企业，是如何进行产品组合的？该企业开发新产品的情况如何？品牌策略和包装策略的运用情况如何？如何分析不同产品的市场生命周期？

任务1　　产品整体概念与产品组合

导入案例

玩"产品概念"要谨慎

任何产品在策划初期时都必须经历"产品概念挖掘"这一过程，也可以称之为对"USP（独特销售主张）"的寻找，这已成为产品策划中必不可少的环节。几年前，很多产品通过一个独特的"USP"风靡市场，一夜热销。这使策划界甚至是保健品界普遍形成了一种观点：只要我的"USP"提炼得好，新颖、独特，那么我的产品上了市场就一定会卖起来。

产品概念的主要作用是强调差异性以区别同类产品，这里就有了关于产品概念的"独特性"问题。很多策划人以为：只要提出一种与别人不一样的说法，并且使自己的说法更加深奥，那么就会成功。其实不然，这里的一个常识性问题是：消费者不是专家，对复杂的概念不容易理解，也就不能产生购买的冲动和欲望。

目前，很多产品往往喜欢采用一些类似"干细胞疗法""基因疗法""纳米技术""生物制剂"等一些科技性强的概念，希望借此来树立产品的"高科技含量"这样一个形象，而这种手段也往往是企业对一些新上市产品采用较多的概念提炼思路。

这些概念好不好？得区分用在哪里。可以这样说：高科技概念用在提升产品附加值方面的作用要比用在产品利益点方面的作用更好。比如：一个成分普通的中成药，采用了新型的"冷凝萃取技术"使产品的有效性提高了很多。这样一个卖点，放在产品中可以增加产品的附加值，但不能用作概念。原因很简单：消费者对高科技的联想能力很低，如果对高科技概念的通俗化改造失败，产品就基本失去了与消费者沟通的意义。所以，高科技概念要慎用。

资料来源　作者根据相关资料整理。

问题：

（1）一个企业玩"产品概念"是否行得通？

（2）如何从现代营销的角度理解产品整体概念？

（3）一个完整产品应该包括哪些内容？

（4）一个企业如何进行产品组合？

讲一讲

知识点1：产品的整体概念

导入案例

从"洗肺热"降温看"产品概念"的失利

星巴克咖啡，不止于咖啡

星巴克的产品不单是咖啡，咖啡只是一种载体。而正是通过咖啡这种载体，星巴克把一种独特的格调传送给顾客。星巴克请专门设计师来设计咖啡店的店面，以为顾客提供舒适优雅的消费环境。如果顾客对咖啡豆的选择、冲泡、烘焙等有任何问题，咖啡师傅会耐心细致地向他讲解，使顾客在找到最适合自己口味的咖啡的同时，体味到星巴克所宣扬的咖啡文化。咖啡的消费很大程度上是一种感性的文化层次上的消费，文化的沟通需要的就是咖啡店所营造的环境文化能够感染顾客，并形成良好的互动体验。

资料来源　根据网络资料整理。

问题：星巴克卖的是什么？

1.产品的定义

（1）传统的产品定义：产品是通过人们劳动创造的物质。人们最初将产品理解为具有某种物质形状，能提供某种用途的物质实体，它仅仅指产品的实际效用。

（2）现代营销学的解释：传统意义上的产品概念是不完整的，提出了产品整体概念。产品是指企业在法律允许范围内，向市场提供的、能够满足消费者需要的任何东西，包括物质、服务、创意、观念、思想等。

（3）产品的两种形态：有形性与无形性。有形性是指看得见的部分，如手机、照相机；无形性是指看不见的部分，如服务。

（4）产品的两种属性：实体性与实质性。实体性是指产品的具体形态，不同产品有不同的形态；实质性是指产品的利益和效用，即能够给消费者提供怎样的利益，带来怎样的效用。

2.产品的三个层次

从产品的整体概念来分析，一个完整的产品包括三个层次核心产品、形式产品和附加产品。图4-1反映的是一个完整产品所包括的具体内容。

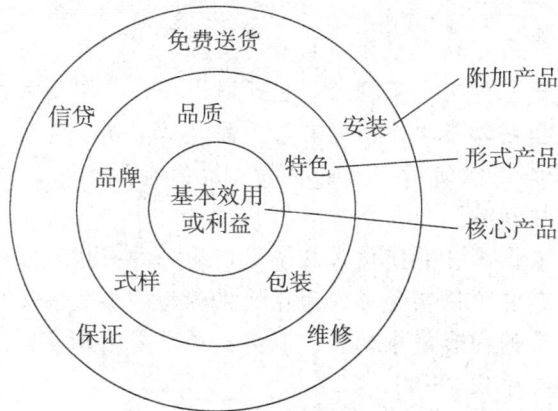

图4-1　完整产品示意图

（1）核心产品。核心产品又称产品的核心或实质产品，它是指向消费者提供的产品的基本效用和性能，是消费者需求的核心部分，也是产品整体概念中最主要的内容。

消费者购买一种产品，并不是为了获得产品本身，而是为了获得满足自身某种需要的效用和利益。企业的产品生产或营销活动，首先应考虑能为消费者提供哪些效用和功能，并把着眼点放在这些基本效用和功能上。例如，洗衣机的核心利益体现在它能让消费者方便、省时、省力地清洗衣物。

（2）形式产品。形式产品是核心产品借以实现的各种具体产品形式，即向市场提供的产品实体的外观。外观是指产品出现在市场上时，可以被消费者识别的面貌，它一般由产品的质量、特色、品牌、商标、包装等有形因素构成。如对于购买洗衣机的人来说，期望该机器能让自己省时、省力地清洗衣物，同时具有不损伤衣物，洗衣时噪声小，方便进排水，外形美观，使用安全可靠等特点。企业在进行产品设计时，首先应着眼于消费者所追求的基本效用和功能，同时也要重视如何以独特的形式将这种利益呈现给消费者。

（3）附加产品。附加产品又称延伸产品，是指消费者购买产品时随同产品所获得的全部附加服务与利益，包括提供信贷、免费送货、安装调试、保养、调换、售后服务等。

附加产品是产品整体概念中的一部分，因为消费者在购买产品时，希望得到满足其需求的一切东西。

小思考

（1）区分下列内容分别属于哪一个层次？

效用、利益、质量、外观、特色、式样、结构、品牌、包装、送货、安装、质量、信贷、咨询、服务。

（2）以手机为例来说明一个完整的产品所包括的三个层次。

知识点2：产品组合

1.产品的分类

按照不同的方法，产品可以划分为不同的类型。

（1）根据产品是否耐用和有形来划分，包括耐用品、非耐用品和服务。

①耐用品：通常是指可以多次使用的有形产品，如空调、电视机、洗衣机、服装等。

②非耐用品：通常是指能使用一次或少数几次的有形产品，如香烟、牙膏、洗发水等。在超市中也称为"快消品"。

③服务：是指为他人做事，并使他人从中受益的一种有偿或无偿的活动，或为出售商品而提供的活动和利益，它不以实物形式而以提供劳动的形式满足他人某种特殊需要。从现代市场的角度讲，服务的内容越来越多，服务的要求越来越高；周到的、个性化的服务已经成为企业竞争的重要手段。

（2）根据消费者的购买习惯不同来划分，包括日用品、选购品、特殊品。

①日用品：又称生活用品，是普通人日常使用的物品（生活必需品），如家庭用品、家庭用具、家庭电器及食物等。

②选购品：是指顾客对使用性、质量、价格和式样等基本方面要做认真权衡比较的产品，如家具、服装、汽车和大的器械等。在购买之前，消费者要对产品的品牌和产品的特色等方面进行反复比较。选购品占到产品的大多数，价格一般也要高于日用品，消费者往往对选购品缺乏专门的知识，所以花费的购买时间也就比较多。服装、皮鞋、农具、家电产品等是典型的选购品。

③特殊品：是指消费者对其有特殊偏好并愿意花较多时间去购买的商品，如电视机、电冰箱、汽车、高档化妆品等。消费者在购买之前对这些商品有了一定的认识，偏爱特定的品牌和设计，不愿接受代用品。为此，企业应注意争创名牌产品，以赢得消费者的青睐；要加强广告宣传，扩大本企业产品的知名度；同时要切实做好售后服务和维修工作。

（3）根据商品的用途来划分，包括消费品与工业品。

①消费品：是被最终消费者购买用于个人或家庭消费的产品，包括便利品、选购品、特殊品等。

②工业品：是指那些购买者购买后以社会再生产为目的的产品，包括原材料、零配件、设备和生产消耗品等。

2.产品组合的方式

从产品的整体概念上讲，一个企业要向消费者出售一个完整的产品。从产品组合上分析，只营销某一款产品的企业并不多见，绝大多数企业需要营销多种产品。这就面临一个对产品进行组合和调整的问题。

（1）产品组合的概念。

产品组合，也叫产品结构，是指一个企业生产和销售的全部产品有机结合的方式。要理解产品组合，需要引用产品线的概念。

（2）产品线的概念。

产品线，又称为产品大类或系列产品，是指在生产、销售或使用上密切相关的一组产品。例如通常说的手机系列、家电系列、化妆品系列等。

在产品线中，每一个具体的产品品种称为产品项目。

产品项目是指某一品牌或产品大类内由尺码、价格、外观及其他属性来区别的具体产品。

（3）产品组合的方式。

产品组合一般包括四种方式：产品组合的宽度、产品组合的深度、产品组合的长度和产品组合的密度。

①产品组合的宽度，是指一个企业生产不同产品线的数目，即有多少条产品线。

②产品组合的深度，是指产品项目中每一个品牌所含不同花色、规格、质量产品数目的多少。例如，高露洁牙膏有三种规格，两种配方，其深度就是6。

③产品组合的长度，是指一个企业的产品组合中产品项目的总数。

④产品组合的密度，也叫相关性，是指各条产品线之间在生产技术条件、销售、最终用途及其他方面相互关联的程度。

图4-2反映的是肯德基的产品组合，注意区分产品组合的宽度和深度。

产品组合的宽度

产品组合的深度	香辣鸡腿汉堡	香辣鸡翅	土豆泥	普式蛋挞	九珍果汁
	颈脆鸡腿汉堡	新奥尔良烤翅	粟米棒	巧克力	雪顶咖啡
	新奥尔良烤鸡腿汉堡	吮指原味鸡	胡萝卜餐包	草莓圣代	柠乐
	深海鳕鱼堡	上校鸡块	鳕鱼条	脆皮甜筒	可乐
	田园脆鸡堡	劲爆鸡米花	薯条		七喜
		玉米沙拉			美年达

图4-2　肯德基的产品组合

企业可以通产品线广度、深度、长度和密度等因素的变化来扩充企业的业务，制定更好的产品组合决策。

扩大产品线宽度有利于企业拓展经营领域，并分散企业的投资风险；增加产品线的深度，可以使产品线更加丰富、全面；加强产品线的密度可以增强企业在整个市场中的竞争优势，为企业赢得良好声誉。

3.产品组合的策略

所谓产品组合策略，是企业为面向市场，对所生产经营的产品线进行调整与优化。其目的是使产品组合的广度、深度及关联性处于最佳结构，以提高企业竞争能力和取得最好的经济效益。产品组合有下面几种可供选择的策略：

（1）产品线扩展策略。产品线扩展即对原产品线延长而超出原来范围。扩展产品线包括下面一些形式。

①向上扩展：低档产品→中、高档产品。

②向下扩展：高档产品→中、低档产品。

③双向扩展：低档产品←中档产品→高档产品。

（2）产品线延长策略。在产品线范围内增加新的品种，从而延长产品线。如宝洁公司在生产飘柔、潘婷、海飞丝洗发护发产品的基础上新增沙宣洗发护发系列。

（3）产品线现代化策略。在老产品的基础上，使产品线现代化，防止产品线被新型竞争产品击败。如英特尔公司生产的微处理器从最初的286、386、486、586演进到酷睿（Core）、至强（Xeon）、赛扬（Celeron）等。

（4）产品线缩减策略。当产品线中某些产品获利很少或者没有什么发展前途时，企业可以采用缩减产品线的策略。

4.产品组合的调整与优化

企业的产品组合不是固定不变的，它需要随着市场需求的变化而变化。如果消费者的需求发生了转移，企业就需要重新对自己的产品组合进行调整，达到一种最优化的状态。那么，企业如何对产品组合进行调整和优化呢？

常用的方法：波士顿矩阵法（如图4-3所示）。

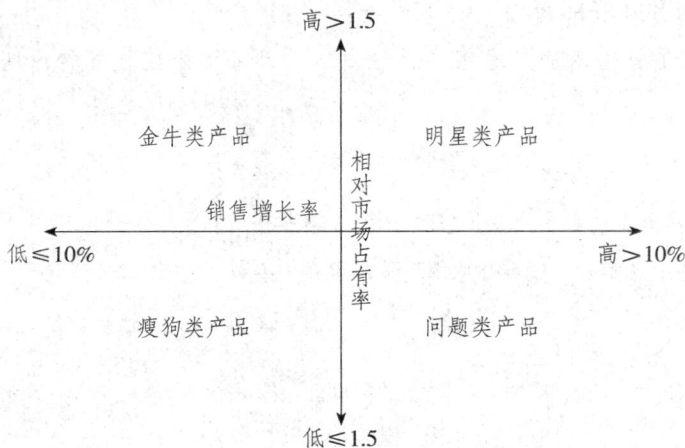

图4-3　波士顿矩阵法

波士顿矩阵，又称市场增长率-相对市场占有率矩阵或四象限分析法，由美国著名的管理学家、波士顿咨询公司创始人布鲁斯·亨德森于1970年首创。

波士顿矩阵认为一般决定产品结构的基本因素有两个，即市场引力与企业实力。市场引力包括企业销售量（额）增长率、目标市场容量、竞争对手强弱及利润高低等。其中，最主要的是反映市场引力的综合指标——销售增长率，这是决定企业产品结构是否合理的外在因素。

企业实力包括市场占有率、技术、设备、资金利用能力等。其中，市场占有率是决定企业产品结构的内在要素，它直接表明了企业的竞争实力。

波士顿矩阵法的运用步骤如下：

①运用相对市场占有率、市场增长率两个指标建立坐标图。

相对市场占有率＝本企业该产品的市场占有率/某产品主要竞争者的市场占有率

②纵坐标表示相对市场占有率，横坐标表示市场增长率。

③每一坐标分为高、低两个标准，形成四个不同类型的产品线。

④对不同类型的产品线进行分析和评价。

销售增长率与市场占有率既相互影响，又互为条件：市场引力大，市场占有率高，可以显示产品发展的良好前景，企业也具备相应的适应能力，实力较强；如果仅是市场引力大，而没有相应的市场占有率，则说明企业尚无足够实力，该种产品也就无法顺利发展。相反，企业实力强，而市场引力小的产品也预示了该产品的市场前景不佳。

通过以上两个因素的相互作用，会出现四种不同性质的产品类型，形成不同的产品发展前景。

①明星类产品：市场占有率高、市场增长率高；具有一定的市场竞争优势；由于销售增长率过高，容易导致激烈的市场竞争。

企业解决方案：为了保住优势地位，需要投入更多的资金，加大宣传促销的力度。

②金牛类产品：市场增长率低、市场占有率高；收入多，利润大，是企业利润的主要源泉。

企业解决方案：企业应重点发展的产品。

③问题类产品：较高的市场增长率、较低的市场占有率。

企业解决方案：需要投入大量资金，扩大产品的宣传，提高产品的知名度，以提高其市场占有率。

④瘦狗类产品：市场占有率低、市场增长率低；在市场竞争中处于劣势，没有发展前途。

企业解决方案：应逐步淘汰。

对企业产品组合的调整与优化，只能通过不断开发新产品和淘汰衰退产品来实现。这就需要引用产品市场生命周期理论来进行分析。

做一做

宝洁公司和联合利华公司是目前国内市场上日用洗化用品的两大巨头。表4-1和表4-2中列举的是宝洁公司和联合利华公司各自的产品组合情况，根据相关资料，以小组为单位进行讨论：

表4-1　　　　　　　　　　　宝洁公司的产品组合

产品种类	产品、品牌系列
洗发护发用品	飘柔、潘婷、海飞丝、沙宣洗发护发系列
个人清洁用品	舒肤佳香皂、玉兰油香皂、舒肤佳沐浴露、玉兰油沐浴乳、飘柔香皂、飘柔沐浴露系列
护肤用品、化妆品	玉兰油、SK-Ⅱ护肤系列
妇女保健用品	护舒宝卫生巾系列
口腔护理用品	佳洁士牙膏、佳洁士牙刷、欧乐-B 系列
织物、家居护理产品	碧浪、汰渍洗衣粉系列
婴儿护理用品	帮宝适纸尿裤系列
男士护理用品	吉列刀片、刀架系列
食品、饮料	品客薯片系列
纸巾类用品	得宝纸巾系列

表4-2　　　　　　　　　　　　联合利华公司的产品组合

产品种类	产品、品牌系列
洗发护发	夏士莲、力士、多芬、清扬洗发护发系列
护肤美容	旁氏、凡士林、多芬护肤系列
口腔清洁	中华、洁诺牙膏系列
家庭清洁	奥妙、金纺织物洗护系列
居家食品	家乐鸡精、鸡粉、速食汤料、色拉酱、花生酱系列
饮料系列	立顿红茶、绿茶、茉莉花茶系列
冰淇淋	梦龙、百乐宝、可丽波、可爱多、和路雪冰淇淋系列

讨论：

（1）宝洁公司和联合利华公司的产品组合有什么不同？

（2）两家公司的产品在市场上的销售情况怎样？

（3）是否存在某些品种销售不好的情况？如何调整和优化？

任务2　　　市场生命周期理论的运用

导入案例

苹果公司再现"短命"电子产品，上市不到三年就被彻底停产抛弃

前些年，就有这样一款产品被苹果彻底移出了名单，在官网找不到任何与它相关的信息，这就是2018年发布的苹果智能音箱HomePod。

这款产品首先我们按照它的命名就能够看得出来这是一款与"智能家居"相关联的产品，有点像小米公司推出的小爱同学音箱，本身是一款音箱，但是苹果、小米都希望它们能够承载整个家庭的智能终端枢纽的作用。比如说，用户回到家需要开电视、开窗帘、让扫地机器人开始工作，只需要呼叫音箱执行这些命令即可，不需要掏出手机再来一番复杂的操作，设计的初衷非常好，这也是最容易可以实现的智能枢纽。然而，这款志存高远的产品，在中国却不幸折戟沉沙。

专家认为，HomePod停产的主要原因有两点：

一是定价过高。不像具有特殊性的iPhone、iPad产品，苹果的定价策略，导致HomePod的价格策略在中国明显水土不服。小米的音箱仅仅售价200多元，而苹果的则卖到接近3 000元，这样的价格并非谁都可以接受的。苹果也意识到了这个问题，这款"枢纽"已经开始以降级的方式出现，2 000多元的HomePod卖不动，就开始推出几百元的mini款，甚至还想办法推出了各种各样的颜色来吸引消费者购买，可是一旦购买了这个产品，你就要着手考虑HomeKit的苹果智能家居解决方案了。看了看售价1 398元的智能摄像头，又看了看售价578元的空气质量检测仪，大多数人默默地关上了网页就当作这件事情从未发生过，自己也没有想过放弃小米！

二是本土化不足。因为这款产品在全球范围内销售，本土化完全跟不上用户的需求，所以即便是2019年在中国正式发售也没有掀起整个市场的波动，如果你需要一个苹果的音箱你可以购买它，但是如果你需要一个智能音箱，很抱歉Siri真的不能满足你的需求。

资料来源　根据2021-10-23腾讯新闻相关报道整理得来。

问题：

（1）HomePod停产说明了什么？

（2）如何运用市场生命周期理论来分析HomePod在市场上的变化？

（3）如何正确理解和运用市场生命周期理论？

讲一讲

知识点1：正确理解市场生命周期理论

1.市场生命周期的概念

市场生命周期，是指一种产品从投放市场到最终被淘汰的全过程，也就是一种产品在市场上销售的时间。

这里的一种产品是什么意思？一种产品可以从三个层面上来讲：一个种类的产品，如手机；一种形式的产品，如折叠式（单屏、双屏）手机、直立式手机；一个品牌的产品，如华为手机。

因此，适用于市场生命周期理论分析的是某种形式的产品和某个品牌的产品。

2.市场生命周期的四个阶段

产品的市场生命周期一般包括四个阶段：投入期、成长期、成熟期和衰退期（如图4-4所示）。

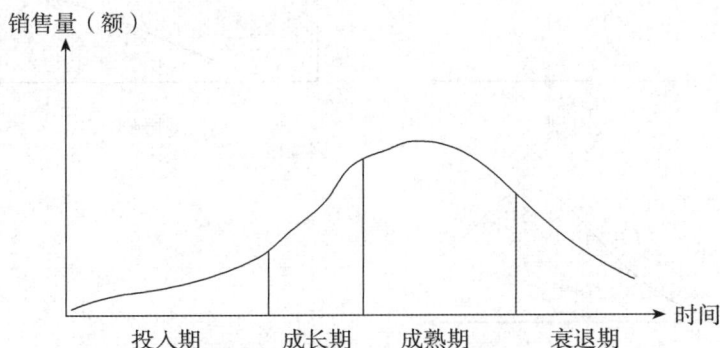

图4-4　产品市场生命周期示意图

3.产品市场生命与产品使用寿命的区别

在理解产品市场生命周期的含义时，需要结合产品使用寿命来理解。

产品的市场生命与产品的使用寿命是两个不同的概念。产品的市场生命是指产品在市场上存在的时间；产品的使用寿命是指产品的自然使用时间。两者之间的区别见表4-3。

表4-3　　　　　　　　　　**产品市场生命与产品使用寿命的区别**

区别内容	产品市场生命	产品使用寿命
内涵不同	经济寿命	使用或自然寿命
区域不同	流通领域	消费领域
影响因素不同	科技发展、产品更新换代速度、消费者需求变化	产品自然属性、使用频率
时间长短不同	有些产品市场生命长，使用寿命短；有些产品市场生命短，使用寿命长	

在你身边，哪些产品市场生命长，使用寿命短？哪些产品市场生命短，使用寿命长？

4.不同产品市场生命周期的特点

与每个人的生命周期一样，产品的市场生命周期也表现出如下特点：

（1）不同产品的市场生命周期长短不同。手机、电脑、化妆品、服装等的市场生命周期较短；食品、石油、电力等的市场生命周期较长。

（2）不同产品的市场生命周期用曲线表示的图形不同。一般产品的市场生命周期呈现出"S"曲线，但有些产品的市场生命周期表现出特殊曲线（如图4-5所示）。

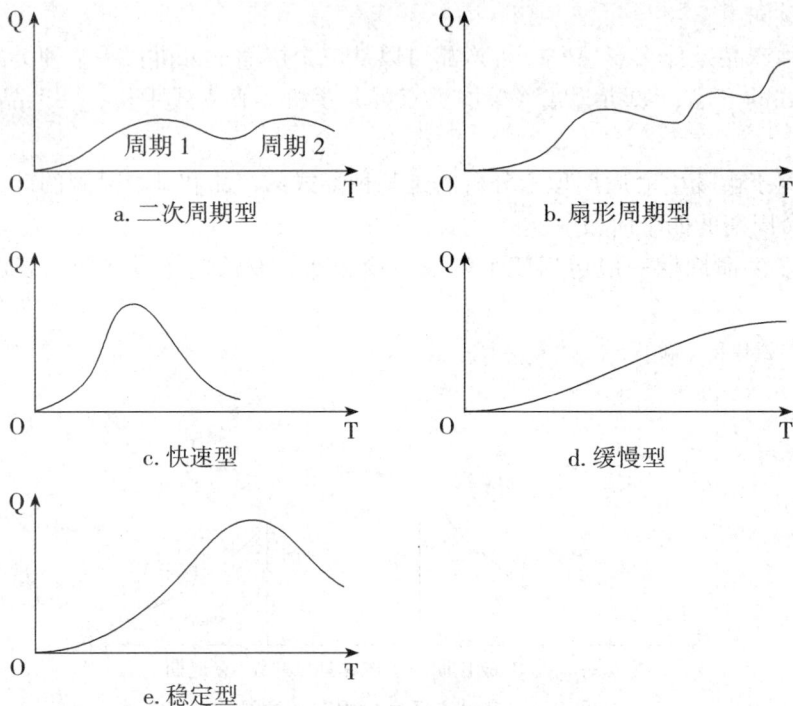

图4-5　常见的几种特殊曲线

①有些产品因推广失败在市场上迅速地夭折了。

②有些产品一投入市场就跳过投入期迅速进入成长期。

③有些产品投入市场后销售额迅速上升，达到最高点后又迅速下降。

④有些产品经过一个周期之后又形成第二次循环；有些产品的成熟期无限延长。

⑤有些产品在进入成熟期后，在转入衰退期以前再进入增长高潮。

（3）市场生命周期理论适用于需求变化较快产品的分析。

（4）产品市场生命周期有普遍缩短的趋势。随着科技的迅猛发展，消费需求变化加快，市场竞争更加激烈，产品的更新换代速度明显加快。

5.市场生命周期理论的作用

从企业角度分析，市场生命周期理论的作用表现为：

（1）有利于企业的产品组合，把握营销的品种。

（2）有利于企业把握好产品更新换代的时机。

（3）有利于企业制定产品在不同阶段的营销策略。

（4）有利于企业减少失误，增强竞争力、扩大销售。

学一学

知识点2：市场生命周期理论的运用

1.判断产品市场生命周期的方法

要准确判断产品市场生命周期的不同阶段是一件比较困难的事情，它只能在产品走完市场的销售阶段，退出市场后才比较清楚，但这样就失去了分析产品市场生命周期的意义。我们强调的是事先判断，而不是事后分析。

运用产品市场生命周期理论

常用的产品市场生命周期分析方法如下：

（1）经验判断法。依据产品进入市场后销售量的变化情况，凭借营销人员经验来判断该产品所处市场生命周期的阶段。

（2）类比判断法。根据市场同类产品所经过的市场生命周期的变化趋势，来判断该产品所处市场生命周期的阶段。

需要注意的是，以上两种方法属于定性判断，要求产品之间具有可比性、可比产品的资料要完整，各阶段特征明显。

（3）销售增长率法。根据产品在一定时间销售量的增长率来判断产品市场生命周期的各阶段。也就是说，随着时间变化，某产品的销售量（或销售额）会发生怎样的变化。用公式表示为：

$$P=\Delta y/\Delta x$$

式中：P表示销售增长率；Δy表示销售量的增量，用销售增长率表示；Δx表示时间的增量。

当$P\leq10\%$时，产品属于投入期；当$P>10\%$时，产品进入成长期；当$-10\%<P\leq10\%$时，产品进入成熟期；当$P<-10\%$时，产品进入衰退期。

2.产品在市场生命周期的不同阶段的特点

（1）投入期的特点。

①一种新产品刚进入市场，消费者对产品缺乏了解。

②因为产品还没有被市场接受，所以产品销量小，促销费用高。

③企业还没有进行规模化的批量生产，所以制造成本高。

④因为成本和费用较高，企业利润很低甚至为零。

小思考

产品在投入期时面对的主要问题是什么？需要采取怎样的营销策略？

（2）成长期的特点。

①顾客逐渐接受该产品，销售量迅速上升。

②企业生产规模扩大，产量迅速增加。

③生产成本逐渐下降，利润逐渐上升。

④竞争者逐渐加入，竞争逐渐激烈。

产品在成长期时面对的主要问题是什么？需要采取怎样的营销策略？

（3）成熟期的特点。

①销售减缓，达到饱和点后开始下降。

②因为营销成本的增加，导致利润也开始下降。

③市场竞争非常激烈，特别是企业开始打"价格战"。

④促销手段多样，费用增加。

产品在成熟期时面对的主要问题是什么？需要采取怎样的营销策略？

（4）衰退期的特点。

①消费者需求和兴趣发生转移。

②销售量迅速下降，产品出现积压。

③利润甚微，甚至发生亏损。

④竞争者相继退出这一市场。

产品在衰退期时面对的主要问题是什么？需要采取怎样的营销策略？

3.产品在不同阶段所采取的策略

（1）投入期的策略。

投入期需要重点解决的问题：怎样让消费者接受企业的产品，使产品成功地进入市场。投入期常用的策略如下：

①利用企业老产品的品牌声誉带动新产品顺利进入市场。

②利用特殊手段刺激顾客购买和使用。

③利用优惠方法吸引中间商经营。

④利用价格与促销手段进行组合（如图4-6所示）。价格与促销手段相结合的策略有以下四种：

◆高价-高促销策略。其适用条件为：大部分顾客不了解这种产品；少数顾客求购心切，价格不是第一位考虑的；潜在的竞争威胁较大。

特点：产品的定价高，获利多；促销声势大，促销费用高；能迅速树立产品声誉，提高产品市场占有率。

◆高价-低促销策略。其适用条件为：大部分消费者已熟悉该产品；购买者愿意出高价；潜在的竞争威胁不大。

特点：产品定价高，购买者较少，容易失去部分消费者；促销声势小，所花的促销费用低。

◆低价-高促销策略。其适用条件为：产品的市场容量大；消费者对该产品的价格较敏感；潜在的竞争威胁较大；企业能够逐渐降低生产经营成本。

特点：产品定价低，能迅速进入市场；促销声势大，产品知名度高，促销费用也高；

企业实行薄利多销。

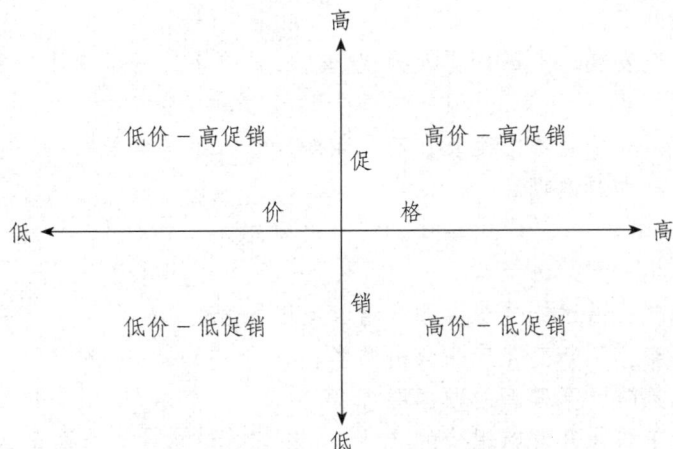

低价－高促销　　　　高价－高促销

促

低　　　　　价　　格　　　　　高

销

低价－低促销　　　　高价－低促销

图4-6　价格与促销组合策略

◆低价-低促销策略。其适用条件为：产品的市场容量大；消费者对该产品的价格较敏感；消费者比较熟悉该产品；存在着潜在的竞争威胁。

特点：产品定价低，能吸引更多的购买者；促销声势小，促销费用少；容易失去部分顾客；企业获利少，强调以廉取胜。

（2）成长期的策略。

成长期需要重点解决的问题：在竞争者逐渐介入的情况下，企业应该采取怎样的对策。成长期常用的策略包括：

①提高产品品质，增加新的功能与式样。

②扩大产品宣传，树立产品形象。

③进一步细分市场，寻找新的市场机会。

④巩固分销渠道，吸引中间商参与。

⑤抓住适当的机会，主动降价。

（3）成熟期的策略。

成熟期需要解决的关键问题：在激烈的市场竞争中，企业应该怎么办。成熟期常用的策略如下：

①改进市场：寻找新的市场，对产品重新进行定位。

②改进产品：提高产品质量，改进产品功能与式样。

③改进营销组合：对营销策略的4Ps重新进行整合。

（4）衰退期的策略。

衰退期需要重点解决的问题是：当消费者的需求兴趣发生转移，企业应该怎么办。衰退期常用的策略如下：

①维持策略：沿用过去所采用的营销策略，继续营销该产品，直到该产品完全退出市场。

②集中策略：企业将精力集中在最有利的分市场和分销渠道上。

③收缩策略：大幅度降低促销费用，增加目前利润。

④放弃策略：对衰退速度较快的产品应当机立断，放弃经营。

4.延长产品的市场生命周期

（1）如何理解延长？

随着科技的快速发展，产品的更新换代加快，消费者的需求变化日益增强，产品的市场生命周期在不断缩短。

这里所讲到的延长不是绝对延长，而是相对延长。不是延长每一个阶段，而是要延长对企业有利的成长期和成熟期。

（2）怎样延长？

延长产品市场生命周期的策略：

①频加使用策略：通过宣传告诉顾客增加使用的好处。

②变化使用策略：不断变化产品吸引顾客。

③争取新顾客策略：开辟新的顾客群。

④发展新用途策略：开发新用途的产品。

案例分析

杜邦公司延长产品市场生命周期

美国杜邦公司一直生产尼龙制品，主要是妇女使用的尼龙丝裤和丝袜。随着市场竞争的加剧，消费者的需求发生了变化，产品的市场生命周期缩短。在这种状况下，杜邦公司通过各种宣传途径，反复宣传使用该产品的好处，促使顾客增加其购买量和使用量。同时，不断地对尼龙制品的式样、颜色、品种、包装等进行改进，让顾客有新鲜感，感觉总有可购买的商品。

长时间以来，美国人认为，青少年女子在社交场合穿长筒丝袜是不合时宜的，有伤风化。杜邦公司通过名人进行宣传，强调青少年女子在社交场合穿长筒丝袜是时髦的象征，这在很大程度上吸引了大批高中生和大学生成为丝袜的消费者。

杜邦公司在营销尼龙丝裤和尼龙丝袜的同时，还通过扩大尼龙制品的功能与多种用途来吸引顾客购买，开发了尼龙雨衣、尼龙雨伞，甚至包括降落伞在内的众多新产品。

通过一系列方法来延长尼龙制品的市场生命周期，使杜邦公司得以在市场上经久不衰。

资料来源　作者根据网络相关资料整理。

问题：

（1）杜邦公司为什么要延长自己产品的市场生命周期？

（2）杜邦公司是如何延长产品的市场生命周期的？

做一做

美国有一家生产牙膏的公司，产品优良，包装精美，深受广大消费者的喜爱，营业额逐年增长。记录显示，成立之初的前十年每年的营业额增长率为10%～20%，销售成绩令董事们雀跃万分。不过，进入到第十一年以后，产品销量开始停滞不前，每个月维持着同样的数字。董事会对此业绩表现感到不满，便召开公司经理级高层会议商讨对策。会议中，有位年轻的经理站起来，对董事会说："我手中有张纸，纸里有个建议，若您要使用我的建议，必须另付我5万元！"总裁听了很生气地说："我每个月都支付你薪水，另有分红和奖励，现在叫你来开会讨论，你又再要求5万元，是否过分？""总裁先生，请别误会。若我的建议行不通，您可以将它丢弃，一分钱也不必付。"年轻的经理解释说。"好!"总裁接过那张纸后，阅毕，马上签了一张5万元的支票给那位年轻的经理。

那张纸上只写了一句话：将现有牙膏开口扩大1毫米。总裁马上下令更换新的包装。试想，每天早上，每个消费者多用1毫米的牙膏，每天牙膏的消费量将多出多少倍呢？这个决定，使该公司第十四年的营业额增加了32%。

资料来源 吴鸣. 一条建议5万元 [J]. 金融经济，2003（11）.

讨论：

（1）该牙膏企业的产品处于产品生命周期的什么阶段？

（2）针对这一阶段，企业应采取怎样的营销策略？

（3）按照年轻经理的思路，如何延长牙膏的市场生命周期？

任务3　开发与推广新产品

导入案例

戴森上海新品"首发经济"背后：2 331台原型机的研发创新

2020年6月9日，戴森Digital Slim轻量无绳吸尘器于中国市场全球首发。作为一款专为中国家庭设计的产品，经过居家环境测试满足中国消费者高频率、深层次、全方位的日常清洁需求。

"从概念到产品，一共做2 331台原型机。"戴森高级质量工程师马越峰接受经济观察网记者专访时表示创新和投入的力量，"中国是戴森全球最重要的市场之一，并且在未来的一两年间有望成为戴森最大的单一市场。通过对人才、供应链、零售渠道等的持续投资，以及通过戴森上海科技实验室加深对中国消费者的了解，我们会不断扩大在中国的业务。"

创新下的首发经济

马越峰表示，在"五五购物节"的"新品首发季"中带来全新的产品，既是因为戴森轻量无绳吸尘器专门针对中国家庭而设计，同时也是积极响应政府号召，希望以科技创新活力助力上海打造"首发经济"，用新产品、新科技更好地促进消费。

自2012年进入中国市场，上海就是戴森的中国区总部。后疫情时代，大众对于居家清洁的意识进一步上升，而戴森轻量无绳吸尘器浓缩戴森先锋科技于轻巧机身之中，可以为本地消费者带来前所未有的全新居家清洁体验。

马越峰向记者坦言："戴森从不吝啬在创新方面的投入，戴森在全球范围内已投入25亿英镑用于技术的研发，包括原型机的开发，都是通过产品的大量投入来满足消费者的需求。戴森是以工程师作为整个公司的导向，所有发展都是以科技创新为重点。"

英国品牌触达中国消费者

戴森轻量无绳吸尘器中重量最轻的一款产品，搭配吸头后仅重1.5千克，重量减轻30%、体积减小20%，性能却依旧强劲。

确保研发出来的产品符合消费者需求是作为工程师的马越峰考量的要素之一。马越峰向记者阐述了大致的研发路径，在初期研发产品时投入的几年时间称为"研发大周期"。与之对应的是"小周期"，即根据理念设计出原型机，然后做测试，一方面是工程师的实验室测试，包含撞击或跌落等质量测验，另一方面是进入市场进行封闭式居家使用测试，获取反馈，再加以改进迭代。从开始的设计概念到产成品，一共做了2 331个原型机，研发过程中不断进行改进与创新。

马越峰说："在中国做调研时，我们把本地的工程师以及新加坡总部的工程师都集合到了一起，然后在中国进行深度调研。当时采访了很多用户，了解使用习惯、清洁痛点，做了将近一年的调研及试用。最终得出的结论，一是中国家庭更多的是硬质地板，通过对气旋、马达、整个空气流动学的优化，使得这款产品在硬质地板上的表现是和戴森以往产品一样强劲；二是考虑到中国消费者在日常使用中定期清洁吸尘器的习惯，尘桶、滤网、大部分吸头、刷条都可做到水洗；三是更符合人体工程学，针对中国消费者进行了把手、按键等结构优化；此外，中国消费者习惯更长时间地运行，所以可替换电池设计也是为他们准备的。"

资料来源　根据经济观察网2020年6月9日相关报道整理得来。

问题：

（1）面向中国市场，戴森公司是如何进行新产品开发的？

（2）戴森公司开发新产品为什么要遵循这些程序？

（3）新产品在开发过程中需要考虑哪些问题？

（4）新产品开发出来后，是不是一定能够成功进入市场？为什么？

讲一讲

知识点1：正确理解新产品

1.新产品的概念

小思考

在大家的脑海中，新产品是一个怎样的概念？

这里是从市场营销的角度来分析新产品，营销中的新产品与科技方面的新产品的概念并不完全一样。

（1）科技方面的新产品，是指第一次出现在市场上的产品。它是从市场的角度来理解的。

（2）营销中的新产品，是指企业第一次生产经营的产品。它是从企业的角度来分析的。也就是说市场上已经有这种产品，但对于本企业而言，是第一次生产经营的，也认可是一种新的产品。

（3）营销对新产品的定义：产品整体概念中任何一个部分创新、变革或改进而成的产品，在营销学上都可认为是新产品。

小思考

产品整体概念包含哪些内容？

2.新产品的类型

（1）从地域范围进行划分，包括世界级新产品、国家级新产品、地区级新产品和企业新产品。

①世界级新产品是指在世界范围内第一次试制成功并投入市场的新产品。

②国家级新产品是指在有些国家已试制成功，而在本国尚属首次试制成功并投入市场的新产品。

③地区级新产品是指在国内其他地区已投入市场而本地区属首次试制成功并投入市场的新产品，填补了本地区空白。

④企业新产品是指其他企业已经经营，而本企业是第一次开发并投入市场的新产品。

（2）按产品的新颖程度进行划分，包括独创型新产品、换代型新产品、改进型新产品和仿制型新产品。

①独创型新产品又称为全新产品，是指应用新原理、新技术、新结构、新材料研制成功，市场上前所未有的产品。如移动电话。

②换代型新产品，是指在原产品的基础上，部分采用新技术、新材料、新元件等，使结构性能有显著提高的产品。如移动电话模拟机→移动电话数字机。

③改进型新产品，是指对原产品在质量、结构、功能、材料、花色、品种等方面有所改进的产品。如普通数字机→智能数字机。

④仿制型新产品，也称为品牌型新产品，是指在市场上已经存在，本企业初次仿制成功并投入市场的产品。如国内华为、酷派等品牌手机。

3.企业开发新产品的作用

重视新产品的开发，无论是对国家、社会、消费者，还是对企业来说均有现实意义。

（1）从企业层面讲，关系到企业的生存和发展，能够提高市场竞争力。

（2）从消费者角度讲，能够更好地适应消费者的需求变化，满足消费者对新产品的需求，符合现代营销观念的要求。

（3）从国家和社会角度讲，能够更好地促进社会生产力的发展，增强国家的经济实力，提高我国在国际社会上的声望和竞争能力。

4.新产品开发的基本要求

新产品在开发之前，需要考虑下面四个要素：

（1）市场。什么是市场？从营销对市场的解释来看，市场=人口+购买力+购买动机。

（2）特色。产品要有独到之处，重点在于一个"新"字，有特色的产品才能在市场上畅销不衰。

（3）能力。新产品开发应与企业的营销能力相适应，不仅要有实力研制、开发出来，还要有能力向市场推广，让市场接受该产品。

（4）效益。新产品的开发既要考虑企业效益，又要考虑社会效益。

四个要素要综合考虑，缺一不可。

学一学

知识点2：新产品的开发与推广

1.新产品开发的方式

企业有三种可供选择的新产品开发方式，具体如下：

（1）自行研制。企业运用自身的科研实力，独立研制出一种新的产品。这种方式一般适用于科研能力较强的企业。

（2）技术引进。引进别人先进的生产技术或生产线，生产仿制型新产品。

（3）自行研制与技术引进相结合。在引进先进技术的同时，运用企业的科研力量进行消化、吸收，并赋予产品一定的特色。这是当前我国企业采用较多的一种方式。

2.新产品开发的程序

新产品开发一般应遵循的步骤：

（1）构思。新产品开发的过程是从构思开始的。所谓构思，就是开发新产品的设想。有时候构思是一个很奇妙的过程，需要参与人员有创新思维，甚至突发奇想。

例如：飞机的发明就是受到鸟为什么能够在天空飞翔的启发（如图4-7所示）。

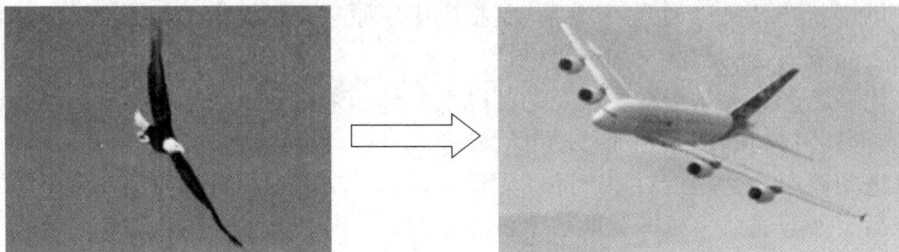

图4-7 从飞鸟到飞机的过程

构思的途径有：消费者、科研人员、主要的竞争者、代理商、企业的促销人员、调研咨询公司等。

（2）概念。概念就是将一个构思中的新产品上升为一个概念上的新产品。因为一个产品的构思可以转换为几个产品概念，而作为消费者是要购买一个概念上的新产品。

（3）试制。试制就是把一个概念上的新产品交由企业的研发部门或工艺设计部门，研制出一种能够看得见、摸得着的现实产品。

（4）试销。试销也就是将试制成功的新产品选择小范围的市场进行销售。

在试销过程中需要考虑下列问题：

①为试制出的新产品确定一个具体的品牌名称。

②拟订包装设计及初步的市场营销方案。

③如何把这一新产品装扮起来，推入市场进行试销。

需要注意的是，从试制到试销是一个反复的过程，一次性成功的事例非常少见，一般需要3~5次的反复。

（5）上市。经过一段时间的试销，企业在掌握充分的市场信息的基础上，决定是否将新产品投入市场，进入市场推广阶段。

3.新产品的推广

小思考

华为公司研制一款新型手机准备向市场投放，在推广之前，营销人员需要考虑哪些问题？采取怎样的推广策略？

（1）新产品推广应考虑的问题。

推广新产品是企业营销人员需要重点考虑的问题。一般来讲，需要围绕下列问题来思考：①选择什么时候（When）推广？②选择什么地方（Where）推广？③选择向谁

（Who）推广？④选择怎样（How）推广？

（2）新产品的推广策略。

有两种基本策略——渐进策略与急进策略，可供新产品推广时使用。

①渐进策略。企业推出新产品不是一次进入所有的市场，而是首先进入主要的市场（或特定地区），然后向周围市场逐步扩张。它是以缓慢的步伐进入到目标市场的策略。

这一策略的特点是：突出稳扎稳打，市场风险较小；因为进入市场的速度较慢，容易失去部分市场。

②急进策略。在对新产品试销结果充满希望的前提下，将新产品以较快的方式在各个市场全面铺开。

这一策略的特点是：新产品进入市场的速度较快，能够较快地占领市场，防止其他竞争者介入；市场风险较大。

以上两种策略本身并无优劣之分，企业采取什么样的推广策略，应根据自身实力、优势及新产品特点灵活地选择与运用。

做一做

案例：柯达"陨落"、富士"重生"的启示

2012年1月3日，曾经在摄影、胶卷领域独步全球的美国柯达公司接到纽约证券交易所的退市警告，1月19日柯达提交了破产保护申请，此前该公司筹集新资金进行业务转型的努力宣告失败，这个胶片帝国几乎摇摇欲坠。

柯达，曾经是行业的代名词，绝对的龙头霸主，短短几年间，却因为在创新的浪潮中没有"赶上趟儿"，面临着可能被时代无情淘汰的厄运。胶卷的没落直接击垮了柯达，可是同样靠胶卷起家的富士，不仅幸存下来，而且生机勃勃。2012年，柯达申请破产的当年，富士总收入达到250亿美元，员工达7.8万多人。2018年，富士公司实现销售收入219.05亿美元（1 533.68亿元人民币），营业利润18.90亿美元（132.33亿元人民币）。

百年柯达"陨落"

1881年，柯达公司的前身在美国成立。在100多年的时间里，它先后研制出胶片和"傻瓜相机"，将摄影的乐趣带向普通百姓。柯达从1886年就开始赞助奥运会，1986年柯达成为奥运会顶级赞助商，进一步提升了它的全球知名度。

柯达有过这样自豪的口号："你只要按下快门，其他的交给我们。"但对于今日的柯达而言，那些曾经的辉煌都已是明日黄花。

柯达的失败的直接原因是数码相机的兴起。自2000年起，新数码技术横扫胶卷市场，引发行业震荡。自此时起，世界彩色胶片市场每年以20%~30%的速度下滑，仅10年时间，胶片的总需求量就跌至原来的1/10。而柯达作为数码相机的发明者，却在市场中惨遭淘汰，主要基于两方面原因：首先，传统相机和数码相机的工作原理不同，在数码时代，柯达基于传统相机的供应链优势和专利优势不复存在。其次，虽然柯达率先发明数码相机，但柯达的成功实质是传统业务的成功，所以传统业务部门对决策影响力甚大，企业资源也会优先配置到传统业务部门，从而导致其转型迟缓。

富士的"跨界创新"之路

面对一场数码海啸，柯达的结局人尽皆知，富士的核心业务——感光材料，也在四五

年的时间内，陷入巨亏，富士胶片的副总裁青木良和做过一个比喻：就像是一个汽车厂商，而世界不再需要汽车了。

在这生存与死亡的关键时刻，富士采取了两大关键举措：一是对传统胶片进行结构改革，将生产规模调整到适应市场需求的份额大小。二是在未来具有成长性的领域方面加大投资。富士依托于胶卷研发过程中积累的胶原蛋白技术（胶片的主要原料）、纳米分散技术和抗氧化技术等优势，选择生物医药、化妆品、高性能材料等成长可能性较大的领域，并在数码影像行业、光学元器件行业、高性能材料行业、印刷系统行业、文件处理行业、医疗生命科学等行业转型或开拓。

为了加快多元化转型，富士在2006-2012年间进行了13起并购，一半以上集中在医疗健康领域。如今，富士已由一家传统的老牌胶卷企业，转型升级为一家多元化的技术导向型的创新企业。它从曾经单一的胶片业务，延伸到医疗生命科学、印刷、数码影像、光学元器件、高性能材料、文件处理这六大重点事业领域布局。富士将沉淀85年的胶卷技术"基因"，成功"移植"到了医疗健康、高性能材料和文件处理等核心业务，活成了一个跨领域的新巨头。富士耗时7年的成功转型，已经入选为哈佛大学的教学案例。

创新精神获新生

数码海啸的来袭，是对整个胶卷行业的打击，柯达与富士被迫离开它们的准垄断地位，奋力自救。机会不是没有，而是看企业如何把握它。

相对于柯达的创新缓慢、关注短期利益，富士的转型十分彻底，当它也进军数码领域时，富士很清楚，数码业务仅仅是用来缓解转型期主营业务遭遇重创带来的冲击，走多元化道路，持续创新才是正解。一家已经85岁的老牌企业，能够从行业"风暴"中存活下来，并活得很滋润，靠的正是对创新的不懈追求。没有创新，在细分领域做的时间再久，也不可能做深做精；没有创新，规模越大，涉及的行业越多，风险反而越大。反之，只要坚持创新，单一的业务可能会被突如其来的行业风暴所吞噬，但创新基因，会扩展到其他领域，从而让企业获得新生。

资料来源　作者根据网络资料整理。

讨论：

（1）造成百年柯达"陨落"的原因是什么？

（2）面临同样的行业转型，富士能够成功的原因是什么？

（3）企业在新产品开发和推广中需要注意哪些问题？

任务4　品牌策略的运用

导入案例

企业起名背后的品牌顶层设计

"名，自命也。从口夕，夕者，冥也，冥不相见，故以口自名"。

这是《说文解字》对"名"一字的解读，大概意思就是说黄昏后，天色暗黑下来，彼此不能相认识，所以各以代号称。由此可见，名不仅是一个符号，更重要的是它有识别功能。

网上关于城市改名、高校改名的话题引起了大家广泛的热议，细数下来谈论得最多的还是企业和品牌的起名。

名满中华的音乐选秀节目《中国好声音》第五季原本推出《2016中国好声音》，却不得不因版权问题，最终改名为《中国新歌声》。一夜之间，浙江卫视倾力打造了四年的《中国好声音》变成了《中国新歌声》，真是一夜回到解放前啊！

《中国好声音》品牌的改名并不是综艺界的头一桩事件，就在2016年年初，老牌相亲类综艺节目《非诚勿扰》由于没有提前进行商标注册，使得叫了多年的名字被他人抢注，最终不愿支付高昂费用的节目方不得不将节目更名为《缘来非诚勿扰》。

企业起名、品牌起名其实是一个老生常谈的话题，但尽管如此，还是有很多的企业在起名时丈二和尚摸不着头脑，不知如何是好。

其实，起名不是小事，尤其是企业起名和产品起名，它是企业进行品牌顶层设计的核心内容和第一步。

资料来源　作者根据网络相关资料整理。

问题：

（1）大家在购物过程中注重品牌吗？

（2）在现代市场中，品牌的作用表现在哪些方面？

（3）企业对于产品组合中的产品如何运用品牌策略？

讲一讲

知识点1：正确理解品牌

1.关于品牌的一组概念

（1）品牌。品牌，俗称牌子、厂牌、店牌，是生产商和经销商加在产品上的标志。品牌是一个名称、名词、符号、象征、设计或它们的组合。

基本定义：品牌是生产商和经销商为了使自己销售的产品在市场上与其他同类产品相区别而使用的一种标记。

品牌是一个总名称，它包括品牌名称、品牌标志、商标等内容（如图4-8所示）。

图4-8　海尔和格力品牌

（2）品牌名称。它是指品牌中可以读出声音的部分。

（3）品牌标志。它是指通过图案、符号、象征或其他设计体现出来的可被人认知的品牌形象。

小思考

说说看，如图4-9所示，下列名车品牌中，哪些是品牌名称？哪些是品牌标志？

图4-9　世界名车品牌

（4）商标。商标是卖方根据商标法律规定，经向政府有关部门登记注册后受法律保护的一个品牌或者品牌的一部分。

商标是一个法律名词，是由法律指认为的一部分品牌。当品牌发生纠纷时，只能以"商标侵权"进行起诉，而不能说"品牌侵权"。

目前，根据我国《商标法》及相关法律法规的规定，烟草类商品必须使用注册商标，其他品牌不注册也可以使用。商标注册人有权标明"注册商标"或者注册标记。

2.品牌的种类

（1）按品牌的结构分类。按品牌的结构分类，包括文字品牌、图形品牌、记号品牌和组合品牌。

①文字品牌：用文字构成的品牌。

②图形品牌：用图形构成的品牌。

③记号品牌：由记号构成的品牌，也是历史上最早使用的标记。

④组合品牌：由两个以上的文字、图形、记号相互组合所构成的品牌。

（2）按品牌的用途分类。按品牌的用途分类，包括营业品牌、商品品牌、等级品牌、证明品牌和防御品牌。

①营业品牌：将企业名称、营业标记等作为品牌使用在各种商品上，也称为厂牌或厂标。

②商品品牌：为了将特定规格、型号、品种的商品和其他规格、型号、品种的商品区别开来，在个别商品上使用的品牌，也叫个别品牌。

③等级品牌：为了有效地发挥品牌的作用，使顾客从品牌知道品种和质量的区别，将商品划分不同等级分别使用各自的品牌。

④证明品牌：指商品的质量经过专业机构鉴定，保证或证明其质量等级而使用的品牌（如图4-10所示）。

⑤防御品牌：为了防止他人侵犯品牌专用权，在非同种和类似商品上注册同一个品牌，或是在同一类型的不同商品上注册几个近似的品牌。

图4-10 证明品牌的标识

（3）按品牌的使用者分类。按品牌的使用者分类，包括制造品牌和销售品牌。

①制造品牌：表明商品制造者所使用的品牌。

②销售品牌：也称商业品牌，表示销售者销售商品而使用的品牌。

学一学

知识点2：品牌的作用

2017年4月24日，国务院印发《国务院关于同意设立"中国品牌日"的批复》，同意自2017年起，将每年5月10日设立为"中国品牌日"。"中国品牌日"的创立，是为了贯彻习近平总书记提出的"三个转变"的重要论述，即推动中国制造向中国创造转变、中国速度向中国质量转变、中国产品向中国品牌转变，体现品牌在现代市场上的重要作用。

品牌的作用应该从三个层面来分析：商品为什么要有品牌、品牌为什么要注册和企业为什么要创立名牌，也就是品牌的一般作用、品牌注册的作用和企业创立名牌的作用。

1.品牌的一般作用

案例分析

商场内的六个"南极人"

在上海的许多商场里，都可以发现5个厂家生产的6种版本的"南极人"保暖内衣。

它们的外观几乎没有什么区别，包装盒正面都是由两个模特摆着近乎一样的动作造型，都在相同的位置写着"南极人"字样，连字体都一模一样。"七层保暖，高分子复合"是共同的标榜；包装盒背面的版式设计也惊人地相似。

国家市场监督管理总局商标局反映"南极人"商标并没有注册，目前还不属于哪一家企业，只要是合法企业，目前都可以使用"南极人"品牌生产保暖内衣，不存在仿造与假冒之说，商标法并不能对未注册的商标进行保护。

问题：

（1）一个企业的商品为什么要有自己的品牌？

（2）如果仅仅停留在只有一个品牌，是否可行？为什么？

品牌的一般作用表现为：

（1）品牌能够标明商品的出处，帮助购买者识别商品的生产者，这是品牌最基本的作用。

（2）保证商品的质量。

（3）有利于企业进行广告宣传，开展市场竞争。

（4）推动企业创立名牌商品。

案例分析

西安奔驰漏油事件，干掉你的不是同行，而是你自己！

此次事件始见于一段视频，视频中坐在引擎盖上的女士首付20万元左右购买了一辆奔驰，在没有开出4S店之前就发现发动机出现漏油问题，此后，她多次与4S店沟通，却被告知无法退款、无法换车，最后给出的结论就是更换发动机。

一款汽车，特别是豪华车，发动机的重要性不言而喻。正如视频中的女士这样，还没有真正拿到手就换发动机搁谁身上都受不了。66万元的车漏油，到底是哪里出现问题还有待部门检测，但网友们气愤的是奔驰这家4S店的傲慢态度。从问题出现首先采取冷处理，到问题铺天盖地无法掩盖的时候，奔驰才迟缓地做出行动。

奔驰德系BBA中的一员，以2018年国内65.3万的总销量来看，中国是其全球范围内最大单一市场。在汽车行业不景气的现在，中国奔驰相较2017年仍能增长11%，不得不说很多消费者正是看着你的牌子去的。对消费者傲慢，对相关规定视而不见，因为有高高在上的"自信"？还是说过了风头该选奔驰的还会是奔驰？

此次事件对于奔驰汽车整体销量影响是不必多讲的，正常思维下买车过程中，刚刚付钱发现产品有质量问题，那么换新显然是正确的做法，这样不会之后的奔驰引擎盖事件，此种做法让消费者对于奔驰品牌的好感度大大降低，生怕成为下一个受害者。作为国内一线豪华品牌的扛把子品牌，在漏油事件发生之后人们对于奔驰汽车的质量问题产生了严重的质疑，汽车毕竟是交通工具，如果存在质量问题对于人身安全也是有极大安全隐患的，汽车从生产到销售是要经过多次检查的，那么一款漏油的车怎么到了销售阶段还没有被发现，这样的质量把关似乎太儿戏了一些。这点显然值得思考。

资料来源　https://baijiahao.baidu.com/s?id=1630844634819765639&wfr=spider&for=pc

问题：

（1）此次漏油事件对奔驰的品牌形象有何影响？

（2）企业如何正确地维护自己的品牌？

2.品牌注册的作用

案例分析

"蔡林记"热干面打官司

最近，在武汉三镇的街头巷尾，老百姓都在谈论一件事："蔡林记"热干面又打官司了。这次是和一个叫"蔡明纬老蔡林记"的4家店面对簿公堂。被告有点特殊，拉出了"蔡林记"热干面创始人蔡明纬的儿子蔡某文先生，声称自家热干面才是正宗的。该案在武汉市中级人民法院开庭，武汉蔡林记商贸有限公司起诉这4家店面的负责人熊某生，要求其停止侵犯"蔡林记"的商标权，赔礼道歉，并索赔50多万元。

说起"蔡林记"的这个官司，先得了解一下"蔡林记"的历史：80多年前，黄陂人蔡明纬结合油面的做法发明了热干面，因为店门前有两棵树，取名"蔡林记"。之后，"蔡林记"实行公私合营，曾经一天卖出过1万碗，后来因种种原因衰落。

几经沉浮，2009年，经过职工参股改制重新组建的"蔡林记"重出江湖，武汉蔡林记商贸有限公司也取得了"蔡林记"的商标权。与武汉市绝大部分热干面不一样，以黑芝麻酱为特色的蔡林记热干面又"火"了起来。2011年，"蔡林记"被武汉市政府授予"武汉老字号"称号。同年，"蔡林记"热干面制作技艺被列入湖北省非物质文化遗产名录。

而作为被告的"蔡明纬老蔡林记"，在法庭上丝毫不输气势。应诉人表示，他们是看到目前武汉热干面做法五花八门，痛失传统，才与蔡某文先生联袂传承热干面文化。至于商标侵权，应诉人表示他们正在注册"蔡明纬老蔡林记"商标，"蔡林记"和"蔡明纬老蔡林记"读音排列不同，视觉上不一致，且后者获得蔡明纬亲属授权；"蔡明纬老蔡林记"调面用的是黄芝麻酱小麻油，而"蔡林记"使用的是黑芝麻酱卤水，两者易于区别。该应诉人还指出，原告只是一家2008年成立的企业，与真正的武汉市蔡林记热干面馆没有传承和关联。

近年来，一些知名老品牌的技艺传承人与血缘传人的纷争频发，最知名的案例要数茅台酒和赖茅酒，这类纷争有其特殊的历史背景，根子在于品牌的巨大溢价。热干面作为一种快餐，做法相对简单，至于到底怎样才算正宗，实在是见仁见智，谁能迎合消费者的口味，谁就能在市场上站稳脚跟。

资料来源　高星，王田甜."蔡林记"状告"蔡明纬老蔡林记"[N].武汉晚报，2014-11-27.

问题：

（1）"蔡林记"与"蔡明纬老蔡林记"纠纷的症结在什么地方？

（2）一个产品等到在市场上"出了名"才想到注册，行不行？

（3）企业如何才能很好地防止商标侵权案件的发生？

品牌注册的作用表现为：

（1）品牌注册后，企业的产品特色得到法律保护。

（2）可以防止他人抄袭、假冒或模仿，保证产品在市场上正常销售。

（3）如果发现侵权行为，可以拿起法律的武器维护自身利益。

案例分析

中国品牌的国际遭遇

近几年来，国际市场上屡屡发生我国驰名品牌被外商抢注的事件。据不完全统计，我国出口商品商标被抢注的有2 000多起，其中被澳大利亚抢注的有150多起、被日本抢注的有100多起、被印度尼西亚抢注的有54起，每年造成约10亿元的无形资产损失。

不少企业为了眼前利益而放弃自己的品牌：呼和浩特橡胶厂以215万美元的价格将"鹰"牌商标转让给了美国固特异公司；广州"洁花"被宝洁公司打入了冷宫；安徽的"扬子"演变成了"博西扬"。

品牌意味着市场，失去品牌也就失去了市场。以我国洗涤用品市场为例，我国最大的洗衣粉生产品牌——"熊猫""双猫""菊花"等大型洗涤用品企业与美国"宝洁"、日本"花王"、德国"汉高"、美国"联合利华"等公司合资后，中国的品牌被束之高阁，3/4的洗涤品市场被"飘柔""海飞丝""花王""潘婷"等洋品牌垄断。

事实上，抢注商标现象在世界范围内盛行，我国的民族品牌也难逃厄运。"飞鸽牌"

自行车在印度尼西亚被抢注，"红星"二锅头在欧盟被抢注，"英雄"钢笔在日本被抢注，"大宝"在美国、英国、荷兰、比利时被抢注；"同仁堂""红塔山""康佳""大白兔""天津桂发祥十八街麻花"等被日本、印度尼西亚、菲律宾、新加坡等国企业抢注，"海信"在德国被抢注，"科龙"在新加坡被抢注，"五粮液"在韩国被抢注，其他被抢注的品牌如"王致和""洽洽""竹叶青""青岛啤酒""狗不理""佛跳墙"等，不胜枚举。

被抢注的后果就是要么付出高昂代价赎回，要么另起炉灶开张。2005年，青岛海信集团历时6年，最终以50万欧元的价格，将被西门子公司在德国注册的"HiSense"商标赎回。腾讯公司的域名被外国人抢注，最终腾讯以100万美元天价赎回。联想公司因"Legend"在很多国家被注册，不得不在2003年4月忍痛割爱舍弃了培育了20多年的"Legend"品牌标志，启用"Lenovo"。

资料来源　作者根据网络相关资料整理。

问题：

（1）我国的许多企业为什么没有品牌注册？

（2）一个品牌是注册好，还是不需要注册？为什么？

3.创立名牌的作用

案例分析

探访拼多多背后的山寨品牌

"有一天，樵夫的斧头掉进了河里，河神为了奖励他的诚实，给了他一把金斧头和一把银斧头，樵夫很高兴地回到家，结果发现这两把斧头是河神从拼多多上买的。"

这是一个关于拼多多的流传最广的段子——2018年7月26日，拼多多在美国纳斯达克正式上市，此前，它的用户量已突破3亿，其中来自三线及以下城市的用户占到了65%。之所以能够在如此短的时间内积累如此多的用户量，拼多多依仗的最大优势是便宜。

拼多多能便宜到什么地步？假如你有3 000元，你能在拼多多上买到2台"康佳电视"、3部"VIVI智能手机"、4双"316度运动鞋"、6桶"趆能洗衣液"、10瓶"进口红酒"、50件衣服，外加一台"大容量电冰箱"。这些商品也令拼多多陷入了前所未有的"假货危机"，但拼多多的创始人兼CEO黄铮先生并不这么认为，在他看来，这些冰箱、电视、手机都是真的冰箱、电视、手机，它们只是"山寨商品"，而"山寨商品"并非"假货"。

资料来源　易方兴. 探访拼多多背后的山寨品牌［EB/OL］.［2018-12-12］. http://www.360doc.com。

问题：

（1）在国内市场为什么会经常出现"傍名牌"的现象？

（2）从现代营销观念的角度分析这些企业的行为？

（3）企业如何创立自己的"名牌"？

创立名牌的作用表现为：

（1）有利于提高产品知名度，树立企业整体形象。

（2）有利于培养顾客的满意度和忠诚度。

（3）有利于扩大产品销售，提高市场占有率。

（4）名牌是企业巨大的无形资产，有利于增强市场竞争能力。

小资料

2022年度中国最具价值品牌500强排行榜揭晓：中国工商银行、华为、中国建设银行排名前三（见表4-4）。

表4-4　　　　　　　　　2022年中国十大品牌价值排行榜

排名	品牌名称	所在地	产业	品牌价值 （亿元人民币）
1	中国工商银行	北京	银行	4 837.35
2	华为	广东	科技	4 587.08
3	中国建设银行	北京	银行	4 220.91
4	微信	广东	媒体文化	4 012.01
5	中国农业银行	北京	银行	3 994.54
6	国家电网	北京	公共事业	3 875.00
7	抖音	北京	媒体文化	3 798.05
8	中国平安	广东	保险	3 500.16
9	淘宝	浙江	零售	3 462.01
10	中国银行	北京	银行	3 191.02

资料来源　作者根据网络相关资料整理得来。

自从2020年以来，全球疫情反复无常、地区冲突不断、大国博弈升级、气候变化加剧、粮食市场动荡、供应链短缺……当今世界正经历百年未有之大变局，企业面临着前所未有的机遇和挑战，在推动双循环实现稳增长和防风险长期均衡下，各行业龙头企业高质量发展驶入"快车道"，品牌价值成为了衡量企业无形资产和软实力的核心指标。

2022年9月21日，国际品牌价值评估权威机构GYbrand发布了2022年度《中国最具价值品牌500强》研究报告。这是一份全面展示中国500强企业品牌建设成就的榜单，本期榜单评估依据是品牌价值，并不是按照企业市值或营收规模排序，而是结合当下错综复杂的国内外形势，从品牌基本面、品牌业绩、品牌强度、品牌贡献等四大维度若干指标进行综合分析，最终发布中国品牌价值500强名单。

本年度中国品牌500强总价值达到256 993亿元，平均价值为514亿元；千亿级以上品牌50个。排名前十的总价值为4.45万亿元，占比17.32%。其中，北京有5家国企入选，广东有3家上榜，浙江和贵州各1家入选。重新崛起的华为品牌价值突破6千亿元，蝉联中国最具价值品牌。TOP10名单依次是中国工商银行、华为、中国建设银行、微信、中国农业银行、国家电网、抖音、中国平安、淘宝、中国银行。

不过，中国500强企业仍处于"大而不强"的阶段。不过，随着提高企业发展质量成为广泛共识，这个困境正在逐步缓解。

资料来源　根据2022年9月23日中国日报中文网咸宁新闻网及网络相关资料整理得来。

品牌价值：是品牌管理要素中最为核心的部分，也是品牌区别于同类竞争品牌的重要标志。

品牌价值是人们是否继续购买某一品牌的意愿，可由顾客忠诚度以及细分市场等指标测定。

品牌是一种无形资产。评定品牌价值的指标包括：

①知名度、满意度、美誉度（口碑）、忠诚度。

②覆盖度、联想度、持续度、延展度（品牌的文化辐射）。

③品牌的市场占有能力、创利能力和发展潜力。

讲一讲

知识点3：品牌设计的基本要求

案例分析

品牌绝不能"不在乎"

尽管有许多血淋淋的教训摆在那里，但依然有很多企业的品牌保护意识淡薄，总认为和自己无关，又或者认为企业名或品牌名只是一个代号、称号而已，没必要大费周章，随便取一个就行。总之，就是认为企业叫什么不重要，只要产品做好、服务做好、管理做好就可以了。很多知名的大公司都因为在创立之初缺乏品牌顶层设计而损失惨重。

知名的电商企业京东，在域名的使用上一波三折，从最初的域名到花上亿元巨资买下jd.com的教训足以让我们看到品牌顶层设计的重要性。

京东2007年开始使用360buy.com时，认为这个域名寓意非常好，非常洋气，360天，天天买，非常符合互联网思维，但消费者却总以为京东和360杀毒软件有什么关系，一不小心就给别人带去了流量。另外，360buy.com不便于一般消费者记忆，不少用户要通过百度等搜索后再进入京东网页，京东每年需要向百度等搜索引擎支付大约6 000万元的流量费，最后使得京东不得不花上亿的巨资买下jd.com域名。

无独有偶，京东并非互联网领域唯一一家花巨资购买域名的企业，小米、窝窝团、唯品会、新浪微博都有过这样的经历（见表4-5）。

表4-5 相关品牌企业更换并购买新域名的价格

品牌	收购域名	收购价格
京东	jd.com	1亿元
小米	mi.com	2 243万元
窝窝团	55.com	1 500万元
唯品会	vip.com	1 200万元
新浪微博	weibo.com	800万元
腾讯	qq.com	300万元

资料来源 冉桥."中国好声音"就是活生生的例子，品牌起名不能随便来［EB/OL］.［2018-12-12］. http：//money.163.com/

问题：

如何给自己的企业或商品起一个好听的"名字?"

1.品牌设计的基本要求

（1）品牌所使用的文字、图形或记号应有显著的特征。

（2）品牌要做到简洁明了，引人注目。

（3）企业的品牌切忌效仿和过分夸张。

（4）企业的品牌应该符合我国商标法和国际上商标法的有关规定。

2.我国《商标法》的相关规定

在2013年修改的《中华人民共和国商标法》中，作了不得作为商标使用和不得作为商标注册的相关规定。

（1）下列标志不得作为商标使用：

①同中华人民共和国的国家名称、国旗、国徽、国歌、军旗、军徽、军歌、勋章等相同或者近似的，以及同中央国家机关的名称、标志、所在地特定地点的名称或者标志性建筑物的名称、图形相同的；

②同外国的国家名称、国旗、国徽、军旗等相同或者近似的，但经该国政府同意的除外；

③同政府间国际组织的名称、旗帜、徽记等相同或者近似的，但经该组织同意或者不易误导公众的除外；

④与标明实施控制、予以保证的官方标志、检验印记相同或者近似的，但经授权的除外；

⑤同"红十字""红新月"的名称、标志相同或者近似的；

⑥带有民族歧视性的；

⑦带有欺骗性，容易使公众对商品的质量等特点或者产地产生误认的；

⑧有害于社会主义道德风尚或者有其他不良影响的。

县级以上行政区划的地名或者公众知晓的外国地名，不得作为商标，但是，地名具有其他含义或者作为集体商标、证明商标组成部分的除外；已经注册的使用地名的商标继续有效。

（2）下列标志不得作为商标注册：

①仅有本商品的通用名称、图形、型号的。

②仅直接表示商品的质量、主要原料、功能、用途、重量、数量及其他特点的。

③其他缺乏显著特征的。

前款所列标志经过使用取得显著特征，并便于识别的，可以作为商标注册。

④以三维标志申请注册商标的，仅由商品自身的性质产生的形状、为获得技术效果而需要的商品形状或者使商品具有实质性价值的形状，不得注册。

小思考

搜集相关资料，找一找目前市场上是否存在与《商标法》的规定相违背的问题？存在哪些问题？试举例说明。

知识点4：品牌策略的运用

品牌策略的运用不是从市场的角度，而是从企业的角度来讲的。企业可选择运用的品牌策略包括：无品牌策略、同一品牌策略、不同品牌策略、品牌推展（延伸）策略和品牌创新策略等。

1.无品牌策略

（1）定义。无品牌策略，是指企业对所生产的某些产品不使用品牌。从市场经济发展来看，企业对于自己所生产的产品一般都要使用品牌，但因为客观上的原因，有时候不需要采用品牌。

（2）不使用品牌的原因。

①生产简单，无一定技术标准，选择性不大的产品。

②一次性或临时性产品。

③消费者习惯上不必认牌购买的产品，比如农贸市场上的蔬菜、土特产等。

④不同制造者具有均一质量的产品，如水、电等。

（3）特点。

采用无品牌策略，可以节约创立品牌所需的费用，降低产品价格，增加销售量。

但随着市场的发展和市场竞争的激烈，以及消费者品牌意识的提高，无品牌的产品在逐渐减少，需要品牌的产品越来越多。

2.同一品牌策略

（1）定义。同一品牌策略，是指企业对所生产的各种产品都使用同一品牌进入市场的策略。

（2）特点。

①企业的品牌应该已经在市场上获得了较高声誉，有一定的知名度。

②企业所生产的各种产品具有均一的质量标准，不会因为质量相差悬殊而给消费者留下不好的印象。

3.不同品牌策略

（1）定义。不同品牌策略，又称为个别品牌策略，是指一个企业所生产的多种产品分别采用不同的品牌策略。

（2）特点。

①能更好地区别不同的产品，便于顾客识别选购。

②各种不同的产品适应市场不同的需要，承担风险小，安全感强。即使一两种产品不受市场欢迎，也不至于给企业声誉带来全方位的负面影响。

③需要付出较多的品牌费用，影响宣传效果。

4.品牌推展（延伸）策略

（1）定义。品牌推展（延伸）策略是指将企业创立的某种著名品牌扩充到企业生产的其他产品上去的策略。

（2）特点。

①扩充的品牌必须是企业的著名品牌。

②被扩充的产品在品质上应该与著名品牌相符。

5.品牌创新策略

（1）定义。品牌创新策略，也称为品牌重新定位策略，是指企业对原有品牌进行变更或改进的品牌策略。

（2）特点。

①企业发现原品牌产品不能完全符合目标市场消费者的偏好。

②竞争者的品牌定位已接近本企业的品牌，并且占领了一部分市场，导致本企业品牌产品的市场占有率连续下降。

③企业发现具有某种新型偏好的消费者群正在形成或已经形成，出现难得的市场机会。

6.品牌归属策略

企业产品在使用品牌之后，对于品牌的归属有三种可供选择的策略。

（1）制造者品牌策略。将全部产品置于生产者品牌之下，也称为全国品牌。

（2）中间商品牌策略。随着现代商业的发展，中间商为了取得更大的利润，纷纷建立自己的品牌。当制造商在一个不熟悉的新市场上出售自己的产品，或者制造商的信誉远不及中间商高时，则应采用中间商的品牌。它包括制造商采用中间商的品牌策略和中间商自己建立和发展的品牌策略。

（3）制造商品牌与中间商品牌混合使用策略。

这种策略又包括下面三种形式：

第一种形式：两种品牌同时使用，综合两种品牌使用的优点。

第二种形式：部分产品使用制造商自己的品牌，另外部分产品使用销售者的品牌。

第三种形式：先使用信誉较高中间商的品牌，待产品成功进入市场后改用制造商品牌。

案例分析

苹果公司的产品系列

（1）硬件产品：iMac 个人电脑、iBook 笔记本电脑、iPhone 智能手机、iPad 平板电脑、iWatch 智能手表、iPod 音乐播放器（已停产）、iSight 摄像头、Apple TV 机顶盒等。

（2）在线服务：iCloud、iTunes Store 和 App Store 等。

（3）消费软件：OS X 和 iOS 操作系统、iTunes 多媒体浏览器、iPhoto 照片管理软件、Safari 网络浏览器等。

（4）专业软件：iWork 创意和生产力套件，包括 Final Cut Studio 视频后期处理软件、Xcode Mac 和 iOS 的编程软件、Logic Pro 专业音乐制作软件等。

问题：

苹果公司采用的是怎样的品牌策略？

做一做

结合本小组开设的实体店，思考下列问题：

（1）如何给自己的实体店起一个好听的名字？

（2）如何设计本店的招牌（标准字、标准色、品牌标志）？

（3）所经营的商品应该采取怎样的品牌策略？

任务5　　包装策略的运用

导入案例

可口可乐包装瓶的来历

说起可口可乐的玻璃瓶包装，至今仍为人们津津乐道。1898年鲁特玻璃公司一位年轻的工人亚历山大·山姆森在同女友约会时，发现女友穿着一套筒型连衣裙，显得臀部突出，腰部和腿部纤细，非常好看。约会结束后，他突发灵感，根据女友穿着这套裙子的形象设计出一个玻璃瓶。经过反复的修改，亚历山大·山姆森不仅将瓶子设计得非常美观，很像一位亭亭玉立的少女，还把瓶子的容量设计成刚好一杯水的大小。瓶子生产出来之后，获得大众的一致好评。有经营意识的亚历山大·山姆森立即到专利局申请了专利。当时，可口可乐的决策者坎德勒在市场上看到了亚历山大·山姆森设计的玻璃瓶后，认为非常适合作为可口可乐的包装。于是他主动向亚历山大·山姆森提出购买这个瓶子的专利。经过一番讨价还价，最后可口可乐公司以600万美元的天价买下此专利。

要知道在100多年前，600万美元可是一项巨大的投资。然而实践证明可口可乐公司这一决策是非常成功的。亚历山大·山姆森设计的瓶子不仅美观，而且使用非常安全，易握，不易滑落。更令人叫绝的是，其瓶的中下部是扭纹形的，如同少女所穿的条纹裙子。此外，由于瓶子的结构是中大下小，当它盛装可口可乐时，给人的感觉是"分量很多"。采用亚历山大·山姆森设计的玻璃瓶作为可口可乐的包装以后，可口可乐的销量飞速增长，在两年时间内，销量翻了一倍。从此，可口可乐开始畅销美国，并迅速风靡世界。600万美元的投入，为可口可乐公司带来了数以亿计的回报。

资料来源　沈佳苗，李长灿. 当下的客户究竟想要怎样包装？［N］. 杭州日报，2014-01-16.

问题：

（1）你认为可口可乐的成功与它的包装有关系吗？

（2）产品的包装应该发挥怎样的作用？

（3）企业如何在产品包装上做文章？

讲一讲

知识点1：正确理解包装

1.包装的定义

（1）包装有静态与动态之分。静态的包装是指盛装商品的物品。动态的包装是指包裹、捆扎商品的操作过程。

（2）包装有传统与现代之分。传统观念上的包装是指用来盛放或包裹商品的容器和包扎物。现代意义上的包装是指盛放或包裹商品的容器及外部装潢。在这里，我们从动态和现代的角度来给包装下定义。

（3）基本定义：包装是指产品的容器或包装物及其设计装潢，是产品整体概念的重要组成部分。

2.包装的种类

（1）按商业经营习惯分类，包括内销包装、出口包装和特殊包装。

①内销包装：是为适应在国内销售的商品所采用的包装，具有简单、经济、实用的特点。

②出口包装：是为了适应商品在国外的销售，针对商品的国际长途运输所采用的包装。

③特殊包装：是为工艺美术品、文物、精密贵重仪器、军需品等所采用的包装。

（2）按流通领域中的环节分类，包括小包装、中包装和外包装。

①小包装：是直接接触商品，与商品同时装配出厂，构成商品组成部分的包装；也称为内包装。

②中包装：是商品的内层包装，通称为商品销售包装。主要防止商品受外力挤压、撞击和受外界环境影响的受潮、发霉、腐蚀等变质。

③外包装：是商品最外部的包装，又称运输包装。它是指产品为了储存、识别和运输以及方便进一步销售时所必需的包装。

3.包装的作用

案例分析

网购外卖包装成灾 环境污染如何破解

近年来，随着互联网和移动互联网的快速发展，快递包装带来的电商污染，如包装箱、包装袋、胶带等给环境带来的污染问题日益严重。在每年成交额达数千亿元的"双11"疯狂后，中国正面临一场生态灾难。随着网购、外卖规模的不断增加，在网络订餐的浪潮中，餐盒等塑料制品使用量也相应激增，过度包装及包装物污染等问题对环境产生了极大的威胁。

据经济日报-中国经济网统计，2020年我国快递业务量突破700亿件，网络购物已成为人们日常生活不可或缺的一部分。人均快件从2000年的0.01件增长到2020年的约50件。为了防止包裹在运输过程中被损坏，须对包裹进行必要的包装。因此，随着快递件数迅猛增长，也产生了大量的快递包装废弃物。

事实上，塑料制品带来的"白色污染"，并非我国独有，世界各国也面临同样难题。在过去的半个世纪中，塑料的使用增加了20倍，预计在未来20年将再增加一倍。垃圾成灾的同时，各国也在积极开展塑料垃圾治理，目前有两种方式可借鉴，一种是欧洲模式，通过政府采取强制性的政策，对具有可再生能力的垃圾回收处理进行补贴；另一种是日本模式，通过培养国民素质，从源头上做好垃圾分类。

对此，应减少快递过度包装、应用可分解材料、加强回收再利用、完善相关监督管理等多种渠道强化综合治理。首先，要完善相关标准，规范快递、外卖包装材料，倡导可回收包装。其次，遏制快递"过度包装"，细化相关规定要求、增强执行力。包装废弃物管理应按照"减量化、再利用、再循环、最终处置"的顺序进行，并设定了不同包装废弃物的回收目标和时限。再次，出台优惠政策，鼓励企业和消费者参与快递垃圾回收。快递垃圾如果造成环境污染，治理的成本会非常高，与其把经费用于事后治理，不如出台相应的优惠政策，鼓励企业加强环保包装材料的技术研发，更多地应用可回收材料。同时，对于消费者，也要加强宣传教育，并鼓励电商采取快递包装换积分、换优惠等形式，提升快递包装的回收利用率。

资料来源　作者根据网络相关资料整理。

问题：

（1）在我们日常接触的各种包装中，存在哪些问题？

（2）包装应该考虑发挥哪些方面的作用？

从现代营销的角度分析，产品包装的作用越来越重要。现代包装的作用主要体现为：

（1）保护商品，便于运输、储存与携带。这是包装最原始和最基本的功能。主要体现在两个方面：其一是保护商品本身，起到防震、防压、防风、防晒、防水、防虫等；其二是安全保护，比如防燃、防爆、防放射、防污染、防毒等。

（2）美化商品，促进销售。精美的包装被称为"货架上的广告""无声的推销员"。商品给消费者的第一印象，不是商品的内在质量，而是其外包装美观与否。产品包装精美，不仅能吸引消费者，而且还能激发消费者的购买欲望。

（3）提高商品价值，增加企业盈利。由于产品包装的精美，提高了商品的价值，使得更多的消费者愿意花较多的钱购买商品，而且包装材料本身还包含一部分利润。所以，包装能增加企业盈利。

学一学

知识点2：包装策略的运用

1.包装的基本要求

现代包装的总体要求表现为：牢固、适用、经济、方便、美观。具体体现在如下方面：

（1）充分显示商品特色与风格，准确传递商品信息。

（2）包装应与商品价值与质量水平相配合。

（3）包装的形状、结构、大小应为商品运输、保管、销售、携带和使用提供方便。

（4）包装设计应符合消费者求新、求美和求实的心理。

（5）包装装潢要考虑不同年龄、地区、民族及宗教信仰的爱好与忌讳。

2.包装的基本策略

案例分析

咖啡被当作普通的产品售卖时，一磅可卖300元；

咖啡被包装成商品时，一杯就可以卖一二十元；

当其加入了服务，在咖啡店中出售时，一杯最少要几十元；

如能让咖啡成为一种香醇与美好的体验，一杯就可以卖到上百元甚至是好几百元。

问题：

（1）案例中，包装对咖啡的价格起到怎样的作用？

（2）如何选择和运用好包装策略？

企业选择什么样的包装策略才最适合自己呢？根据不同情况，可供选择使用的包装策略包括：类似包装策略、等级包装策略、配套包装策略、多重用途包装策略等。

（1）类似包装策略。所谓类似包装策略，是指同一企业所生产的各种商品在包装上采用相同的图案、近似的色彩、共同的特征。其特点如下：同一包装的商品经常在市场上出现，能够加深顾客的印象，提高了产品的知名度；便于带动新产品顺利上市；节省包装设计费用；要求不同商品的质量保持一致。

（2）等级包装策略。所谓等级包装策略，是指企业根据不同商品价值的高低分别采用不同的包装的策略。其特点如下：能更好地适应不同消费者的需要，满足不同的选购心理；能突出高质量商品在市场上的地位；适用于不同质量、不同等级的商品。

（3）配套包装策略。所谓配套包装策略，是指把数种有关联的商品放在同一包装中的策略。其特点如下：方便顾客购买与使用；把新老产品放置在一起销售，顾客在不知不觉中接受新产品；避免每种商品都要包装，节省包装费用；要求同一包装中的商品具有关联性。

（4）多重用途包装策略。所谓多重用途包装策略，又称为再使用包装策略，是指包装中商品用完后，包装物可以作其他用途的策略。其特点如下：可刺激顾客的购买欲望，满足求实心理；增加顾客重复购买的可能性；充分利用包装材料；要求包装物的成本不宜太高。

除了以上介绍的四种包装策略，其他的包装策略还有附赠品包装、习惯（用量）包装、扩改包装、透明包装等。

小组讨论

（1）说说看，在我们的日常生活中经常见到的包装。

（2）举出你印象最深的五个包装，并说明理由。

做一做

区别下列各组图片（如图4-11所示）分别采取了怎样的包装策略？

第一组：

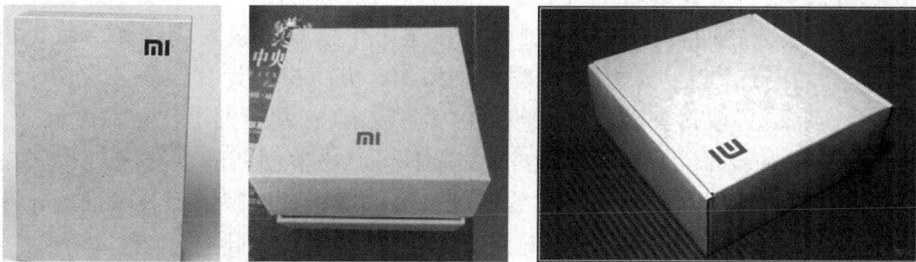

第二组：

第三组：

第四组：

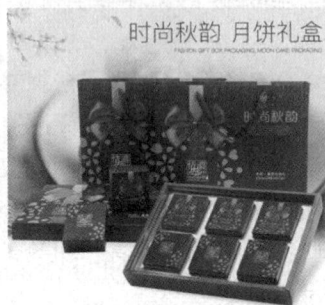

图4-11　各组图片

拓展学习

拓展学习1　2020年已经过去，中国的科技实力不可同日而语

在2020年全球严峻的经济形势下，中国科技全面超越美国并引领全球不是梦想，中国的科学研究仅次于美国，排位第2名，中国PCT（专利合作协定）专利现在位居世界第一，而欧美国家还沉醉在过去的辉煌中。

2020年已经过去，回首往昔，中国科技在这一年里取得重大成就和突破，嫦娥五号登月取土、奋斗者号深潜器坐底万米马里亚纳海沟，九章量子计算机研制成功，环流器二号可控核聚变实验装置取得突破。2020年的中国科技到底发展到了什么程度？

科技分为科学和技术，两者评判方法大有不同。科学创新的主要表现形式是学术论文，在国际知名学术期刊上发表的论文数量以及被引用量是反映国家科学研究水平的重要指标。现在国际公认的衡量标准叫作自然指数，是自然杂志挑选了82本全球一流的期刊，统计国家和机构在这些期刊上发表的论文及其影响力。

为了公平起见，还根据学科门类设置了加权系数。例如某领域的论文数量过多，就给这个领域的每篇论文乘一个较低的系数。根据自然指数，目前美国排名第一，中国稳居全球第二，与第三、第四名的德国和英国正在拉开距离。有网友质疑中国写的论文数量虽多，但质量差、引用率低。以前的确是这样，但近年来已经有了很大的改变。中国论文的被引用数已排名世界第二，中国的科学研究的能力也仅次于美国，这已经是全球公认的。

再说技术，技术的衡量标准是PCT专利，与一般的专利不同，这是可以用于交换授权的高质量技术专利。中国的PCT专利已经超越美国成为世界第一，日本和德国位于第三和第四。

两年前，中国科学院曾对全球各国科技情况进行过统计性研究。结论是美国的科学和技术都是第一，中国与德国、英国、日本等处于第二梯队。经过这两年的努力，现在中国的科技已经开始与美国并驾齐驱共处于第一梯队，并与第二梯队的德国、英国、日本正在拉开距离。

很多人会说，我没感觉到国内的科技很厉害，还是西方国家强。有这种感觉并不奇怪，因为这有两个原因，第一是没出过国、见识少，很多人在国内骂手机资费高、网速慢，去欧美国家遛一圈回来以后就不再骂了，没有对比就没有伤害，中国的电信基础建设比欧美国家强，这样的情况不在少数，大多数人是身在福中不知福，对国外的判断全凭想象。

第二个原因是存量与增量的区别。科学论文和技术专利代表的是增量多，是未来发展的基础。而我们现在正享受到的科技成果来源于以前的存量，欧美发达国家的科技存量远远高于中国。科技发展更看重的是增量，因为增量代表着未来。

特别值得一提的是，中国的数字经济规模从"十三五"初期支出的 11 万亿元人民币，增长到 2019 年的 36 万亿元人民币，占国内生产总值比重超过了 36%，对于整个 GDP 的贡献更是高达 67.6%。网络购物、移动支付、直播带货、数字科技正在改变着我们的生活。有人认为这是把线下经济搬到了线上，然后造成线下人员的大量失业，这种说法非常错误。

例如当年蒸汽机和火车的出现也使得众多马车夫失业，这不是拆东墙补西墙，而是整个社会生产力的进步，并带来了极大的社会财富。

当年马车夫岗位消失后，出现了一个新的职业叫司机。数字科技令邮递员失业，但又诞生了快递小哥。社会就是这样迭代地前进，中国科技正在弥补短板，快速增长，纵然美国等西方国家不断压制，但我们前进的脚步从来就没有停下。

资料来源　据经营帮 2021 年 1 月 4 日相关报道整理得来。

拓展学习2　　　　　　　　**2021 年中国 8 大科技成就**！

2021 年，是中国共产党成立 100 周年，也是"十四五"开局之年。回首中国百年征程，科技为中国插上了腾飞的翅膀。

据统计，中国科技进步对经济增长的贡献率达到 60%。毫无疑问，重大科技创新成果是国之重器、国之利器，关系我国发展全局。

今天，为大家盘点 2021 年中国的 8 大科技成就。

NO.1 中国"人造太阳"创亿度百秒世界新纪录

有"人造太阳"之称的全超导托卡马克核聚变试验装置（EAST）取得新突破，成功实现可重复的 1.2 亿摄氏度 101 秒和 1.6 亿摄氏度 20 秒等离子体运行创造托卡马克实验装置运行新的世界纪录。

这标志着我国核聚变研究又获得重大突破，也为人类获得可控核聚变能源，奠定了商用的物理和工程基础。但要产生核聚变，得在高温高压的环境下，比如，在太阳中心，氢可以在 1 500 万摄氏度的高温和 2 000 亿个大气压的高压下聚变成氦。而在地球上没有那么高的压强，要发生聚变，温度就需要达到上亿摄氏度。因此，在地球上实现核聚变是非常难的。

而中国的"人造太阳"，恰恰就把可控核聚变，做到了 1 亿摄氏度高温，还坚持了101 秒。要知道，最开始时，人类只能做到 50 毫秒。

NO.2 中国空间站开启有人长期驻留时代

2021 年 4 月 29 日，天和核心舱发射升空并顺利抵达轨道，这标志着我国天宫空间站在轨组建工作全面展开。空间站开启常态化运行后，将有 3 名航天员长期驻留，随着美国国际空间站退役临近，中国天宫将成为唯一可用空间站。

8 月 20 日，经过约 6 小时的出舱活动，神舟十二号航天员乘组密切协同，圆满完成出舱活动期间全部既定任务，航天员聂海胜、刘伯明安全返回天和核心舱，比原计划提前了约 1 小时，空间站阶段第二次航天员出舱活动取得圆满成功。

10 月 16 日，神舟十三号载人飞船成功进入预定轨道，顺利将翟志刚、王亚平、叶光富 3 名航天员送入太空。飞船入轨后，经约 6.5 小时飞行，与天和核心舱和天舟二号、天舟三号组合体完成自主快速交会对接。3 位航天员先后进入天和核心舱，开启为期 6 个月的在轨驻留。

11 月 8 日，经过约 6.5 小时的出舱活动，神舟十三号航天员乘组密切协同，圆满完成出舱活动期间全部既定任务，航天员翟志刚、王亚平安全返回天和核心舱，标志着神舟十三号航天员乘组第一次出舱活动取得圆满成功。

NO.3 中国首次实现淀粉的全人工合成

以二氧化碳为原料，不依赖植物光合作用，直接人工合成淀粉——看似科幻的一幕，在实验室里真实地发生了。

9 月 23 日，中国科学院宣布重磅成果，该院天津工业生物技术研究所研究人员提出了一种颠覆性的淀粉制备方法，不依赖植物光合作用，以二氧化碳、电解产生的氢气为原料，成功生产出淀粉。

在充足能量供给的条件下，按照目前的技术参数推算，理论上 1 立方米大小的生物反应器年产淀粉量相当于我国 5 亩土地玉米种植的平均年产量。

如果未来二氧化碳人工合成淀粉的系统过程成本能够降低到与农业种植相比具有经济可行性，将会节约 90% 以上的耕地和淡水资源，避免农药、化肥等对环境的负面影响，推动形成可持续的生物基社会，提高人类粮食安全水平。

同时，最新研究成果实现在无细胞系统中用二氧化碳和电解产生的氢气合成淀粉的化学–生物法联合的人工淀粉合成途径（ASAP），为推进"碳达峰"和"碳中和"目标实现的技术路线提供一种新思路。

NO.4 中国光存储时间提升至 1 小时

中国科学技术大学郭光灿团队李传锋、周宗权研究组将光存储时间提升至 1 小时，大幅刷新 2013 年德国团队所创造的光存储 1 分钟的世界纪录，向实现量子 U 盘迈出重要一步。光速高达每秒 30 万公里，"降低"光速乃至让光"停留"下来，是国际学术界一直不懈奋斗的目标。

要知道光是现代信息传输的基本载体，光纤网络已遍布全球。光的存储在量子通信领域尤其重要，因为用光量子存储可以构建量子中继，从而克服传输损耗建立远程通信网。

而这一科研成果将光存储时间从分钟量级推进至小时量级，满足了量子 U 盘对光存储寿命指标的基本需求。接下来通过优化存储效率及信噪比，有望实现量子 U 盘，从而可以基于经典运输工具实现量子信息的传输，建立一种全新的量子信道。

NO.5 中国首个超导量子计算机原型机问世

中国科学技术大学潘建伟团队研究成果，其成功研制出了量子计算原型机"祖冲之号"，之所以命名为"祖冲之号"，研究团队共同通信作者、中国科学技术大学上海研究院教授朱晓波表示，这是为了纪念我国杰出的数学家祖冲之。祖冲之首次将圆周率精算到小数第七位，他提出的"祖率"对数学研究有重大贡献。

首个超导量子计算机原型机操纵的超导量子比特达到 62 个，并在此基础上实现了可编程的二维量子行走。在一些特定的问题上，量子计算机一分钟完成的任务，目前世界上最强大的超级计算机需要花费亿年时间才能完成。

超导量子计算具备较好的工艺可扩展性，因此也被广泛认为是最有可能率先实现通用量子计算的方案之一。在原理上，量子计算机具备超快的并行计算能力，未来有望通过特定算法，提供高于传统计算机指数级别的加速能力，并有望用于天气预报、材料设计、密码破译、大数据优化、药物分析等领域。

NO.6 中国地球模拟装置启用

地球模拟装置以地球系统观测数据为基础，利用描述地球系统的物理、化学和生命过程及其演化的规律，在超级计算机上进行大规模科学计算。科学家们由此得以重现地球的过去、模拟地球的现在、预测地球的未来。中国地球模拟装置的规模及综合技术水平位于世界前列。

此次新落成启用的地球模拟实验室整体性能与国际先进水平相当，是我国首个具有自主知识产权，以地球系统各圈层数值模拟软件为核心，软、硬件协同设计，规模及综合技术水平位于世界前列的专用地球系统数值模拟装置。其具备地球表层各圈层的模拟能力，能够更全面地考虑地球系统的各种过程。并且它还将为我国未来在气候与环境领域的谈判提供依据，提升我国的国际话语权。

NO.7 海斗一号取得世界级成果

中国科学院沈阳自动化研究所研制的一款无人潜水器，打破了多项无人潜水器的世界纪录，包括最大下潜深度达到了 10 908 米，海底连续作业时间超过 8 小时，近海底航行距离超过了 14 公里，填补了中国万米作业型无人潜水器的空白。

海斗一号连续万米深潜与科考应用的成功，是我国海洋科技领域的一个重要里程碑，标志着我国无人潜水器技术与装备进入了全海深探测与作业应用的新阶段，标志着我国在全海深无人潜水器领域正在迈向国际领先水平，正在实现由"并跑"向"领跑"的转变。

NO.8 深海一号能源站正式投产

我国自主研发建造的全球首座 10 万吨级深水半潜式生产储油平台，这一最新海洋工程重大装备实现了 3 项世界级创新。

深海一号能源站运用了 13 项国内首创科技，被誉为迄今我国相关领域技术集大成之作，标志着我国首个自营超深水大气田实验全面投产，填补了我国全海洋无人无缆潜水器 AUV 技术与装备空白。

"深海一号"大气田投产后，深水天然气将通过海底管线接入全国天然气管网，年供气量 30 亿立方米。

资料来源　根据金投网 2022 年 1 月 12 日相关报道整理得来。

项目实训

实训内容：企业产品策略运用情况分析

1.实训目的

结合所选择企业对产品策略的运用情况进行分析：企业是如何来确定一个完整产品

的？产品组合情况怎么样？企业是如何运用市场生命周期理论来分析产品组合的？如何针对不同产品所处市场生命周期的阶段开展有效的营销活动？企业是如何开发和推广新产品的？如何重视品牌策略和包装策略的运用情况？通过分析，提高同学们对产品策略的整体理解和实际运用能力。结合本小组开办的实体店，进行产品策略规划。

2.实训步骤

（1）以小组为单位进行分析和讨论，组长负责组织和协调，同学们积极参与。

（2）分析企业一个完整的产品所包括的三个层次，以及每层次包括的具体要素。如何对企业的产品进行组合？采取什么样的组合方式和策略？

（3）分析企业主要产品的市场生命周期，找出主要品牌当前分别处于市场生命周期的什么阶段，表现出怎样的市场特点，以及需要采取的营销策略。同时需要分析如何延长产品的市场生命周期。

（4）分析企业如何开发和推广新产品。企业在开发新产品上需要考虑的基本要求，遵循的具体程序，以及在推广过程中需要考虑的问题及策略的选择。

（5）分析企业的品牌和包装问题，选择合适的品牌策略和包装策略。

（6）各小组将讨论结果在全班进行分享；教师根据分享情况进行点评和总结，确定最佳结果。

3.实训要求

（1）全班同学积极参与小组讨论，踊跃发言，敢于表达自己的观点和想法。

（2）组长负责组织好本小组的讨论，要善于调动和启发同学们参与。

（3）教师观察各小组讨论情况，及时对学生进行指导和启发。

（4）各小组推荐一名同学在全班进行讨论结果分享。

4.实训实施

结合本小组所开办的实体店，讨论下列问题：

（1）向顾客出售一个完整的商品应该考虑哪些内容？需要在哪些方面做文章？

（2）实体店经营的商品怎样进行产品组合？

（3）如何运用市场生命周期理论对所经营的商品进行分析？

（4）如何开发和推广新的经营品种？

（5）如何提高品牌意识，创立名牌？

（6）如何搞好商品包装，运用有效的包装策略？

项目回顾

产品是一个复合的概念，它包括提供给市场，能满足消费者或用户某一需求和欲望的任何有形产品和无形产品。产品是核心产品、有形产品、附加产品的总和。产品组合是指一个企业的所有产品的总称，通常由若干产品线和产品项目所组成，即企业的业务经营范围。它包括两个概念——产品线、产品项目，四个因素——产品组合的广度、深度、长度和相关性。产品组合策略是企业根据自己的营销目标，对产品组合进行取优决策。

产品一般都要有自己从投入市场到被市场淘汰的生命周期，处于产品生命周期的不同阶段要采取不同的营销策略，为此，判断产品所处生命周期的阶段变得十分重要。随着市场竞争的不断加剧，新产品开发已经成为当今企业生存和发展的唯一前提。只有创新的产品才能够改变企业的未来，塑造一鸣惊人的企业。开发新产品是推动企业成长的根本途径，新产品的开发必须遵循科学的步骤。

产品的商标与品牌是一对既有联系又有区别的概念，现代企业的发展必须要重视品牌的设计与品牌策略的运用。产品包装在营销中的作用不断增强，包装的方法和技术也在不断更新，包装运用得当，可以提高产品的市场竞争力。

关键词汇

1.产品：指企业在法律允许的范围内，向市场提供的、能够满足消费者需要的任何东西，包括物质、服务、创意、观念、思想等。一个完整产品应包括三个层次，即核心产品、形式产品和延伸产品。

2.产品组合：也叫产品结构，是指一个企业生产和销售的全部产品有机结合的方式。一般包括四种方式，即产品组合的宽度、产品组合的深度、产品组合的长度和产品组合的密度。

3.产品线：又称为产品大类或系列产品，是指在生产、销售或使用上密切相关的一组产品。

4.市场生命周期：指产品从投放市场到最终被淘汰的全过程，也就是一种产品在市场上销售的时间，一般包括四个阶段，即投入期、成长期、成熟期和衰退期。

5.新产品：产品整体概念中任何一个部分创新、变革或改进而成的产品，在营销学中都认可为新产品，包括独创型新产品、换代型新产品、改进型新产品和仿制型新产品。

6.品牌：俗称牌子、厂牌、店牌，是生产商和经销商加在产品上的标志。品牌是一个名称、名词、符号、象征、设计或它们的组合。品牌是一个总名称，它包括品牌名称、品牌标志、商标等内容。

7.商标：卖方根据商标法律规定，经向政府有关部门登记注册后受法律保护的一个品牌或者品牌的一部分。

8.包装：指产品的容器或包装物及其设计装潢，是产品整体概念的重要组成部分。

项目检测

一、单项选择题

1.某公司增加了产品的规格种类，这是改变了公司产品的（　　　　）。

A.宽度　　　　　　　B.长度　　　　　　　C.深度　　　　　　　D.相关性

2.既讲产品组合深度，又讲产品组合宽度的商店是（　　　　）。

A.食杂店　　　　　　B.专业店　　　　　　C.综合百货　　　　　D.小商场

3.第一台上市的彩色电视机是（　　　　）。

A.全新产品　　　　　B.革新产品　　　　　C.改进产品　　　　　D.新牌子产品

4.利润以较大幅度增长的阶段是（　　　　）。

A.投入期　　　　　　B.成长期　　　　　　C.成熟期　　　　　　D.衰退期

5.新产品开发的（　　　　）阶段，是发展新产品的基础和起点。

A.概念形成　　　　　B.筛选　　　　　　　C.构思　　　　　　　D.市场试销

6.产品生命周期是由（　　　　）的生命周期决定的。

A.企业与市场　　　　B.需求与技术　　　　C.质量与价格　　　　D.促销与服务

7.假如共有100位顾客购买了新产品，则第15位顾客是（　　　　）。

A.领先者　　　　　B.早期采用者　　　C.中期采用者　　　D.晚期采用者

8.人们购买空调所获得的核心产品是（　　　）。

A.空调机　　　　　B.制造新鲜空气　　C.购买心理因素　　D.升降温度

9.在产品市场生命周期的四个阶段中，买者最多的阶段是（　　　）。

A.投入期　　　　　B.成长期　　　　　C.成熟期　　　　　D.衰退期

二、多项选择题

1.一个完整产品包括的三个层次是（　　　）。

A.核心产品　　　　B.形式产品　　　　C.附加产品　　　　D.全新产品

2.产品所包括的两种形态是（　　　）。

A.有形性　　　　　B.无形性　　　　　C.实体性　　　　　D.实质性

3.产品所包括的两种属性是（　　　）。

A.有形性　　　　　B.无形性　　　　　C.实体性　　　　　D.实质性

4.产品组合的方式有（　　　）。

A.产品组合的宽度　　　　　　　　　　B.产品组合的深度

C.产品组合的长度　　　　　　　　　　D.产品组合的密度

5.产品线延伸策略主要有（　　　）。

A.向下延伸　　　　B.向上延伸　　　　C.双向延伸　　　　D.分散延伸

6.产品市场生命周期所包括的四个阶段是（　　　）。

A.投入期　　　　　B.成长期　　　　　C.成熟期　　　　　D.衰退期

7.新产品按新颖程度进行划分，包括的类型有（　　　）。

A.独创型新产品　　B.换代型新产品　　C.改进型新产品　　D.仿制型新产品

8.新产品采用者的类型有（　　　）。

A.领先者　　　　　B.早期采用者　　　C.中期采用者　　　D.晚期采用者

9.品牌是一个总名称，它包括（　　　）。

A.品牌名称　　　　B.品牌标志　　　　C.商标　　　　　　D.广告宣传

10.按包装所处的层次不同进行划分，包括（　　　）。

A.内包装　　　　　B.中层包装　　　　C.外包装　　　　　D.核心包装

三、判断题

1.产品是指满足消费者需要的任何东西。　　　　　　　　　　　　　　　（　　）

2.产品的使用寿命比产品的经济寿命长。　　　　　　　　　　　　　　　（　　）

3.产品项目是指产品集中具有某些相同功能的一组产品。　　　　　　　　（　　）

4.产品市场生命周期取决于产品的品质，而不是取决于市场。　　　　　　（　　）

5.新产品就是应用新原理、新技术、新结构和新原料研制成功的前所未有的产品。（　　）

6.新产品一经上市就意味着新产品开发成功了。　　　　　　　　　　　　（　　）

7.延长产品生命周期就是要延长它的任何一个阶段。　　　　　　　　　　（　　）

8.品牌名称是品牌中可以被识别但不能用语言表达的部分。　　　　　　　（　　）

9.新产品的设想主要来源于顾客的需求。　　　　　　　　　　　　　　　（　　）

10.一旦新产品的市场试销成功，则意味着新产品能迅速被消费者接受，企业能获得
丰厚的利润。　　　　　　　　　　　　　　　　　　　　　　　　　　　（　　）

四、案例分析

无知背后有新知

有位四川农民投诉海尔洗衣机质量不好。原来是该农民用洗衣机洗土豆、红薯，泥巴堵塞了排水管。海尔人并没有一笑了之，而是由此看到了一种新的需求，一种新的市场机会。不久，一种排水管粗大的洗衣机便应运而生了。该洗衣机可以洗土豆、地瓜、海螺、海贝等带泥物品，推向内陆和沿海农村市场后很受农民欢迎。

结合以上案例分析：

（1）海尔人在新产品构思上有什么独到的做法？

（2）新产品在开发上为什么要遵循复杂的程序？

（3）针对这种洗衣机拟定一份推广方案。

项目评价

本项目考评内容由职业能力与素养表现、专业知识与能力掌握两部分组成，对应相应的考评标准，以自我评分、小组评分和教师评分三方面相结合的方式计算出各项分值并换算得出合计分值，填写在表4-6中。

表4-6 职业素养与专业能力测评表

考评内容		考评标准	分值	自我评分	小组评分	教师评分	合计得分
职业能力与素养表现	行为规范与态度	语言文明，行为得体，注意外在形象；做事态度端正、认真	10				
	沟通与协调	主动与他人沟通，表述清晰，注意倾听，善于协调处理问题	10				
	团队分工协作	融入团队，积极参加活动，关心他人，承担主要工作并认真完成	10				
	表达与展示	能准确收集和传递信息，善于表现自己，充分表达自己的看法	10				
	自我管理	正确认识和评价自我、合理分配和使用时间与精力、具有安全意识与自我保护能力，控制自己的情绪	10				
专业知识与能力掌握	产品整体概念与产品组合策略	理解、掌握、分析和运用	10				
	产品市场生命周期理论	理解、掌握、分析和运用	10				
	新产品开发与推广、品牌与包装策略	理解、掌握、分析和运用	10				
	项目检测	理解、掌握、分析和运用	10				
	项目实施	参与讨论和策划，提出建议	10				
综合得分			100				

评价说明：①合计得分=自我评分×20%+小组评分×40%+教师评分×40%。②综合得分总分为100分；得分60分以下为不合格；60～75分为合格；76～89分为良好；90分及以上为优秀。

项目 5　　如何制定有利的价格

学习目标

知识目标：

1.明确价格策略在营销组合中的地位及特点。

2.了解企业不同的定价目标及定价程序。

3.掌握几种常见的定价方法与策略。

能力目标：

1.能够结合实际分析影响定价的主要因素。

2.能够运用不同的定价方法制定产品价格。

3.能够针对不同的市场状态灵活运用价格策略。

4.能够在自己开办的实体店中，制定有利的商品价格。

实训内容

1.结合所选择的企业，分析价格策略的运用情况。

2.在本小组开办的实体店，对商品进行定价。

学时建议

1.教师讲授（讲一讲）4学时。

2.学生学习及讨论（学一学）4学时。

3.项目实训（做一做）2学时。

如何制定有利的价格？如何选择合适的定价方法及定价策略？价格是市场营销组合的重要内容。价格要素是市场营销活动中既敏感又活跃的因素，它直接关系到产品能否被消费者所接受、能否适应激烈的市场竞争、能否为企业创造更大的利益。掌握市场营销中定价的理论依据，深刻认识制约定价的各种因素，灵活运用基本的定价方法和策略，是企业营销人员必备的技能。

你是如何认识营销中的商品价格的？

价格是一个复杂的因素，需要认真对待！

【问题导入】

你所选择的企业，它是如何给不同产品定价的？定价时考虑了哪些因素？实际运用了怎样的定价方法和策略？

任务1　　分析影响定价的因素

导入案例

中国快递行业巨亏引关注

提前披露2021年一季度业绩可能亏损的中国快递业巨头顺丰控股，4月12日股价继续下跌，两天市值蒸发近670亿元。《日经亚洲评论》12日报道称，疫情使得中国快递业快速发展，激烈的价格战冲击快递行业，并使得行业巨头顺丰陷入亏损。4月8日晚间，顺丰控股披露2021年第一季度业绩预告，称公司预计亏损9亿至11亿元，而在去年同期，顺丰的盈利为9.07亿元。

除了顺丰，深圳上市的竞争对手申通快递已经警告投资者，预计其2020年净利润同比下降97%至98%。此外，圆通、韵达股份、中通、百世等快递公司的盈利指标也非常差。分析称，价格战是导致快递行业亏损的原因。4月9日，因低价倾销，百世快递、极兔速递被浙江省义乌市邮政管理局处罚。据称，两家快递此前的收费标准远低于业内普遍的成本价1.4元/单，对整个快递市场造成一定的影响。

物流行业专家杨达卿12日在接受《环球时报》记者采访时表示，国内快递业当前的亏损主要是"以价（低价）换量（数量）"的价格战的结果。他表示，低价战从短期来看对消费者没有伤害，但从长期来看，低端竞争将影响服务升级，而市场整体的价格战势必拖延中国从快递大国迈向快递强国的进程。

杨达卿表示，本土快递企业需要考虑数字化换道发展，从数字化转型中赢得新利润源，不宜再依赖"规模换效益"的传统打法。"中国快递要参与全球竞争，不能靠低价武器，而应该靠高品质服务，"他告诉记者，中国要竞争的企业是美国联邦快递等国际性速递集团，中国参与全球竞争的武器也不应该是低价，而是先进的货运飞机和高品质服务，"我们每年打价格战内耗的钱，已经够买很多货运飞机了"。

资料来源 李司坤. 中国快递行业巨亏引关注 ［N］. 环球时报，2021-04-13.

问题：

（1）你享受过快递服务吗？目前快递服务在运用价格进行促销方面有哪些做法？

（2）目前我国的快递业为什么要打价格战？这将会造成怎样的后果？

（3）在给产品定价时需要考虑哪些影响因素？遵循怎样的程序？

讲一讲

知识点1：价格策略在营销组合中的重要性

1.价格策略的地位

价格策略是企业营销组合的重要内容，是营销策略4Ps中的重要1P；企业既要向消费者提供合适的商品，又要确定适中的价格。

2.价格策略的特点

（1）价格是一个既敏感又活跃的因素。说它敏感，是因为涉消费者、竞争者和企业各自的利益，三方都关注；说它活跃，是因为价格随市场供求等因素的变化而不断地变化，甚至像"黄霉天，小孩脸——一日三变"。

（2）定价策略是最容易模仿，也最具杀伤力的手段。价格调整（降价）的时机把握得好，不仅能更好地吸引消费者，而且会让同行"措手不及"，从而赢得更大的市场机会。

（3）价格的涨与跌，对各方面的影响，主要表现在以下方面：

①价格对企业盈利的影响。当成本不变时，价格越高，企业盈利空间就越大；价格越低，企业盈利空间就越小。另外，价格高低直接影响产品的销量。

②价格对消费者需求的影响。一般情况下，商品价格越高，消费者就会减少需求量；价格越低，消费者就会增加需求量。

③价格对市场竞争的影响。价格的变化会引发激烈的市场竞争。价格策略是企业在市场竞争中经常使用的重要手段，企业要经常面对"价格战"。

因此，随着市场营销环境的变化，价格策略在企业营销中的重要性日益凸显，这就要求企业营销人员灵活掌握定价策略，掌握产品定价的依据，善于分析影响产品定价的各种因素，这样才能灵活运用定价方法和策略，在竞争中获胜。

学一学

知识点2：定价的目标与程序

小资料

根据相关调查资料统计，当前企业在运用价格手段开展营销活动的时候，经常犯的错误可以归纳为如下几点：

（1）在定价之前不重视市场调查，缺乏对消费者情况的了解。

（2）定价目标模糊，不清楚通过定价要达到什么目的。

（3）不考虑市场的实际情况，一味地采用成本加毛利定价法。

（4）盲目模仿竞争对手的价格，没有体现出自己产品的特色。

（5）过分看重消费者对价格的敏感度，不重视消费者对商品品质和知名度的追求。

（6）缺乏动态跟踪和对价格的调整。

1.企业的定价目标

所谓定价目标，是企业在对其营销的产品制定价格时，有意识地要求达到的目的和标准。它是指导企业进行价格决策的主要因素。定价目标取决于企业的总体目标。不同行业的企业，同一行业的不同企业，以及同一企业在不同的时期和不同的市场条件下，都可能有不同的定价目标。

需要注意的是：不同的定价目标，选择的定价方法不同，价格也不一样；产品定价目标应与企业整体营销目标相一致。

定价目标包括的类型有：以利润为导向的定价目标、以销售量为导向的定价目标、以竞争为导向的定价目标和以社会责任为导向的定价目标。

（1）以利润为导向的定价目标，包括：

①以最大利润为定价目标。最大利润既有长期与短期之分，也有企业全部产品和单个产品的区别。追求最大利润并不等于追求最高价格。任何一个企业要想长时间内维持一个过高的价格是不可能的。

②以目标利润为定价目标，即以预期的投资收益作为定价目标。企业以目标利润进行定价的条件是：企业具有较强的实力，市场竞争能力较强，在行业中处于领导地位；拥有新产品、独家产品以及高质量的标准化产品等。

③以适当利润为定价目标，即企业在激烈的市场竞争压力下，为了保全自己、降低风险，以及限于力量不足，只能在补偿正常情况下的社会平均成本的基础上，加上适当利润制定商品价格。

（2）以销售量为导向的定价目标，包括：

①以保持或扩大市场占有率为定价目标。其适用的条件为：产品的需求弹性较大，降低价格会扩大市场份额；成本随销量增加呈现逐渐下降的趋势。低价能阻止现在和可能出现的竞争者，该定价策略适合于拥有雄厚的实力承受低价所造成的损失，以及采用进攻型经营策略的企业。

②以增加销售量为定价目标。一般适用于需求弹性较大的商品，或者是企业开工不足，生产能力过剩的情况。

（3）以竞争为导向的定价目标。在激烈的市场竞争条件下，企业首先需要考虑在定价时，如何适应激烈的市场竞争。

以竞争为导向的定价目标有：①与竞争者同价；②高于竞争者的价格；③低于竞争者的价格。

（4）以社会责任为导向的定价目标。它是指企业由于认识到自己对消费者和社会承担某种义务，而放弃追求高额利润，遵循以消费者和社会的最大效益为企业的定价目标。

2.定价应遵循的一般程序

企业在进行实际定价时，需要遵循下面的具体步骤：

（1）明确企业的目标市场。企业的目标市场不同，确定的商品价格也不一样。

（2）分析影响定价的因素。

（3）确定企业的定价目标。

（4）选择不同的定价方法。

（5）运用恰当的定价策略。

（6）对价格进行调整。

小组讨论

结合导入案例讨论下列问题：

（1）我国快递业为什么要打价格战？打价格战会造成怎样的问题？

（2）在给产品定价时需要考虑哪些影响因素？

（3）结合我国目前快递大打价格战的现象，谈谈价格策略的重要性。

讲一讲

知识点3：定价需要考虑的影响因素

1.商品价格的构成

案例分析

从一瓶进口葡萄酒的成本构成说起

图5-1反映的是一瓶进口葡萄酒的成本构成和售价。其成本包括：原料及酿造成本为38.5元、人工成本为22.5元、酒瓶加木塞的成本为7.5元、运输储存费用为16元、市场营销成本为5.5元、支付代理商的费用为24.3元，酒庄的收益为19.7元，税收为134元（占整个零售价格的50%）。该葡萄酒市场零售价格为268元/瓶。

一瓶国内售价 **268** 元的进口葡萄酒成本构成

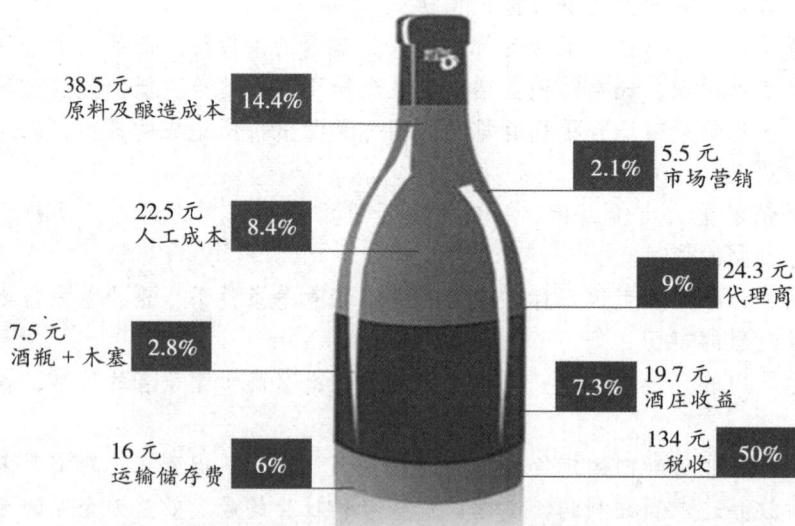

图5-1　一瓶进口葡萄酒的成本构成

资料来源　网易财经.成本控第11期：一瓶进口葡萄酒的价格构成［EB/OL］.［2018-12-12］. http://money.163.com.

（1）图5-1中一瓶葡萄酒的售价考虑到了哪些内容？

（2）商品价格应该由哪几部分构成？

从经济学的角度来讲，商品价格是商品价值的货币表现形式，是商品经济中价值规律赖以发生作用的形式。价格的高低主要取决于商品的价值，即生产这种商品所花费的社会必要劳动量，企业要制定科学合理的价格，首先必须了解价格的构成。

与经济学的解释不同，从市场营销的角度来看，商品价格虽然遵循以其价值为基础，但企业在对商品进行定价时应更侧重分析市场状况带来的影响，将重点放在定价方法与定价策略的分析和运用。定价既是一门科学，也是一门艺术。

从经济学的角度分析，商品价格的构成包括四个基本要素，即生产成本、流通费用、利润和税金。

（1）生产成本。生产成本是商品价值中生产资料转移价值和支付工人报酬的货币表现。在实际工作中，需要考虑的成本要素包括：固定成本、变动成本和总成本。

（2）流通费用。流通费用是商品从生产领域到消费领域转移过程中所发生的劳动耗费的货币表现，包括采购、运输、储存、销售等环节发生的费用。

生产成本和流通费用构成商品生产和销售中所耗费用的总和，即成本。单位成本是商品价格的最低界限。

（3）利润。利润是商品价格减去生产成本、流通费用和税金后的余额。按照商品生产经营的流通环节，可以分为生产利润和商业利润。

（4）税金。税金是国家根据税收法规，按照一定标准，向商品的生产经营者强制征收的预算缴款。税金和利润构成了商品价格中盈利的两个部分。

商品价格=生产成本+流通费用+利润+税金

2.定价时需要考虑的影响因素

企业在给产品定价时，需要考虑的因素有：成本因素、市场因素、消费者心理因素，以及法律与政策因素。

（1）成本因素。成本是制定价格的主要依据，是确定价格的最低经济界限。

成本与价格之间的关系及其对应的结果见表5-1。

表5-1 成本与价格之间的关系及其对应结果

关系	结果
价格>成本	盈利
价格=成本	保本
价格<成本	亏损

与成本因素相关的基本概念：固定成本、变动成本、总成本、平均固定成本、平均变动成本、平均成本，另外还需要考虑边际成本和机会成本。

小思考

如何理解这些成本因素？不同的市场条件下，怎样考虑具体成本因素？

（2）市场因素。市场因素包括：商品的供求状况、消费者的需求特性、市场的竞争状况等。

（3）消费者心理因素。消费者心理因素随机性较大，是定价时最不容易把握的因素，但又是必须考虑的重要因素。需要考虑的因素包括：顾客让渡价值、性价比、顾客期望价格和在价格上的心理矛盾。

（4）法律与政策因素。政府为了维护经济秩序及市场稳定，可能通过立法或者其他途径对市场及企业的价格进行管理与干预。目前，我国制定了相关的价格法规，包括《中华人民共和国价格法》《中华人民共和国价格管理条例》以及地方性法规、规章和规范性文件。政府对价格的干预措施包括规定毛利率，限定最高、最低价格，限制价格浮动的幅度或者规定价格变动的审批手续，实行价格补贴等。例如：湖北省政府出台相关条例，针对市场经济条件下存在的价格方面的突出问题，重点规范经营者价格行为。在明确经营者不得有价格法禁止的不正当价格行为的基础上，结合实际进一步规定经营者不得利用虚假或者使人误解的标价形式、价格手段诱骗消费者进行交易，不得违反法律、法规的规定牟取暴利，同时对新形势下需要禁止的经营者强制交易等不公平价格行为作了列举性规定。

学一学

知识点4：定价时如何考虑影响因素

1.考虑成本因素

（1）需要考虑的具体成本因素：

①固定成本。它是企业在一定规模内生产经营某一商品所支出的固定因素的费用，如固定资产折旧、房屋租金、保险费、办公费用、管理人员工资等。在短期内，固定成本不随产量的变动而发生变动。

②变动成本。它是指企业在同一范围内所支付的变动因素的费用，如原材料、生产工人工资、销售费用等。变动成本随着产量的变化而发生变化。

③总成本。它等于固定成本与变动成本之和。当产量为零时，总成本等于固定成本。

④平均固定成本。它等于固定成本与产量之比。平均固定成本随产量的增加而减少，随产量的减少而增加。

⑤平均变动成本。它等于变动成本与产量之比。在一定的经济技术条件下，平均变动成本是不变的，但随着技术经济条件的提高，平均变动成本将逐渐下降。

⑥平均成本。它等于总成本与产量之比，也等于平均固定成本与平均变动成本之和。

⑦边际成本。它是指每增加或减少一个单位产品所引起的总成本的变化量。

⑧机会成本。它是指企业为从事某项经营活动而放弃另一项经营活动的机会，或利用一定资源获得某种收入时所放弃的另一种收入。另一项经营活动所应取得的收益或另一种收入即为正在从事的经营活动的机会成本。

（2）不同市场条件对成本因素的考虑。

①从长期来看，产品价格应大于平均成本。也就是说，既要考虑变动成本，也要考虑对固定成本的回收。

②从短期来看，当市场供大于求，产品销售不畅时，产品价格也应大于平均变动成本。

2.考虑市场因素

（1）商品的供求状况。

商品价格与商品供求之间存在着内在的、密切的关系。当商品供不应求时，价格就上涨；商品供过于求时，价格就下跌；供求基本平衡，价格保持基本稳定。

当其他因素不变时，需求量与价格之间存在反比关系，供给量与价格之间存在正比关系。结合图5-2谈谈你的理解。

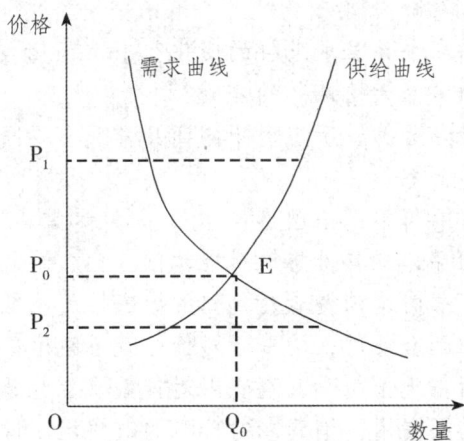

图5-2　供给曲线与需求曲线

案例分析

对猪周期的理解

猪周期是一种经济现象，指"价高伤民，价贱伤农"的周期性猪肉价格变化怪圈。"猪周期"的循环轨迹一般是：肉价高—母猪存栏量大增—生猪供应增加—肉价下跌—大量淘汰母猪—生猪供应减少—肉价上涨。

猪肉价格高刺激农民积极性造成供给增加，供给增加造成肉价下跌，肉价下跌到很低打击了农民积极性造成供给短缺，供给短缺又使得肉价上涨，周而复始，这就形成了所谓的"猪周期"。

原因分析

一是生猪生产产量不稳定。生猪生产没有与工业化、城市化同步。一方面中国用地、劳动力、资金急剧向工业和城市流动，生猪发展速度减缓；另一方面居民收入快速增加，农村人口大量涌进城市，猪肉需求急剧上升。特别是受比较效益低、疫病难控制及市场风险大等影响，生猪生产产量起伏不定。

二是标准化规模饲养程度低。在生猪价格历次波动中，散养户缺乏准确的市场信息和预测能力，只能随生猪价格的涨跌，或盲目扩张生产，或恐慌性退出生产。

三是疾病加剧产业波动。如近几年，部分生猪主产省暴发的猪瘟疫情，除生猪直接死亡损失外，还导致患病母猪流产或死胎。一些省区发生仔猪流行性腹泻，个别养殖场小猪死亡率高达50%。疾病导致供应减少，大大推动猪肉价格上涨。

四是信息监测预警调控滞后。由于生产分散、单位众多，难以普查，抽检又存在误差等问题，存在着统计数据不准的问题。加之生产者和地方政府出于税收、疫病信息、政策红利等自身利益因素，工作合力不强，没有建立灵敏的监测预警机制，以销定产难度大。

五是生猪生长周期性影响。生猪生产具有周期较长、途中难改变的特性。散养户以当年市场价格为标准预期未来收益，陷入"蛛网困境"，生产计划赶不上变化，产量赶不上市场变动的节奏。

资料来源　根据百度百科相关资料整理得来。

问题：

①生猪价格的变化与供求关系呈现怎样的变化？

②养猪户怎样才能走出"靠天吃饭"的怪圈？

（2）消费者的需求特性。因为消费者对不同商品呈现出不同的需求，表现在对价格的敏感程度也不一样。

①商品越独特，消费者对价格越不敏感。

②消费者越是急需的商品，对其价格敏感性越低。

③当强调商品质量和声誉时，消费者对价格的敏感性就越低。

④如果与以前所购商品配套使用，消费者对价格就不敏感。

⑤商品价格在收入中所占比重越小，消费者对其敏感性就越低。

⑥如果是由别人承担购买费用，消费者对价格的敏感性就低。

（3）市场的竞争状况。

一般而言，成本是价格的下限，需求是价格的上限。交易的价格需要的是一个具体的数字，还是一个区间？这一数字该如何确定呢？竞争者的价格及对价格的反应是一个需要重点考虑的因素。

考虑竞争者价格时应遵循的原则如下：

①本产品与竞争对手产品相似，可以考虑接近竞争者产品价格。

②本产品优于竞争对手产品，可使自己产品价格略高；反之，可以略低。

③人无我有的商品，可适当定高价；人有我有的商品，可与市场同价或价格略低。

3.如何考虑消费者的心理因素

（1）顾客让渡价值。顾客让渡价值是指顾客总价值与顾客总成本之间的差额。

顾客总价值：是指顾客购买某一产品与服务所期望获得的一组利益。它包括产品价值、服务价值、人员价值和形象价值等。

①产品价值：产品功能、特性、品质、品种、款式。

②服务价值：产品介绍、送货、安装、维修、保养。

③人员价值：员工的思想、水平、能力、质量、作风。

④形象价值：在社会公众中形成的总体形象。

顾客总成本：是指顾客为购买某一产品所耗费的时间、体力、精神，以及所支付的货币资金等。它包括货币成本、时间成本、体力成本和精神成本。

①货币成本：购买商品实际的货币支出。

②时间成本：购买商品所花费的时间。

③体力成本：购买商品过程中的体力耗费与支出。

④精神成本：购买商品在精神方面的耗费与支出。

（2）性价比。性价比，是一个商品性能与价格之间的比例关系，即通常所说的"物有所值"。用公式表示为：

性价比=性能/价格（M=V/P）

消费者在购买某个商品过程中或多或少都需要了解，商品品质好、价格低，性价比就高。

当M≥1时，消费者可能考虑购买；当M＜1时，消费者会放弃购买。

许多顾客都把性价比看成是选购商品的重要指标；一般都会选择性价比高的产品购买。但是性价比不是一成不变的；对其合理的运用会让人们买到价廉物美的商品。

（3）顾客期望价格。顾客在购买商品之前，对所要购买的商品都有一个客观估价，也就是期望花多少钱购买一个什么样的商品。期望值不是一个固定数额，而是一个价格范围。如果商品定价与顾客期望价格吻合，消费者就能够接受；如果高于期望价格，就很难被消费者接受；如果低于期望价格，消费者又会对商品品质产生怀疑。

（4）价格上的心理矛盾。消费者一方面追求"价廉物美"，另一方面又认为"便宜无好货，好货不便宜"；消费者一方面有讨价还价的心理，另一方面在有些场合又不太习惯讨价还价。

因此，企业在定价时应充分把握消费者这一矛盾心理，制定适宜的价格，让消费者乐于接受。

做一做

曹德旺谈猪肉涨价

福耀玻璃集团创始人、董事长曹德旺在出席第三届中国企业改革发展论坛上谈及猪肉问题及企业发展问题时，讲了下列一些话：

我认为有钱并不就是强，我们和发达国家还有差距。我们最宝贵的是资源，中国人吃苦耐劳、那些刻苦的精神没有丢。后继有人就有希望。我今天讲的每一句话，都是真话，我很激动，整天都在讲这件事情，后继有人就有希望。

我很高兴，今天在这里看到很多来参会的人都是精英。高兴的原因是什么，中国是中国人的中国，所有影响到我们发展跟建设安全的，都是我们中国人负责，特别是精英人群。

1978年的时候，还是计划经济时代，那时候我们的猪肉才多少钱一斤？大概两元多钱，工人工资才有多少钱？大概30元钱。现在呢？我们平均月工资差不多7 000元钱，猪肉才多少元钱一斤？

我们的月工资涨了差不多200倍，如果猪肉按60元钱一斤来计算，到现在也就涨了30倍，农民辛苦养猪才赚这么点钱，所以我觉得，我们应该大胆勇敢地接受农副产品的涨价。

可能涨价是合理的，不涨价才不合理。

我还想说一件事，去年有些企业倒闭了，很多人都开始担心。我呢，比较好动，就去调查了，结果呢，有些企业确实存在一些问题，特别是一些企业家。

但是我也想说，企业家很多都是德不配位。而一个企业的成功之道是什么？很多人问过我这个问题，我总结了一套成功之道。

第一，必须具备文化自信，企业家要有信仰，能够把儒道释用在企业管理上。

第二，你作为企业家一定要具备和企业发展相匹配的专业经验，跟得上发展。

第三，企业家要拥有很渊博的知识，不一定要什么事都懂，但是你不能什么都不懂。

第四，企业家要有家国情怀，要有报国为民的心愿，也要有热情。

借着这个会，我还想提点建议。

第一，企业家们要去自我提高，学会自我检讨，碰到困难先琢磨自救，别等出了大问题，才反应过来，你可以适当卖掉自己的资产。

第二，我也想给银行们提个建议，你贷款就贷款，要么是抵押，要么是担保。

第三，应该同意民营企业破产，提供法律救济。

第四，媒体应该发挥正能量，还有就是别老管人叫"老赖"，我认为不公平。破产了，有的赖，有的没有赖，赖的毕竟还是少数。你要鼓励企业家们继续努力奋斗。

第五，企业家、企业遇到困难时，也要懂得自救，唇亡齿寒。

资料来源　根据投资家网2019年11月12日相关报道整理得来。

讨论：

（1）曹德旺关于猪肉涨价问题的观点，你赞同吗？为什么？

（2）猪肉在定价时要考虑哪些影响因素？

（3）一个企业的成功需要什么？对你在做人方面有哪些启示？

任务2　　定价方法的运用

导入案例

休布雷公司在美国伏特加酒的市场上，属于营销出色的公司，其生产的史密诺夫酒，在伏特加酒市场上的占有率达到23%。20世纪60年代，另一家公司推出一种新型伏特加酒，其质量不比史密诺夫酒低，每瓶价格却比它低1美元。

按照惯例，休布雷公司有3条对策可选择：

①降低1美元，以保住市场占有率；

②维持原价，通过增加广告费用和销售支出来与对手竞争；

③维持原价，听任其市场占有率降低。

由此看出，不论该公司采取上述哪种对策，休布雷公司都处于市场的被动地位。

但是，该公司的市场营销人员经过深思熟虑后，却采取了对方意想不到的第4种对策，就是将史密诺夫酒的价格再提高1美元，同时推出一种与竞争对手新伏特加酒价格一样的瑞色加酒和另一种价格更低的波波酒。

这一做法，一方面提高了史密诺夫酒的市场地位，同时使竞争对手新产品沦为一种普通的品牌。结果，休布雷公司不仅渡过了难关，而且利润大增。实际上，休布雷公司的上述3种产品的味道和成分几乎相同，只是以不同的价格来销售相同的产品而已。

资料来源　作者根据网络相关资料整理。

问题：

（1）你觉得休布雷公司这样的定价是否合理？有哪些可取之处？

（2）在市场竞争激烈的状况下，应该有哪些定价思路？

（3）在不同的定价思路下，有哪些定价方法？如何运用？

讲一讲

知识点1：定价方法的类型

定价是企业一项既复杂又难以准确把握的营销工作。在当前市场竞争激烈的情况下，任何企业不能像过去那样随意定价，否则会给自己带来巨大的市场压力。因此，企业定价时必须根据定价目标的不同，选择行之有效的定价方法。

定价方法的类型包括成本导向定价法、需求导向定价法和竞争导向定价法。

1. 成本导向定价法

成本导向定价法就是以产品总成本为基础，加上一定预期利润和应缴税金而确定的销售价格。

成本导向定价法的定价思路为：产品成本+预期利润=产品售价。

先考虑产品成本，再加上一定的预期利润，在这个基础上来确定产品售价。在理想的市场情况下，这是一种首选的定价方法。

因为成本导向定价法首先考虑的是企业自身利益，与现代营销观念强调"以消费者为中心"格格不入，所以成本导向定价法的使用有一定的局限性。

成本导向定价法包括的具体方法：①成本加成定价法；②目标利润定价法；③变动成本定价法。

2. 需求导向定价法

需求导向定价法就是以消费者的需求情况和能够接受的价格作为定价依据，按买方意图定价。

需求导向定价法的定价思路为：产品售价−预期利润=产品成本。

因为企业在定价之前考虑到消费者的需求和能够接受的价格，符合现代营销观念的要求，所以需求导向定价法是一种全新的定价方式。

需求导向定价法包括的具体方法：①需求差异定价法；②理解价值定价法；③反向定价法。

3. 竞争导向定价法

竞争导向定价法就是以市场上主要竞争者的价格作为定价依据，在此基础上确定本企业产品的价格。

竞争导向定价法的定价思路为：

第一，分析竞争对手的价格变化：如果竞争者的价格变了，即使本企业的产品成本没变，一般也要改变产品价格；如果竞争者的价格没变，即使本企业的产品成本变了，一般也不要随意降低价格。

第二，对竞争各方的力量进行对比：如果本企业是市场领导者或挑战者，可以主动改变产品价格；如果本企业是市场追随者或利己者，只能根据市场价格变化调整自己的产品价格。

竞争导向定价法包括的具体方法：

①随行就市定价法。根据同行业的现行价格水平定价，是一种比较常见的定价方法。它既可以追随市场领先者定价，也可以采用市场的一般价格水平定价。

②密封投标定价法。它是招标人通过引导投标者竞争的方法来寻找最佳合作者的一种

有效途径，主要用于建筑发包、产品设计和政府采购等方面。其基本做法是：招标者首先发出招标信息，说明招标内容和具体要求；投标者在规定时间内密封报价和其他有关文件，参与竞争；招标人根据投标者的报价来选择最优的价格。

③拍卖定价法。它是指卖方委托拍卖行，以公开叫卖方式引导买方报价，从中选择最高价格成交的定价方法。

学一学

亏本的买卖做
不做

知识点2：定价方法的运用

1.成本导向定价法的运用

（1）成本加成定价法。

成本加成定价法是以生产（经营）该产品的总成本作为基础，加上预期利润来制定价格。其计算公式如下：

产品单价=平均成本×（1+预期利润率）=平均成本×（1+加成率）

这种方法的特点：简便易行；按此方法能保证企业获得预期利润；应用范围较广；因为只从卖方利益考虑，故忽视了市场需求和竞争因素的影响；预期利润率是一个估计数，缺乏一定的科学依据，确定的价格难以被消费者接受。

（2）目标利润定价法。

目标利润定价法也称为投资收益率定价法，是在总成本的基础上，根据预计销售量来确定目标利润，再确定销售价格的方法。其计算公式如下：

产品单价=（总成本+目标利润）/预计销售量

这种方法的特点：计算过程较简单；可以保证企业目标利润的实现；先确定销售量，后计算单价的方式有悖常理。此方法适用于需求弹性较小的商品及在市场上有一定影响力的企业。

（3）变动成本定价法。

变动成本定价法又称为边际成本定价法，用该方法定价时只考虑变动成本，不考虑固定成本。

小思考

采用变动成本定价法定价时为什么只考虑变动成本，不考虑固定成本？

提示：前提条件是企业生产能力过剩、开工不足、产品供过于求，需要寻找销路。

变动成本定价法的基本思路及公式如下：

产品单价=平均变动成本+单位边际贡献

单位边际贡献=产品单价-平均变动成本＞0

产品单价＞平均变动成本

2.需求导向定价法的运用

（1）需求差异定价法。

需求差异定价法，就是根据消费者在需求上的各种差异实行不同定价的方法。

消费者的主要差异表现在年龄、性别、收入、消费水平、职业、受教育的程度，以及购买时间、地点、数量等方面的差异。

需求差异定价法的主要形式有以下五种：

①以顾客为基础的差别价格。公司对同一种产品，根据顾客的需求强度不同和专业程度不同而定出不同的价格。例如，供电公司对居民用电收费高，因为其需求弹性小；对工业用电收费低，是因为其需求弹性大。如果对工厂的收费高于厂内发电设备运转的费用，工厂就会自己发电。

②以产品改进为基础的差别价格。对一项产品的不同型号确定不同的价格，但是价格上的差别并不和成本成比例。以产品改进为基础的差别定价是需求差别定价法的一种，是对一项产品的不同型号确定不同的价格，但是价格上的差别并不和成本成比例。

③以地域为基础的差别价格。根据同一种产品在不同的地理位置的市场存在不同的需求强度，确定不同的价格。需要注意的是，定价的差别并不和运费成比例。例如，我国出口的传统产品如茶叶、生丝、桐油等在国际市场上有较为强劲的需求，定价就应该比国内高得多。再如，旅游景点和名胜古迹附近的宾馆住宿及餐饮价格通常也高于一般地区。

④形象定价。同样的产品采用不同包装后，定出不同的价格。例如，同样的白酒，加上精致的包装盒，价格就会高出一倍甚至更多。

⑤时间定价。价格随季节、日期或钟点的变化而变化。当产品的需求随着时间的变化而有所变化时，对同一种产品在不同的时间段应制定不同的价格。例如，在不同的旅游季节，旅游景点的门票及宾馆住宿费用也会发生变化等。

（2）理解价值定价法。

理解价值定价法就是根据消费者对商品价值的理解程度来定价的方法。

消费者之所以接受一种商品的价格，关键是对这一商品价值的理解程度，也就是通常所说的"物有所值"。否则，消费者是不能接受该定价的。

理解价值定价法的具体操作步骤：

①确定消费者对这一产品的理解价值，即消费者认为这一产品到底值多少钱。

②根据消费者的理解价值来确定该产品的初始价格。

③在初始价格下预测该产品能达到的销售量。

④在预测的销售量的条件下再预测目标成本。

单位产品目标成本=单位产品初始价格−单位产品的目标利润−单位产品税金

⑤进行决策，将目标成本与实际成本比较：当目标成本大于实际成本时，按初始价格定价；当目标成本小于实际成本时，可通过降低成本或目标利润维持初始价格或放弃这一定价方法。

（3）反向定价法。

反向定价法就是根据已知的市场售价来确定进价的定价方法。因为它与一般定价顺序相反，因而称反向定价法。一般定价的顺序是已知进价，确定售价；反向定价的顺序是已知售价，确定进价或成本。

其计算公式如下：

单位产品进价=售价−预期利润额

预期利润额（加成额）可按如下方式确定：

预期利润额=售价×预期利润率

因此，单位产品进价公式可进一步推导为：

单位产品进价=售价×（1−预期利润率）

如何运用具体定价方法确定价格？

1.某企业生产一种新型自行车，每辆平均变动成本为220元，单位固定成本为80元，成本利润率为18%，如何用成本加成定价法来确定每辆自行车的售价？

2.今年下半年，王老板准备做一批糖果生意，预计固定的投资为5 000元，每千克糖果的进价为15.80元，到春节销售量可达到30 000千克。王老板的经营目标是要赚20 000元。试计算每千克糖果的售价应为多少？如果下半年做糖果生意的人很多，糖果的最高售价只能达到16.00元，要保证赚5 000元，糖果的销售量应该达到多少？

3.某企业生产一种新型文具盒，原来每月只能维持生产10 000个，平均成本为20元，其中平均固定成本为5元，平均变动成本为15元。现有一位买主愿意以25元一个的价格全部购进，同时还要每月增加10 000个文具盒的购买量，条件是新增部分按原价的70%交易。如何用边际成本定价法来确定该企业是否应该接受这笔交易？

4.一种商品的市场零售价为88元，零售商加成率为15%，批发商加成率为8%。如何用反向定价法计算零售商的进价和批发商的进价？

任务3　　价格策略的运用

导入案例

小米手机的定价策略

作为首款全球1.5G双核处理器，搭配1G内存，以及集成4G存储空间，支持最大32G存储扩展卡的手机，小米拥有超强的配置，价格却仅售1 999元，让人们为之一震。

小米手机的成本由几个部分构成。首先是元器件成本。该款小米手机配置高通Qualcomm MSM8260双核1.5GHz手机处理器，芯片集成64MB独立显存的Adreno 220图形芯片，并且配置1GB内存，自带4GB ROM，支持最大可扩展至32GB。这些硬件材料加在一起成本已不低于1 200元，更何况加上关税、17%的增值税、3G专利费后的成本。虽然小米手机的良品率达到了99%，已经达到极致，但还是意味着1%的材料浪费。另外，售后服务和返修率也是手机成本的一个重要变量。

小米手机采用网上售卖的方式，直接面对终端消费者，从物流到库存节约了巨大的成本，因此小米手机敢卖1 999元。

资料来源　作者根据网络相关资料整理。

问题：

（1）小米手机采取的是什么定价策略？

（2）这一策略有什么优点和缺点？适用于怎样的市场条件？

（3）除了这一策略外，还可以选择什么定价策略？

讲一讲

知识点1：定价策略的含义及类型

1.定价策略的含义

定价策略，即定价的技巧，就是把产品定价与营销组合的其他要素结合起来，定出巧妙、有利的价格。

那么，产品定价究竟需要与营销中的哪些要素结合起来呢？

（1）企业的目标市场和产品定位不同，制定出的价格不一样。

（2）产品包含的要素不同，制定出的价格也不一样。

（3）消费者不同的购买心理，对商品的价格要求不一样。

（4）产品的分销渠道不同，对价格的影响不一样。

（5）产品在市场上销售的时间、状态等，也影响价格的制定。

2.定价策略的类型

（1）新产品定价策略。它具体包括取脂定价、渗透定价和温和定价策略。

（2）心理定价策略。它具体包括习惯定价、零头数定价、整数定价、声望定价、吉祥数字定价和回避数字定价。

（3）折价与让价策略。它具体包括数量折扣、现金折扣、季节折扣、交易让价和推广让价。

（4）促销定价策略。它是与商品促销活动结合起来所采取的具体策略。

（5）价格调整策略，即主动调整价格和被动调整价格的策略。

3.新产品的定价策略

（1）取脂定价策略。

取脂定价策略，又称为撇脂定价，是指企业以较高的价格将新产品推向市场。之所以称为取脂或撇脂定价，本意是从牛奶中提取营养成分，引申为通过对新产品定高价，取其精华部分。

什么是较高的价格？较高的价格既可能是价格与成本之间的差别较大，也可能是企业的产品价格高于市场上同类产品的价格。

小思考

取脂定价策略主要适合哪些消费者？这一策略有什么优点和缺点？适用于怎样的条件？

（2）渗透定价策略。

渗透定价策略，就是企业以较低的价格将新产品推向市场。

什么是较低的价格？较低的价格既可能是商品价格与成本之间的较小差距，也可能是企业的产品价格低于市场上同类产品的价格。

小思考

渗透定价策略主要针对哪些消费者群体？这一策略有什么优点和缺点？适用于怎样的条件？

（3）温和定价策略。

温和定价策略，又称为满意定价或君子定价，是指企业以中等的价格将新产品推向市场，其目的是让买卖双方都有利，达到双赢。

这一策略的优点如下：

①避免了高价带来的竞争风险。

②防止了低价带来的投资风险。

③追求稳妥和合理的利润空间。

学一学

知识点2：新产品定价策略的运用

1.取脂定价策略的运用

（1）取脂定价策略的适用对象。

一种新产品进入市场，根据消费者对它的接受顺序，可以划分为不同的类型。取脂定价策略主要满足的是具有求新心理的消费者。一项调查表明，不同类型的消费者在消费人群中所占的比例有较大差别（见表5-2）。

表5-2　　　　　　　　　　　　　**消费者类型结构及所占比例**

消费者类型	比例（%）
最早采用者（革新型）	2.5
早期采用者	13.5
较早采用者	34
较晚采用者	34
最晚采用者（保守型）	16

取脂定价策略主要满足的是最早采用者和早期采用者。从表5-2可以看出，这两部分人群占到了整个消费人群的16%，也就是说取脂定价策略满足了16%的消费者的需求。

取脂定价的目的是企业希望在短时间内收回成本和快速获利。

（2）取脂定价策略的优点。

①能提高产品身价，树立产品高价、优质的形象。

②价格被消费者接受，能迅速收回成本和获得盈利。

③回旋余地大，能主动降价。

（3）取脂定价策略的缺点。

①过高的价格违背了现代营销观念的要求，容易损害消费者利益。

②当消费者不了解产品时，高价容易使人望而生畏。

③容易诱发竞争，增加企业发展压力。

（4）取脂定价策略的适用条件。

①功能独特、品质优良、有特色的新产品。

②生产技术尚未公开或工艺复杂难以仿制的产品。

案例分析

圆珠笔的由来

1945年，雷诺公司从阿根廷引进圆珠笔技术，在圣诞节前夕以"原子笔"为名投放市场。雷诺公司独特的广告宣传，使人们对这种"原子时代独特的笔"产生了极大的好奇心，立即在美国的许多地方引起了抢购浪潮，致使0.8美元成本的"原子笔"售价高达

12.5美元。6个月后，2.5万美元的投资已获得155.86万美元的税后利润。高额的利润极大地刺激了竞争者，1946年圣诞节，美国制造圆珠笔的厂商已达100家，此时笔价一落千丈，雷诺公司大捞一笔之后，已转营其他产品了。

资料来源　作者根据网络相关资料整理。

问题：

（1）雷诺公司采取的是什么定价策略？

（2）你认为它为什么能够采用这一策略？

（3）采用这一策略有什么好处？又会造成什么后果？

2.渗透定价策略的运用

（1）渗透定价策略的对象。

渗透定价策略主要满足了具有求廉心理或对价格较敏感的消费者的需求。渗透定价的目的就是为了更快地吸引消费者，提高产品市场占有率。

（2）渗透定价策略的优点。

①低价容易被消费者接受。"一个便宜三个爱"还是有市场的。

②低价有利于打开产品销路，提高市场占有率。

③降低其他经营者的兴趣，抑制竞争。

④随着企业扩大生产规模和降低成本，能够保持长期稳定的发展。

（3）渗透定价策略的缺点。

①降价的余地小，一旦消费者接受不了该价格，企业的回旋余地很小。

②投资回收期较长，特别是在复杂的市场状况下，企业要慎重采用。

③若低价还不能被消费者接受，企业就要承担较高的市场风险。

（4）渗透定价策略的适用条件。

①无明显特色的新产品，特别是模仿性产品。

②顾客对价格较为敏感的产品。

小组讨论

结合导入案例思考：

（1）小米手机采取的这一策略对消费者有什么好处？存在怎样的市场风险？

（2）小米的系列产品是否都可以采取这一策略？为什么？

讲一讲

知识点3：心理定价策略

1.什么是心理定价策略？

心理定价策略，是指企业定价时，利用消费者不同的心理需求和对不同价格的感受，巧妙地采取多种价格形式，既让消费者心理得到满足，又促进了产品销售。

小思考

（1）你在购买具体商品的时候，对价格方面有哪些要求？

（2）心理定价策略的关键是体现定价的巧妙性。

2.心理定价策略的类型

心理定价常用的类型包括：习惯定价、零头数定价、整数定价、声望定价、吉利数字定价和回避数字定价。

（1）习惯定价：就是根据消费者习惯接受的价格来制定企业产品价格的策略。

目前市场上，有一些日用商品，如矿泉水、饮料、方便面等，消费者已经形成了习惯接受的价格；有时候不用问价，直接扫码支付；对于经营已经形成习惯价格的商品如何确定价格？当一种商品因为成本上升，或质量、性能提高要改变价格时，又应该如何处理？

（2）零头数定价：又称为尾数定价，就是指产品的价格以低于整数的零头数结尾。如10元的商品定价为9.9元，50元的商品定价为49.9元等，在市场上非常普遍。心理学研究表明，对于有些商品，消费者乐于接受尾数价格而不喜欢整数价格。

小思考

零头数定价有什么好处？是否所有的商品都可采用零头数定价？

（3）整数定价：就是商品的价格定整数，而不是零头数。如9.9元的商品定价为10元，49.9元的商品定价为50元。整数定价是与零头数定价相反的定价策略。

（4）声望定价：就是借助产品的品牌声誉确定较高的价格。它是针对消费者求名心理而采取的定价策略，一般适用于享有较高品牌声望的商品。

一个商品一旦成了名牌，甚至是奢侈品牌，消费者对它产生信任感或作为品牌象征，购买时不在乎价格，甚至追求高价，如贵重首饰、鞋帽箱包、文物古玩、高级礼品等。一般针对的是具有较高经济实力或社会地位的家庭或个人。

（5）吉利数字定价：就是运用消费者偏爱的吉祥数字来定价的策略。

企业有时候利用不同民族、不同地区的数字文化蕴涵、联想意义来定价。在一些产品的价格中使用特殊的数字，销售会起到很好的作用。

（6）回避数字定价。与吉祥数字相对应，在定价时，尽量避免用消费者忌讳的数字来定价。

小思考

（1）列举一些吉利数字和需要回避的数字。

（2）观察一些商家的做法，有哪些商品采取了吉利数字定价？哪些商品出现了需要回避数字的定价？

（3）对这样一些定价，你有什么看法？

学一学

知识点4：心理定价策略的应用

1.习惯定价

对于经营已经形成习惯价格的商品，最好按市场上的习惯价格来确定自己经营商品的价格；偏高会遭到消费者的抵制；偏低又容易让消费者产生怀疑。

当一种商品因为成本上升，或质量、性能提高需要改变价格时，常用的手段有：

①减少用料，减轻重量；②用廉价原材料替代；③改用大包装，树立新的习惯价格，

但必须在包装上注明实际情况，不能投机取巧和欺骗顾客，也不能损害商品的质量。

小资料

（1）万宝路香烟过去在中国香港市场一直卖5港元一包，中国香港市民已经习惯接受了这一价格，但随着香烟的制造成本上升，万宝路公司不能再卖这个价格，需要涨价，企业该怎么办？具体做法是：将每包由20支变成了19支，价格维持不变。

（2）康师傅方便面，每碗100克，单价2.50元，消费者已经接受这一价格，基本上形成了习惯价格。随着成本、费用上升，企业该怎么办？具体做法是：改用大包装，三片面，4元钱一碗。

2.零头数定价

商品的价格以零头数结尾，好处在于：

①给人定价认真的感觉，不是随便用一个数字来糊弄。

②低一位的价格，给人感觉似乎便宜很多。比如9.9元比10元实际只差0.1元，但说出来"9元多比10元"似乎便宜不少。

③对有些不愿意把价格说高的商品，说出去好听一些。

零头数定价一般适用于消费者经常需要购买的日用消费品，从省钱的角度考虑，省1分是1分。

3.整数定价

整数定价把价格定成整数，不是为了给人以低廉、便宜的感觉，也不是为了说出去感觉价格低。对于一些高档名牌商品是要给消费者以价高质优的感觉，迎合消费者"便宜无好货，好货不便宜"的心理。送人的礼品，价格说出来会感觉很贵重。

小组讨论

（1）观察一些商家的做法，了解心理定价策略在企业营销活动中的应用情况，把调查的相关资料与同学们分享。

（2）有哪些企业在心理定价策略方面做得好？

（3）有哪些企业在心理定价策略方面做得不好？

讲一讲

知识点5：折扣和折让策略的类型

大多数企业通常都会酌情调整其基本价格，以鼓励顾客及早付清货款、大量购买或增加淡季购买，这种价格调整就是价格折扣和折让策略。

折扣和折让策略包括厂家对商家的折价与让价和商家对顾客的折价与让价。

常用的定价策略包括：数量折扣、现金折扣、季节折扣、交易让价和推广让价。

小思考

（1）如何理解现金折扣？具体如何操作？

（2）什么是数量折扣？常用的做法及目的是什么？

（3）如何理解职能折扣和季节折扣？

（4）折让或津贴策略如何运用？

（5）如何对价格进行调整？

学一学

知识点6：折扣和折让策略的运用

1. 现金折扣

现金折扣是公司为了加速资金周转，给予尽快付清货款的买主的一种降价措施。因为货款回收慢会占用资金和增加坏账风险，因此，为了加速资金周转和减少风险，通过现金折扣鼓励买方及早付款。

一般地，实行现金折扣时在付款条件上都有注明。如"2/10，NET/30"或"2/10，净价30"，表示顾客在30天内必须付清货款。如果在10天内付清货款，则可享受到原价的2%的折扣；如果超过30天即违约，要负担利息。

许多行业习惯采用此法以加速资金周转，特别是西方发达国家的企业很流行用此法以减少收账费用和坏账。

2. 数量折扣

数量折扣是企业给那些大量购买某种产品的顾客的一种折扣，以鼓励顾客购买更多的货物。企业会根据顾客每一次或一定时间内的商品交易数量或金额的大小，分别给予对方不同的价格待遇，以鼓励顾客大量购买，而大量购买又能使企业降低生产、销售等环节的成本和费用，增加利润。例如，顾客购买某种商品100单位以下，每单位10元；购买100单位以上，每单位9元。

数量折扣是企业给大量购买的顾客的一种降价措施。购买越多，折扣越大，以鼓励顾客大量购买，或鼓励顾客集中向其独家购买。

数量折扣有下面两种计算方法：

（1）累进数量折扣。规定顾客在一定期限内，购买或订货达到一定数量或金额，即按总量大小给予不同的折扣。例如，公司规定凡在一年内购买产品达到30万元的，有10%的折扣；超过50万元的，折扣为20%。采用这种策略有利于鼓励顾客集中向一个企业多次进货，从而使其成为企业长期或固定的客户。

（2）非累进数量折扣。对在一次性购买或订货时达到一定数量或金额的买主，给予统一的折扣优惠。这个措施在商店里比较常见。例如，顾客在某商店一次性购买商品超过300元的，给予10%的折扣，超过1 000元的，给予15%的折扣等。采用这种策略往往能够刺激消费者一次性大量购买，增加企业盈利，同时减少交易次数与时间，节约人力、物力等开支。

3. 职能折扣

职能折扣也叫贸易折扣，是指当贸易渠道的成员愿意执行一定的职能时，如销售、储存等，制造商给予中间商的一种额外折扣方法，使中间商可以获得低于目录价格的价格。因为贸易渠道成员执行的职能不同，所以制造商可以给予不同的职能折扣，但对于每个贸易渠道来说，制造商必须提供相同的职能折扣。

4. 季节折扣

季节折扣适用于季节性强的商品，生产商利用这种折扣鼓励批发商、零售商早期购货，以减少自己的资金负担和仓储费用，并有利于均衡生产。

例如，旅馆、旅行社和航空公司在旅游淡季给顾客一定的折扣优惠，目的是使自己的资金、设备能被充分利用，提高企业经济效益。

季节折扣是企业鼓励顾客淡季购买的一种减让措施，使企业的生产和销售一年四季都能保持相对稳定。

5. 折让或津贴

折让或津贴也是一种减价的形式，如抵换折让、推广津贴（促销津贴）等。

（1）抵换折让，是指顾客以旧货折价抵换购买同类新货时，销售者在新货价格上给予的减让。抵换折让多见于一些耐用品的交易中。例如，2019年元旦，苏宁易购在天津大区推出"全民彩电换新季，旧机直接抵500"惠民活动，与彩电厂家、售后及回收服务平台联动，活动特色表现为：

大力度：全部旧机都可直接抵扣500元。旧家电价值不高，苏宁易购、彩电厂家、售后及回收服务平台联合推出补贴政策优惠，为消费者送出超额的以旧换新福利。

全品类：摆脱了彩电换彩电的限制，电视机、电冰箱、洗衣机、空调等多类旧家电产品，不管性能是否完好，只需要管线、遥控器等零配件完整，电视不碎屏，全部都可以为换新彩电抵扣500元。

真方便：流程简单，操作方便，苏宁售后专业团队上门回收，安全靠谱，同时省去了传统以旧换新活动中的旧机评估、报价、回收鉴定等繁琐环节。

新试点：这是苏宁易购以旧换新一次全新的尝试，以天津大区彩电换新为试点，以后将扩大到空调、冰箱等其他家电，也将覆盖到全国更多地区，让更多消费者体验产品换新升级带来的品质生活享受。

资料来源　根据博绿网相关内容整理得来。

（2）推广津贴（促销津贴），是指制造商给参与产品促销活动的经销商的一种津贴，常见的有广告津贴、展览津贴、推销津贴等。例如，经销商在报纸、电视台刊登某品牌商品的广告时，生产商因此为经销商支付的一定比例的广告费用（大多以价格折让的方式支付）。

6. 价格调整策略

产品在定价以后，由于情况的变化，需要经常对价格进行调整，可分为主动调整价格和被动调整价格两种。

（1）主动调整价格。企业考虑到市场供求环境发生了变化，认为有必要对其商品进行调整，率先在市场上调整了自己商品的价格。一般适用于实力雄厚，能够左右市场局势的企业。

调整价格的方式包括：调高价格和调低价格。

①调高价格。调高价格的主要原因包括：应付成本上涨；产品供不应求，市场需求旺盛；改进产品；竞争策略的需要；通货膨胀等。

一般情况下，顾客对调高价格的反应有以下几种：厂家想多获利；商品质量好才提价；商品供不应求，不早买就买不到了。

企业调高价格的方式与技巧包括：公开真实成本；提高产品质量；增加产品含量；附送赠品和特殊优待。

②调低价格。调低价格的主要原因包括：市场竞争压力；企业的生产能力过剩，需要扩大销售；企业的成本比竞争者低；经济形势的影响等。

一般情况下，顾客对降价的反应包括：商品质量有问题，卖不出去了；商品式样老化；企业经营不善，恐怕维持不下去了；售后服务没有保证；还会再降价，不如再等一等。

企业调低价格的方式与技巧包括：在价格不变的情况下，增加额外费用支出；改进产品的性能，提高产品的质量；增加各种折扣比例；馈赠礼品等。

（2）被动调整价格。当市场上主要竞争者的价格发生了变动，企业不得不制定相应的对策。

在拿出价格调整对策之前，必须对竞争者调价的原因和本企业的情况进行分析。

①分析竞争者调价的原因。主要原因包括：竞争者变动价格的目的是什么？价格的变动是长期的，还是暂时的？其他竞争者会做出怎样的反应？本企业调价后，竞争者又会采取什么措施？

②对本企业的情况进行分析。具体包括：本企业的竞争实力，包括产品质量、售后服务、市场份额、财务状况等。本企业产品的市场生命周期及需求价格弹性。竞争者调价对本企业有何影响。

企业可以采取的应对措施包括：

①置之不理；这是当价格变动幅度较小时所采用的方法。

②价格不变，运用非价格手段反击，如提高服务水平，运用其他促销手段等。

③跟随调整价格。

做一做

案例：国外商战中的价格策略

在国外商战中，许多企业在价格策略上"绞尽脑汁"，"想方设法"一招制胜，在竞争中占得先机。

商战中的定价策略

1.一刻千金

利用顾客趋利心理，人为地在短时间内以特价优惠顾客。

日本横滨的龟田商店，曾贴出告示："定于今日下午1时45分至2时，进行15分钟最低价优惠大酬宾，敬请光临。"

事后的统计数字表明，这15分钟的销售额是平时一天的2倍，取得了薄利多销的效果。

2.梯子价格

美国一名叫爱德华·华宁的商人，在波士顿市中心开了一家商店，广为传播采用"梯子价格"降价销售商品的信息，而具体商品只标出价格、上架时间和售完为止。其做法是：前12天按全价销售，第13天到第24天降价25%，第25天到第30天降价75%，第31天到第36天，如仍未售出，则送慈善机构。

之所以敢采用此法，原因是他掌握了消费者的心理："我今天不买，明天就会被他人买走，还是先下手为强。"事实上，许多商品往往未经降价就被顾客买走了。

3.错觉折价

日本三越百货公司针对顾客"便宜没好货"的心理，实行"100元买110元商品"的错觉折价术。从表面上看，这和打九折似乎都是10%的差价，但消费者对两者的反应却有显著差别。

"九折法"给消费者的直觉反应是削价促销，质量可能有问题；"100元买110元商品"则易使顾客产生货币价值提高的心理，达到刺激购买欲望的目的。

4.有意制定差价

法国一家玩具商店购进了两款"小鹿"，造型和价格一样，只是颜色不同，上柜后很少有人问津。店老板想出了一个制造差价的主意，他把其中一款"小鹿"的售价由3元提高到5元，另一种标价不变。把这两种价差鲜明的玩具放在同一柜台上，结果提了价的"小鹿"很快销售一空。

5.分档定价

分档定价就是把商品按不同档次、等级分别进行定价。

同类产品有许多规格和型号，它们的成本也不尽相同，如若机械地采用成本加成法定价，那么所定的价格种类就会过多，这样不利于买卖双方的交易。于是一些零售商把不同规格的产品分成若干档，每档产品定一个价格，这样买卖双方都可以减少许多麻烦，又不至于影响企业效益。

6.跌价保证策略

卖方向买方保证，当商品价格下跌时，对于买方的原有存货，依其数量进行退还或依其跌价所造成的损失部分进行补贴。这种办法对于中间商和用户是一种有效的保证措施，有利于调动其购货的积极性。

讨论：

（1）上面的策略中，给你印象深刻的有哪些？讲给同学听听。

（2）国内市场在价格策略的运用上还存在哪些问题？需要如何改正？

（3）开动脑筋，除案例中的策略外，还会想到哪些策略？

提示：促销定价是为了配合企业开展商品促销活动所运用的价格手段。降价、打折等手段在企业促销活动中被运用得非常普遍，但过于千篇一律，没有太多的新意。除了需要了解一些常用做法外，更重要的是需要营销人员的创造性思维。

①特别事件定价。就是选择在特殊日期实行特别定价，以吸引顾客。特殊日期包括重大节日和重要活动期间。运用这一策略需要注意两个问题：一是不同的节日应选择适当的优惠品种；二是选择合适的优惠时间。

②招徕定价。企业为了招徕顾客，经常有意识地降低少数几种商品的价格，而且降价幅度非常大，达到能够吸引大量顾客的目的，从而带动其他商品的销售。

③分期付款定价。

④以旧换新折让定价。

⑤定期确定"减价日"降价促销。如"双十一""双十二"或每月固定日期，让消费者记住这些日子，等"减价日"时购买。

⑥顾客自己定价。对于一些特殊商品，企业公开成本和市场售价，让顾客体验以后出价。

拓展学习

美国通货膨胀对我国有什么影响？

进入 2021 年后，由于与疫情相关的供需失衡，以及旨在提振经济的刺激措施，美国 CPI 增速不断抬头，通货膨胀率触及 7%，创近 40 年来最高水平。美国劳工部数据显示，该国 12 月消费者价格指数（CPI）同比上涨 7%，高于 11 月的 6.8%，为 1982 年以来的最快增速，也是通胀率连续第三个月超过 6%。12 月 CPI 环比则上涨 0.5%。

根据美全国独立企业联合会的数据，2021 年 12 月，约 49% 的小型企业表示计划在未来三个月内提高产品或服务价格，这接近自 1986 年有记录以来的最高比例。餐饮服务商已将 2022 年的价格相比疫情前上调了 25% 至 35%。

通常来说，温和的通货膨胀是促进经济增长、就业增加和企业获得盈利的较好润滑剂。近年来，发达国家普遍将所谓温和通胀的警戒线控制设定在 2%，发展中国家则普遍设定在 3% 左右，这大体可看作为一个分水岭。但通胀超过了一定的限度，就会对经济、社会及居民生活产生严重伤害。特别是通胀一旦失控，不只是货币信用受到影响，还会引发商品市场的大幅波动，扰乱整个经济运行，甚至危及社会的稳定。当前美国快速上行的 CPI 正是这种情况的真实写照。美国 CPI 增速"领跑"，同时推高全球大宗商品价格的大幅度上涨。这将对包括中国在内的新兴经济体产生较大的影响。应审慎应对：

一是合理调控大宗商品的价格，帮助中下游企业缓解成本压力。由于美国的通胀主要来自财政、货币政策刺激下的需求推动，但中国是大宗商品价格上涨的接受方，制造业成本和终端需求面临"输入性"通胀带来的压力。因此，稳定大宗商品价格，缓解中游制造业企业的成本，可最终稳定终端需求。

二是保持人民币汇率的适度灵活性，缓解"输入性"通胀的压力。货币主义学派认为"通货膨胀是一种货币现象"，那么在美国超发货币，中国没有采取相应货币政策干预的情况下，人民币必然会相对美元升值。因此，让人民币汇率由市场决定，适度地升值能够提升国内制造业企业的购买力，帮助其缓解成本上升的压力。同时运用好较大的货币政策空间，保持流动性的合理充裕，支持实体经济的高质量发展。

三是积极推进"一带一路"倡议，积极构建"双循环"发展格局，稳步推进人民币国际化进程。当下美国采取宽松的财政、货币政策导致美元币值波动，对此可以通过选择人民币使用，加速人民币国际化进程。通过积极推进"一带一路"平台建设，提升人民币国际影响力，鼓励"一带一路"合作伙伴更多地使用人民币，逐步减小美元币值变动对有关国家和地区经济的影响。此外，加快形成以国内大循环为主体、国内国际双循环相互促进的新发展格局同样有利于摆脱美国经济的不利影响。

四是高度重视可能带来的综合风险。美国无底线的量化宽松将持续向全球输入通胀，一旦在更晚的某一时刻，美联储货币政策转向由松到紧时，必然会引起国际资本流动的意外动荡，那么对很多长期受美国货币政策影响的国家而言，常常意味着程度不同的险情。

对于中国和其他经济发展体而言，不仅要密切关注源自美国的通货膨胀风险，而且还要警惕其后期意外紧缩带来的资本回流所可能引发的冲击。

我们既要对我国经济发展充满信心；又要增强防范意识。

资料来源　根据网络资料整理得来。

项目实训

实训内容：企业商品定价策略运用情况的分析

1.实训目的

结合所选择的企业，一方面了解影响企业产品定价的因素，分析该企业的市场定位、产品策略和定价策略之间的联系；另一方面，通过调查，搜集定价策略在企业各产品定价中的运用情况及市场效果，分析存在的问题并提出解决措施。结合本小组开办的实体店，对所经营商品进行定价和运用价格策略。

2.实训步骤

（1）以小组为单位进行分析和讨论，组长负责组织和协调，同学们积极参与。

（2）结合所选择企业自身的状况，了解影响企业产品定价的各种因素。

（3）结合该企业产品及市场，调查定价策略在企业产品定价中的运用情况及市场效果情况。

（4）各小组推荐一名同学，将小组讨论情况在全班进行分享。

（5）教师对各小组讨论结果和宣讲情况进行点评，确定最佳分析结论。

3.实训要求

（1）全班同学积极参与小组讨论，踊跃发言，敢于表达自己的观点和想法。

（2）组长负责组织好本小组的讨论，善于调动和启发同学们参与。

（3）教师观察各小组讨论情况，及时对学生进行指导和启发。

（4）各小组推荐一名同学在全班进行讨论结果分享。

（5）每个小组提交一份调查报告。

4.实训实施

结合本小组所开办的实体店，讨论下列问题：

（1）实体店所经营的商品，在定价时需要考虑哪些影响因素？

（2）针对不同商品的经营情况，如何确定准确的定价目标？

（3）根据不同商品在市场上的销售情况，如何选择合适的定价方法？

（4）如何运用有效的定价策略，促进商品销售？

项目回顾

通过本项目的学习，使我们明确了价格策略是市场营销组合的重要内容，价格手段是市场营销活动中最重要的、敏感且活跃的因素；理解了产品价格的构成、影响企业产品定价的主要因素以及企业的各种定价目标；掌握了根据不同定价目标选择合适的定价方法，并明确了不同情况下定价策略的运用。

关键词汇

1.成本导向定价法：以产品单位成本为基本依据，再加上预期利润来确定价格的定价方法。

2.需求导向定价法：根据市场需求状况和消费者对产品的感觉差异来确定价格的方法，也叫市场导向定价法、顾客导向定价法。

3.竞争导向定价法：企业通过研究竞争对手的生产条件、服务状况、价格水平等因素，依据自身的竞争实力，参考成本和供求状况来确定商品价格的定价方法。

4.取脂定价策略：指新产品在上市初期，定以高价格，在短期内获得厚利，尽快收回投资。就像从牛奶中撇取所含的营养成分一样，取其精华，故又称之为"撇脂定价"。

5.渗透定价策略：新产品上市初期，定以较低价格，以获得最高销售量和最大市场占有率为目标，故称之为"渗透定价"。

6.理解价值定价法：主要依据消费者在观念上对该产品所理解的价值来制定价格的方法。

项目检测

一、单项选择题

1.为鼓励顾客购买更多物品，企业给那些大量购买产品的顾客的一种减价称为（ ）。

A.功能折扣   B.数量折扣   C.季节折扣   D.地点折扣

2.维持生存的定价目标只要求产品价格能弥补（ ）和一些固定成本。

A.可变成本   B.总成本   C.生产成本   D.销售成本

3.从理论上说，（ ）是定价的下限。

A.生产成本   B.销售成本   C.总成本   D.固定成本

4.企业在竞争对手价格没有变的情况下率先降价的策略称为（ ）策略。

A.被动降价   B.主动降价   C.撇脂定价   D.渗透定价

5.企业因竞争对手率先降价而做出跟随竞争对手相应降价的策略主要适用于（ ）市场。

A.同质产品   B.差别产品   C.完全竞争   D.寡头

二、多项选择题

1.影响企业定价的主要因素有（ ）。

A.定价目标   B.成本费用   C.市场需求   D.经营者意志

2.企业常见的定价目标主要有（ ）。

A.维持生存   B.当期利润最大化

C.市场占有率最大化   D.产品质量最优化

3.引起企业提价的主要原因有（ ）等。

A.通货膨胀，物价上涨   B.企业市场占有率下降

C.产品供不应求   D.企业成本费用比竞争者低

4.心理定价的策略主要有（ ）。

A.声望定价   B.分区定价   C.尾数定价   D.基点定价

5.价格折扣主要有季节折扣、（ ）和功能折扣等类型。

A.现金折扣   B.数量折扣   C.顾客折扣   D.质量折扣

三、判断题

1.在制定价格过程中，现行价格弹性的大小对确保企业实现利润最大化的定价没有影响。（ ）

2.随行就市定价法适用于同质产品。（ ）

3.产品差异化使购买者对价格差异的存在不甚敏感。因此，在异质产品市场上企业有较大的自由度决定其价格。（　　　）

4.销售中的折价无一例外地遵循单位价格随订购数量的上升而下降这一规律。（　　　）

5.在市场营销实践中，有实力的企业率先降价往往能给弱小的竞争对手以致命的打击。（　　　）

6.产品形式差别定价是指企业对不同型号或形式的产品制定不同的价格，但它们的价格与成本费用之比却相同。（　　　）

7.在产品组合定价策略中，根据补充产品定价原理，制造商经常为主要产品制定较低的价格，而对附属产品制定较高的加成。（　　　）

8.面对激烈的竞争，企业为了生存和发展，在任何时候都应始终坚持只降价不提价的原则。（　　　）

9.提价会引起消费者、经销商和企业推销人员的不满，因此提价不仅不会使企业的利润增加，反而会导致利润的下降。（　　　）

四、案例分析

宜家（IKEA）是世界上最成功的全球性零售商之一。所有的宜家商场都是在宜家B.V.系统授权下特许经营的，宜家第一家特许经营店于1958年在瑞典阿姆霍特成立。宜家的愿景是"创造更美好的日常生活"，它并不仅仅把自己定位是一家家具零售商，宜家通过特许经营这一方式加速市场扩张以支持其企业理念。宜家还为它的设计师提供顾客洞察，以形成各种不同的价值。

宜家的目标客户是全球的中产阶级，致力于为他们提供由宜家设计的实惠的当代家具陈设产品。宜家拥有庞大的产品线，横跨20种类别，包括浴室用具、床和床垫、书柜和储存柜、宠物用品、照明设备、电视及媒体解决方案、桌椅、工作区等。2006年，宜家在美国和亚洲一些国家的商场里还增加了食品产品种类。

宜家关注设计和功能，追求低成本，大规模的生产进一步降低了成本和价格。为了减少运输成本，宜家采用平板式包装，这样顾客可以在商场购买，从仓库取货，直接将产品开车带回家。回家后，根据宜家提供的扳手和说明书，经过简单的组装后就可以使用。宜家的口号是："动动手，我们一起来省钱。"这种方式强有力地支持了它的低价策略。

通过密切关注顾客的需求，宜家已成为家居装饰行业的一个典范。在2005年，它用24种语言印刷了1.6亿份商品目录，在宜家位于32个国家中的主要门店进行免费发放，而它的门店有着令人震惊的客流量，4.54亿人次！

宜家的成功在于其为顾客提供巨大的价值理念。顾客是企业的核心资产，他们为公司及股东创造价值。企业必须采取策略提高现有顾客和潜在顾客的终身价值。如果这个策略确实能吸引、留住和发展顾客，那么它就能使企业获利、生存和发展下去，同时提高股东价值。企业最开始面对的挑战就是要形成良好的顾客洞察，而这种洞察建立在对顾客的深刻而独特的认识上。

资料来源　作者根据网络相关资料整理。

根据以上案例分析：

（1）宜家给顾客提供了什么独特的价值？

（2）宜家运用的是一种怎样的定价思路和定价策略？

（3）宜家是怎样维持这一定价策略的？

项目评价

本项目考评内容由职业能力与素养表现、专业知识与能力掌握两部分组成，对应相应的考评标准，以自我评分、小组评分和教师评分三方面相结合的方式计算出各项分值并换算得出合计得分，填写在表5-3中。

表5-3　　　　　　　　　　　　　　　　　　　职业素养与专业能力测评表

考评内容		考评标准	分值	自我评分	小组评分	教师评分	合计得分
职业能力与素养表现	行为规范与态度	语言文明，行为得体，注意外在形象；做事态度端正、认真	10				
	沟通与协调	主动与他人沟通，表述清晰，注意倾听，善于协调处理问题	10				
	团队分工协作	融入团队，积极参加活动，关心他人，承担主要工作并认真完成	10				
	表达与展示	能准确收集和传递信息，善于表现自己，充分表达自己的看法	10				
	自我管理	正确认识和评价自我、合理分配和使用时间与精力、具有安全意识与自我保护能力，控制自己的情绪	10				
专业知识与能力掌握	定价目标的选择和影响定价因素的分析	理解、掌握与运用	10				
	产品定价方法	理解、分析与运用	10				
	产品定价策略	理解、分析与运用	10				
	项目检测	作业完成情况	10				
	项目实施	参与讨论和策划，提出建议	10				
综合得分			100				

评价说明：①合计得分=自我评分×20%＋小组评分×40%＋教师评分×40%。②综合得分总分为100分；得分60分以下为不合格；60～75分为合格；76～89分为良好；90分及以上为优秀。

项目6　如何保证产品渠道畅通

学习目标

知识目标：

1.掌握分销渠道的概念和类型。

2.分析影响分销渠道选择的因素。

能力目标：

1.能够帮助企业选择合适的分销渠道和中间商。

2.能够帮助企业选择合适的分销渠道策略。

3.能够在自己开办的实体店中，选择合适的分销渠道。

实训内容

1.结合所选择的企业，分析它的分销渠道情况。

2.针对本小组开办的实体店，如何选择合适的分销渠道。

学时建议

1.教师讲授（讲一讲）4学时。

2.学生学习及讨论（学一学）4学时。

3.项目实训（做一做）2学时。

当企业确定了合适的产品和价格后，如何保证产品能够顺利地进入市场，到达消费者手中呢？这需要企业选择合适的分销渠道策略；制定合理的分销路线，选择、配置得力的中间商，将产品适时、适地、快捷、经济、方便地提供给消费者。为了更加方便顾客使用产品以及服务，企业必须不断完善和拓展服务渠道，大力发展独立渠道和综合渠道，努力创新分销模式。分销渠道是企业产品实现其价值的重要环节，产品只有通过合适的分销渠道，才能顺利到达消费者手中。

【问题导入】

你所选择的企业，将如何选择分销渠道？如何加强与中间商的合作？

任务1　　分销渠道的选择

导入案例

小米崛起之道：全渠道模式探索

1.小米电商平台。小米电商平台建设，线上第三方代理，在国内主要与京东、苏宁合作，在世界其他地区，主要通过 Flipkart、亚马逊等第三方电商销售。代理商直接购买小米的产品后向终端用户分销。小米线上直营通过小米商城，主打小米手机、平板等科技数码产品，也涉及周边生活商品。同时小米开设天猫旗舰店，进行自营。2017 年，小米推出小米有品，打造精品生活电商平台。这次，小米有品采用了多品牌合作的模式，除了卖小米和米家的产品，也有第三方独立品牌。

2.小米线下布局。小米线下布局主要有几种类型：

（1）小米之家：自建自营，以线下直营为主，主要分布在一二线城市，进驻大型商场，旗舰店面积为 1 000～2 000 平方米，一般店面积为 250～300 平方米，集形象展示、产品体验咨询和销售功能为一体。

（2）小米专卖店：以他建自营为主，主要分布在三四线城市，店铺面积为 150～200 平方米，小米与各地优秀服务商、零售商合作，小米直供产品、直接管理运营。

（3）小米体验店：以他建他营为主，小米指导，类似代理商模式，在四线城市以下主推，在产品 SKU 选取上因地制宜，对城市中心店和郊区店做出了区隔。

（4）小米直供店：当作 C 端客户，店主在线申请即可获得销售资质，直接从小米小规模订货，店主可通过微信、电商、抖音等方式推广。

3.小米社交电商。自 2017 年小米有品上市以来，小米便着力打造精品生活电商平台，推广社交电商，在全国范围内招募合伙人，通过平台赋能模式，发展小米渠道的外部合作力量，开始大规模发展社交电商。

小米有品、小米商城、小米之家是小米着重推广的社交电商。小米有品是小米精品购物开放平台，依托小米生态链体系，借助小米模式主打生活消费品，将来预计超过 20 000 种商品，是众筹和筛选爆品的平台；小米商城上线有 2 000 种商品，主营小米自己和生态链企业产品；小米之家大约有 200 种商品。

它们共同组成小米自营全渠道的三层结构。小米平台为优质商家提供物流、客服、品控等全方位的支撑。小米与 400 余家行业头部企业达成了合作。小米有品同时打造会员模式"有品推手"，有品推手采用邀请制注册，新用户通过邀请码注册开通成为推手会员，推手会员享有自购省钱、推广赚钱的权益。

4.小米物流。物流是全渠道策略成功实施的保障，小米在物流方面也不断建设。2019 年小米宣布与中国邮政建立战略合作，双方在北京小米科技园举行了战略合作签约仪式，签署战略合作协议。在快递物流方面，小米与中国邮政开展了更广泛的业务交流和合作，中国邮政将为小米集团提供仓储、物流及快递配送和行政办公类文件、物品寄递等服务。中国商标局信息显示，"小米快递"商标已经通过审核。小米快递方面可以提供的服务内容如下：包裹投递、快递服务（信件或商品）、运载工具故障牵引服务、船运货物、旅行陪伴、贵重物品的保护运输、司机服务、运输、商品包装、导航、货物贮存等。小米快递的成功注册，无疑为小米全渠道的建设增添了助益。

资料来源　吴越舟，赵桐. 小米进化论：创建未来商业生态［M］. 北京：北京联合出版公司，2021.

问题：

（1）渠道是什么意思？营销中所讲到的渠道需要解决哪些问题？

（2）根据你的理解，文中提到的全渠道指的是什么？

（3）线上和线下能够融合吗？怎样融合？

讲一讲

知识点 1：正确理解分销渠道

1.分销渠道的定义

渠道本是水利学上的专有名词，是指水库的水通过一定途径进入农田浇灌，即需要开挖一条沟，这条沟就叫渠道。在经济领域，随着生产规模和市场范围的扩大，产品也面临在市场寻找销路的问题。将渠道这一概念引入到了经济学和营销学中，经济学称其为流通渠道，营销学称其为分销渠道。

分销渠道，是指一种产品从生产领域向消费领域转移所经过的具体通道。在这条具体通道上有生产者、中间商及其他成员的参与。

小思考

大家所熟知的"仟吉蛋糕"和"周黑鸭"是如何到达你手中的？

2.对分销渠道的理解

我们可以根据如图6-1所示的分销渠道基本结构来理解分销渠道。

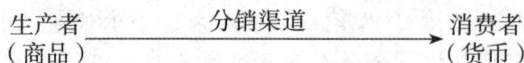

生产者　　　　　　　分销渠道　　　　　消费者
（商品）　───────────────▶　（货币）

图6-1　分销渠道基本结构

（1）分销渠道的起点与终点：起点是生产者，终点是消费者。

（2）参与分销渠道的成员：生产者（制造商）、代理商、批发商、零售商。

（3）产品分销的条件：必须有产品所有权（买卖）的转移，即商流；产品至少要经过一次所有权的转移；产品分销是商流、物流和信息流的统一。

（4）产品分销的目的：简单地说，就是"看得见、买得到、愿意买"，即将合适的产品，适时、适地、快捷、经济、方便地提供给消费者。

学一学

知识点2：分销渠道的模式与类型

1.传统的分销渠道模式

传统的分销渠道模式可分为消费品分销渠道模式（如图6-2所示）和工业品分销渠道模式（如图6-3所示）。

生产者→消费者
生产者→零售商→消费者
生产者→代理商→零售商→消费者
生产者→批发商→零售商→消费者
生产者→代理商→批发商→零售商→消费者

图6-2　消费品分销渠道模式

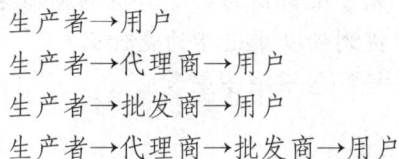

生产者→用户
生产者→代理商→用户
生产者→批发商→用户
生产者→代理商→批发商→用户

图6-3　工业品分销渠道模式

图6-2和图6-3展示的是分销渠道的基本结构，统称为传统的分销渠道模式。

小组讨论

（1）结合消费品分销渠道来思考，你所使用的消费品是怎样到达你手中的？

（2）结合工业品分销渠道来思考，工业品又是如何进入市场的？

（3）消费品与工业品的分销渠道有什么不同？

2.新型的分销渠道模式

产品分销渠道的变化在流通领域中是最大和最快的，特别是近几年，我国电子商务的快速发展，对传统的零售业和实体店造成非常大的冲击。线上和线下的有机融合成为一种趋势。线上的电商需要线下的实体店；线下的实体店需要开展线上的电商业务。

同时，传统的线下分销渠道也在不断地改变。目前，新型的分销渠道压缩了一些不必要的中间环节，由直线式向扁平式分销渠道转化，主要包括公司系统分销模式、管理系统分销模式、合同系统分销模式和适应互联网发展出现的网络分销模式。

（1）公司系统分销模式。它是指一家公司拥有和管理若干制造商、批发商和零售商，控制分销渠道的若干层次，综合经营生产、批发和零售业务（如图6-4所示）。

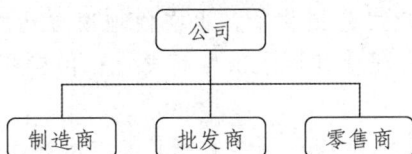

图6-4　公司系统分销模式

这种公司系统分销模式具体包括：

工业公司拥有和统一管理的若干工厂和商业机构，采取工商一体化经营方式，如日本的松下公司、日立公司等。

零售公司拥有和统一管理的若干批发商和工厂，采取工商一体化经营方式，如美国的沃尔玛、法国的家乐福等。

（2）管理系统分销模式。它是指通过分销渠道中一个规模和实力均较大的成员来协调整个产销通路的渠道系统（如图6-5所示）。

图6-5　管理系统分销模式

例如，名牌产品的大制造商为了实现其战略计划，往往在销售促进、库存供应、定价、产品陈列、购销业务等方面与零售商协商一致，或予以帮助和指导，与零售商建立协作关系。

（3）合同系统分销模式。它是指不同层次的、独立的制造商和中间商，以合同为基础建立的联营形式（如图6-6所示）。

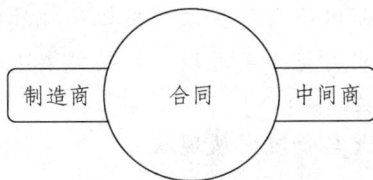

图6-6　合同系统分销模式

（4）网络分销模式。它是指通过互联网将供应商与经销商有机地联系在一起，为企业的业务经营及与贸易伙伴的合作提供了一种全新的模式。供应商、分支机构和经销商之间可以实现实时提交业务单据、查询产品供应和库存状况，并获得市场、销售信息及客户支持，实现了供应商、分支机构与经销商之间的供应链管理，有效缩短了供销链。

在互联网时代的今天，传统的分销模式已经限制了传统厂商的发展。网络分销的潜力通过网络分销系统，为企业节约成本、突破地域限制，并利用丰富的网络分销资源，进行产品的推广及品牌的宣传。网络分销跨越层层的渠道代理，直接与消费者接触，既减少了产品成本，又及时地了解市场动态，把控市场需求。

网络分销形式可分为网络代理、网络代销和网络批发三种：

①网络代理：一般面向企业网店；网络供应商建立自己的网络批发商城，展示自己的产品；代理商通过与供应商建立分销关系，也在代理商自己的网店上展示供应商的产品，当顾客在代理商处下单时，代理商直接让供应商发货；供应商收取代理费和成本价，而代理商获取差价利润。

②网络代销：一般面向个人网店；网络分销商把自己的产品通过自己创建的网上分销平台进行展示；分销会员把相中的产品的图片和信息添加到自己开设的网店页面上，当有顾客需要时，分销会员负责介绍产品并促成交易；然后通知网络分销商代为发货；分销会员主要靠差价获得收入，对个人来说，这是一种"零风险"的创业模式。

③网络批发：一般面向个人网店、实体店、网上专业店等；网络批发与传统的产品批发形式是一样的，网络分销商的产品通过自己创建的网上分销平台展示；分销会员把相中的产品直接在网上下规定数量的订单，付款拿货或压款经销。

网络分销渠道可分为电子商务渠道和移动商务渠道两种：

①电子商务渠道。它包括自建官方B2C商城、进驻电子商务平台，如淘宝、天猫、拍拍、QQ商城、京东、苏宁易购等。

②移动商务渠道。它包括自建官方手机商城和APP商城、微商城、进驻移动商务平台等。

案例分析

困境与机遇并存的花牛苹果

近年来，中央一号文件对"三农"问题持续关注，使中国的农业发展取得了骄人成绩。由于中国地理环境差异较大，东西部地区农业发展差异显著。甘肃省作为一个农业大省，光照充足，昼夜温差较大，种植苹果具有得天独厚的条件，甘肃省天水市花牛苹果正是在这样的条件下生长而驰名海内外，在各大展销会上获奖无数，并与美国的蛇果和日本的富士并称为世界三大著名苹果品牌。经过几十年的发展，已经树立了良好的品牌形象，但依然没有解决最基本的销售渠道问题，果农并不是最大的受益人。在互联网时代的大背景下，因当地的大多数果农文化水平有限，依然采取传统的销售渠道且物流成本较高，使果农的利益受到很大损失。本文对花牛苹果现有的销售渠道与物流状况进行分析，以期发现其存在的问题并提出相应措施。

一、天水花牛苹果销售渠道与物流发展现状

1. 销售渠道现状

大部分种植花牛苹果的果农主要采取的销售渠道是市场零售和将苹果卖给外地客商，微商所占的比重较少，互联网平台销售几近为零。各类销售渠道所占比重如图6-7所示。

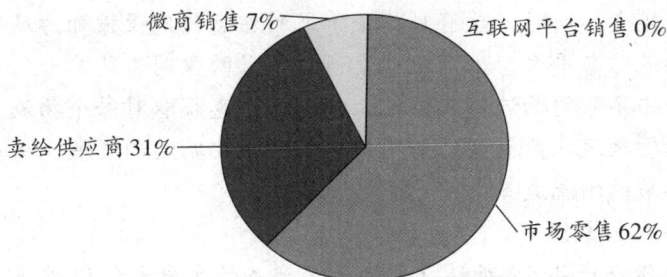

图6-7 销售渠道现状

（1）市场零售渠道

市场零售渠道是小户果农的首选，主要原因是市场零售价格比批发价略高，果农文化水平有限，采取网络销售渠道不现实。

同时，花牛苹果作为特殊的农产品种类，由于其皮薄易腐败，对所选的储存环境有非常高的要求。其在当地市场进行售卖，对果农来说物流成本低，此外，零售市场价格较批发市场高。但由于零售市场的成交量很小，因此其售卖的周期较长。随着季节的变化，花牛苹果在零售市场的价格也随之大幅度增长，但保存难度也随之上升，若解决好储存问题，则将大大提高果农的收益。

（2）批发市场销售渠道分析

批发市场最显著的特点就是售卖量大，价格低。这是最为打击果农生产积极性的一种销售渠道，但一直未被淘汰有其存在的道理，通过调查与分析发现，批发市场销售渠道宽，果农通过批发将产品卖出去，每市斤大概1.5元，而在一些大城市综超的价格最高为每市斤28元，这之间价格存在巨大差异。在这种传统的销售渠道中，每经历一次转卖，中间商就要抽取一部分利润，因此，减少销售渠道的中间环节，能使花牛苹果果农得到更多的收益。

（3）微信销售渠道

与淘宝、京东这样的平台相比，微商销售平台没有第三方支付平台的保障，双方在交易中都处于被动状态。因此，微商销售渠道所占的份额较少。与前两种渠道相比，微商要给顾客发送快递，但由于花牛苹果比其他农产品分量重，据统计，一箱花牛苹果发往外地，邮费在40元左右，一箱苹果只卖100元，其中还涉及包装费，算下来一箱苹果只比其他两种渠道多卖了20元，但复杂程度却远超其他渠道。

2.物流发展现状

（1）物流基础设施薄弱

天水地处黄土高原，山多川少，地形偏僻，交通运输情况不佳。花牛苹果的种植多为山地，且种植规模小，严峻的交通运输条件，制约着苹果输出的时效性。近年来，天水市政府虽在交通建设方面做了很大的投入，但由于地形较复杂，乡村道路建设还有待进一步改善。而许多花牛苹果的小农生产基地距市区较远，加之乡村公路建设不完善，这使得苹果成熟后很难运输出去，或是在运输过程中损耗严重。交通运输条件差极大地限制了苹果的销售外运。

（2）信息管理基础设施薄弱

由于多数为分散的农户生产经营，受当地基础条件的制约，网络设施不完善，建立统一信息化平台难度较大。同时，政府对花牛苹果的信息化建设投资力度不足，至今未建成统一的花牛苹果物流信息平台。生产地批发商对苹果的收购都是派专门人员去各个果农的果园寻购。由于花牛苹果的物流供应链较长，市场信息获取对每个物流主体来说都十分重要，但落后的信息管理现状严重制约着花牛苹果现代化物流的发展，极易造成苹果产供销脱节，从而增加苹果的物流成本。

（3）冷藏保鲜技术薄弱

苹果是一种鲜活农产品，"新鲜"是鲜活农产品的生命和价值所在。而花牛苹果保鲜期短，极易腐烂变质，大大限制了运输和交易时间，这对运输效率和保鲜条件提出了很高要求。花牛苹果从田间采摘到储运、再到市场流通，都是在常温状态下进行的，因此，在整个物流环节中苹果损耗较大。花牛苹果的物流模式落后，供应链较长，物流环节冗杂，苹果的周转次数较多，途中极易造成苹果的损耗。同时在生产环节和销售环节存在一定的脱节现象，其物流发展还没有形成一体化机制，容易造成苹果的积压。

二、花牛苹果销售渠道与物流模式优化建议

1. 充分发挥政府职能，制定并完善筛选客商制度

对于农村的发展，政府充当着极其重要的角色。特色农产品品牌的维护，离不开政府的大力支持，不仅要维护花牛苹果这个品牌，对于外地客商的也要有严格的筛选机制。建议政府从客商及其公司信誉度着手，建立客商信誉档案；同时，确认客商的财富基础，若其可流动资金小于一定数额，则被鉴定为不具有采购资格。围绕着两方面进行筛选制度的制定，则会使得果农的权益受到最大程度的保护。

2. 建立良好的信誉度，透明农户信息

与淘宝、京东这样的 B2C 平台相比，在微信上销售产品没有任何的限制，只要是能使用微信的人都可以；没有第三方支付平台的保障，交易双方都容易受到损失。作为果农想利用此渠道销售花牛苹果，首先就应该建立良好的信誉度，在交易过程中提倡农户透明自己的信息，顾客在清楚果农的信息后没有顾虑便可以直接付款，缓解没有第三方支付平台所带来的影响。

3. 与物流公司进行长期合作

果农之所以邮寄花牛苹果比网店的贵，就是因为网店和物流公司进行长期合作，当在一定的时间达到一定的量时，就可以和物流公司进行谈判。在这方面做得最好的是邮政速递，这几年来其敏锐地观察到了这方面的商机，每年八月份都会为花牛苹果开通一个特殊邮寄通道，并为果农提供全套的服务，提供包装袋和箱子，但因为竞争关系，其价格也偏高，因此多家竞争能够避免一家独大，为果农的微信销售渠道提供良好的环境。

4. 对果农进行定期培训，积极宣传网络销售渠道

与其他销售渠道相比，花牛苹果在网络平台开网店销售的渠道为零，因此应该对果农进行相关知识的培训，让其了解当今全国各地特色农产品成功的销售案例，打开视野。积极对果农进行网络渠道销售的宣传，并重点培养有兴趣在网络开店的果农。对大众进行网络销售的宣传和普及，逐步打通电子商务销售渠道，将会有力促进花牛苹果的生产和销售，使果农真正获得较好的效益。

5. 加强乡村基础道路建设

加大政府对道路交通基础设施投资，尤其是农村道路建设，改善农村交通运输条件，

提高农村公路的质量及公路覆盖率。解决偏远山区物流发展存在的问题，为花牛苹果的及时运出提供良好条件。

6.合理布局物流中心

加强物流中心设施建设，完善物流节点的功能是当前应对花牛苹果物流发展的一个重要方面。首先，应该选择在一些交通便利，区位优势明显的地方建设大型的物流中心，加大仓库建设力度。其次，加强批发市场建设和改造，构建花牛苹果专门的批发市场及物流体系。积极探索，切实采取有效措施，逐步形成具有物资集散、价格生成、信息发布、标准化建设、服务引导、产品促销、产业带动等七大功能的规范化、现代化农产品批发市场。再者构建完善的物流信息系统。加强农业信息基础设施建设，开发信息的普及、指导作用，精心搭建果业科技服务平台，为花牛苹果产业生产提供全程服务，推动其健康、快速发展。构建花牛苹果物流信息网络资源，有目的、有系统地筛选、归类，发布全方位的信息资源，以方便各物流主体的直接利用。

7.加大冷藏保鲜技术的科研开发

立足目前物流现状，加大对物流技术研发等的相关投资，完善苹果物流过程中的冷链体系建设，健全保鲜库、冷藏库等各种功能；同时，对物流运输设备进行引进，如先进的冷藏交通工具、密封式厢式汽车等，减少苹果在运输途中造成的不必要的损耗，提高其冷藏运输率。加大冷链物流硬件设施的投入力度，加强冷链技术的开发。

资料来源　张娟红，段小红．甘肃省花牛苹果销售渠道与物流配送模式的调查研究［J］．物流科技，2020，43（12）：99-101．

问题：

（1）请找出案例中你认为的关键词，并与同学们分享。

（2）你认为花牛苹果所面临的困境是什么？机遇又是什么？

（3）你认为花牛苹果有哪些渠道可以选择？

（4）作为一名中国青年，请结合生活实际谈谈你会怎样帮助它走出困境。

小提示：数字渠道正在迅猛发展，越来越多的零售商正不间断地改变销售策略，在将销售渠道从线下拓展到线上的同时，也在拓展多个线上销售渠道。可以说，越来越多的零售商会更加重视多渠道销售；同时也要认识到作为一名营销人员的社会责任，帮助有困难的果农能够真正脱贫致富。

3.分销渠道的类型

如何将前面分析的各种分销渠道进行归类，便于企业能够明确地选择不同类型的分销渠道？根据下列标准可以将分销渠道划分为不同类型：

按一条渠道有无中间商，分销渠道可分为直接渠道与间接渠道；按一条渠道上分销环节或层次的多少，分销渠道可分为短渠道与长渠道；按企业选择中间商数目的多少，分销渠道可分为窄渠道与宽渠道。

（1）直接渠道与间接渠道。

①直接渠道。直接渠道没有中间商参与，生产者直接将产品销售给消费者或用户。直接渠道是工业品分销渠道的主要形式。在消费品市场，直接渠道也有扩大趋势。随着新技术在流通领域中的广泛应用，邮购、电话、电视直销和网络销售方式逐步展开，促进了消费品直销方式的发展。

②间接渠道。间接渠道有中间商参与，产品经一个或多个中间商销售给消费者或用户。间接渠道是消费品分销的主要形式。

（2）短渠道与长渠道。

①短渠道。它是指生产者通过一个中间环节在较小地区范围销售产品的渠道。

②长渠道。它是指生产者通过两个或两个以上中间环节在较大地区范围销售产品的渠道。

（3）窄渠道与宽渠道。

①窄渠道。它是指生产者选择较少的同类型中间商经销产品。

②宽渠道。它是指生产者选择较多（两个以上）的同类型中间商经销产品。

小思考

下列渠道分别属于什么类型？

（1）生产者→消费者。

（2）生产者→零售商→消费者。

（3）生产者→代理商→批发商→零售商→消费者。

讲一讲

知识点3：分销渠道的选择

1.分销渠道选择的基本要求

企业在选择合适的分销渠道时，需要从速度、产品状态、费用、信息沟通、市场竞争，以及应变和控制能力等方面考虑其基本要求。

（1）速度。产品以更快的速度到达消费者手中。

（2）产品状态。产品要以完好的状态到达消费者手中，让消费者购买到满意的产品。

（3）费用。产品在进行物流中转时，要以较少的流通费用完成更多产品的转移。

（4）信息沟通。能及时地传递和反馈市场信息。

（5）市场竞争。有利于企业和产品在市场上的竞争。

（6）应变和控制能力。能适应市场的变化，对各个环节有一定的控制能力。

2.选择分销渠道应考虑的因素

从市场的实际情况来看，不同的产品，其分销渠道也不同；相同的产品因为市场情况不同，分销渠道也不同；不同的企业，所选择的分销渠道也不同。因此，需要考虑的因素包括产品因素、市场因素和企业本身因素。

小思考

在选择分销渠道时，如何考虑产品因素、市场因素和企业本身因素？

学一学

知识点4：分销渠道选择考虑的具体因素

1.产品因素

（1）产品价值的高低。一般而言，价格昂贵的产品，应减少流转环节，采用较短的渠道分销。

（2）产品的体积与重量。体积大和重量重的产品，适宜采用较短的渠道分销。

（3）产品的新颖性与时尚性。新颖性与时尚性程度较高的产品，宜采用短渠道分销。

（4）产品的物理化学性质。易碎、易腐的产品及危险品，尽量避免多次转手和反复搬运，应选用短渠道或直接渠道分销。

（5）产品的技术性和销售服务要求。技术性强、销售服务要求高的产品，适宜采用短渠道分销。

（6）新产品。为了使新产品尽快进入市场，生产者一般动用强有力的推销队伍，采用直销方式推销产品。

（7）政策性要求。对于政策规定严格管理的产品，只能根据政策的规定选择分销渠道。

小组讨论

以某品牌手机为例，如何考虑产品因素？应该选择怎样的分销渠道？

2.市场因素

（1）产品销售的数量。企业的产品品种少而产量大，销售的数量多，需要通过中间商进行销售，宜采用间接渠道。

（2）目标市场的范围。企业的目标市场范围越大，分销渠道一般相应越长；反之，分销渠道则可以短一些。

（3）顾客的集中程度。如果顾客集中在某一地区，可采用短渠道或直接渠道；如果顾客均匀分散在各个地区，则应采用长而宽的渠道。

（4）消费者的购买习惯。消费者对产品购买方便程度的要求，即消费者对购买数量、购买地点及购买方式的选择，都会影响企业选择不同的分销渠道。

（5）销售的季节性。对于一些销售季节性较强的产品，一般应充分发挥中间商的作用，把握销售时机，采用宽而长的分销渠道。

（6）零售商的规模。如果某一地区零售商的规模较大，可直接采用零售商分销的形式。

（7）市场竞争状况。通常情况下，企业会根据市场竞争情况采取与竞争者相同或相似的分销渠道。在市场竞争非常激烈的情况下，也可另辟分销渠道。

小组讨论

选择一种你所熟悉的食品，分析如何考虑市场因素？应该选择怎样的分销渠道？

3.企业本身因素

（1）企业的财力与信誉。财力雄厚、信誉良好的企业，有能力选择较固定的中间商，也可以建立自己的销售网点；否则，就要更多地依赖中间商。

（2）企业的营销和管理能力。有较强市场营销能力与经验的企业，可以自行销售产品，采用直接渠道或短渠道；反之，只能利用中间商，采用较长的分销渠道。

（3）企业的服务能力。企业是否愿意为中间商提供更多的服务，包括负担促销及广告费用，以及能否提供充分的售后服务，直接影响到中间商的选择。

（4）企业控制渠道的愿望。如果企业希望有效地控制分销渠道，与中间商建立稳定的关系，可采用短而窄的渠道；否则，只能采用长而宽的渠道。

小组讨论

结合所选择的企业，分析如何考虑企业本身因素？应该选择怎样的分销渠道？

做一做

格力电器营销渠道的管理结构如图6-8所示。

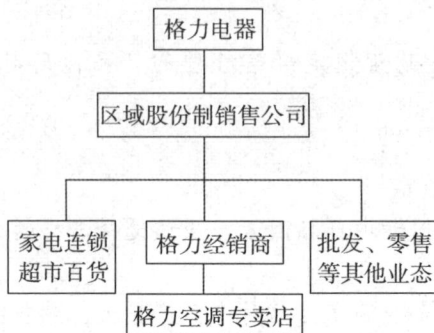

图6-8　格力电器营销渠道的管理结构

（1）长度结构。营销渠道的长度结构，又称层级结构，是指按照购销环节包含的渠道中间商（即渠道层级数量）来定义的一种渠道结构。格力电器的营销渠道模式概括来说就是"厂家—厂商联营体—渠道体"三级体制。从整体来看，格力电器采用了短渠道的模式，通过销售公司发货，再由经销商分销。如此一来，减少了产品从厂家流通到消费者手中的环节，降低了物流的费用，也有利于减少产品的损耗。由于中间商的数量少，产品从渠道顶端流通到消费者的速度也随之加快，新产品上市速度快，因此增加了产品的市场竞争力。营销渠道层级较少，管理与监管工作也比较方便，节省管理成本。格力电器的三级一体营销模式，组织严密，层层相扣。终端对消费者信息的反馈也能快速上传到格力电器总部，总部及时针对反馈信息进行适当的调整，也有利于开展售后服务及建立品牌效应。

当然，短渠道的模式对市场预测也有较高的要求。若出现市场预测失误，可能造成产品滞销。而且，由于中间环节的减少，直销的费用会一定程度增加，而增加的费用会折算为成本的一部分，进而使产品的价格也会适当提高。

（2）宽度结构。渠道的宽度结构，是指根据每层级渠道中间商的数量来定义的一种渠道结构。渠道的宽度结构受产品的性质、市场特征、用户分布以及企业分销战略等因素的影响。格力电器已从1991年在珠海起步的一个小公司，发展到如今的市场版图拓展到全球100多个国家与地区的国际著名品牌。采用密集型营销渠道模式的格力电器，起初在全国开设了2 000多家格力空调专卖店，后来一直扩大自己的市场版图，提高产品的覆盖率。销售网众多，宽度大，格力电器的产品能进入更广泛的消费领域，既满足了消费者的购买需求，又提高了购买格力产品的便利性。宽渠道使格力电器市场覆盖率增大，对建立品牌知名度起到了积极的作用。

不过，选择宽渠道也不可避免地产生负面的影响——渠道覆盖广，管理难度增大。例如，部分地区出现了破坏相对统一价格的原则，同一型号产品在不同销售点的售价不一样，乱定价的情况严重。这不仅影响格力电器产品的销售，而且不利于品牌的建设。

（3）广度结构。渠道的广度结构，实际上是渠道的一种多元化选择。也就是说，企业采用多种渠道的组合（即混合渠道模式）进行销售。目前，格力电器营销渠道有三种：一是通过格力空调专卖店销售产品；二是通过家电连锁超市百货将产品卖给消费者；三是通过批发、零售等其他业态将产品带到消费者手中。渠道模式越多，销售手段也越多，既可以实现产品的覆盖率，又可以提高品牌知名度，销售量也会逐渐上升。

讨论：

（1）格力电器是如何选择分销渠道的？

（2）格力电器的分销渠道有哪些优势？

（3）你觉得格力电器的分销渠道是否有需要改进的地方？

任务2　　分销策略的运用

导入案例

麦当劳的布点秘诀

麦当劳开设的连锁店之所以开一家火一家，在布点上有自己的秘诀，以下五点值得借鉴：

（1）针对目标消费者群。麦当劳的目标消费者群是年轻人、儿童和家庭成员。在布点上，一是选择人潮涌动的地方，如交通集散地周边地带；二是选择年轻人和儿童经常出入的地方，如商场和公园附近。

（2）着眼于今天和明天。麦当劳布点的一大原则，就是布点一旦确定20年不变。对每一网点的开设都通过3～6个月的考察，再进行决策评估。考察的重点包括：是否与城市规划发展相符合；是否会出现市政动迁和周围人口变迁；是否会进入城市规划中的红线范围（进入红线范围的坚决不碰）；老化的商圈，坚决不设点。有发展前途的商街和商圈、新辟的学院区和住宅区，是重点考虑的布点地区。

（3）讲究醒目。麦当劳布点都选择在一楼的店堂，透过落地玻璃橱窗，让路人感知麦当劳的餐饮文化氛围，体现其经营宗旨——方便、安全、物有所值。由于布点醒目，便于顾客寻找，因此也更具吸引力。

（4）不急于求成。黄金地段的业主对于租金往往要价很高。当要价超过投资价位时，麦当劳并不急于求成，而是先发展其他地方的布点。

（5）优势互动。麦当劳开"店中店"选择的"东家"不少是信誉度较高的商家，如家乐福、百盛购物中心等。

资料来源　佚名.全球连锁快餐业麦当劳布点的五大秘诀［EB/OL］.［2018-12-12］.http://finance.sina.com.cn/b/49761.html.

问题：

（1）麦当劳在布点上有什么独到的地方？

（2）企业应该如何选择中间商？

（3）如何选择合适的分销策略？

知识点1：正确认识中间商

1.中间商的定义

中间商是处于生产者与消费者之间，参与产品分销活动，促进产品买卖行为发生的组织或个人。对于中间商的定义，我们可以结合分销渠道的基本模式（如图6-9所示）来理解。

生产者→中间商→消费者

图6-9　分销渠道的基本模式

中间商处于流通的中间环节，一头联系生产者，另一头联系消费者。它主要参与产品分销活动，促成买卖行为顺利进行。

2.中间商的类型

小思考

你平时与中间商有联系吗？在什么情况下与中间商有联系？你能够说出哪些中间商？

按不同标准对中间商进行划分，包括下列具体类型：

（1）按是否拥有产品所有权来划分，中间商可分为经销商和代理商。

（2）按中间商在产品流通中的地位与作用来划分，中间商可分为批发商和零售商。

3.中间商的功能与作用

（1）联系生产者与消费者，完成产品顺利转移。

（2）减少交易次数，降低流通费用。

（3）代替生产者完成市场营销活动，为企业节省人力、财力、物力。

（4）通过中间服务，沟通信息，增加产品价值。

（5）帮助企业推销新产品，开拓新市场。

4.对批发商的理解

（1）批发商的定义。批发商是指向生产者购进产品，然后转售给零售商、产业用户或各种非营利组织，不直接服务于个人消费者的商业机构，位于产品流通的中间环节。

图6-10是分销渠道的一种主要形式，在这条渠道中，批发商所处的地位和职能归纳为：①批发商是专门从事批发交易的商业组织形式；②批发商处于生产与零售的中间环节；③批发商的职责主要是从事批量交易。

生产者→代理商→批发商→零售商→消费者

图6-10　分销渠道的一种主要形式

（2）批发商的作用。批发商的作用主要表现在以下方面：

①有效集散产品，销售能力更强。批发商通过广泛地接触不同的生产者，可以高效率地采购、配置多种产品，提高采购效率。同时，批发商与零售商联系密切，能够将产品迅速分销，能够以较小的成本覆盖更多的中小客户。

②进行合理储存，提供运输保证。批发商不但备有相当数量的库存，降低了生产者和

4S店和代销店给购车族出选择题

零售商的仓储成本与风险，而且可以迅速发货，提供相关的运输服务保证。

③帮助融通资金，承担市场风险。批发商可以为零售商提供便利的财务条件（如准许赊账），还可以为供应商提供供货等方面的资金保证。批发商购买产品后，承担了供求和价格变动的风险、产品运输与保管的风险、预购和赊账中的呆账风险。

④沟通产销信息，为零售商服务。批发商能够向代理商和零售商提供有关竞争者的产品、服务及价格变化等方面的信息；能够帮助零售商改进经营管理（如培训销售人员）、建立会计和存货控制系统。

5.对零售商的理解

（1）零售商的定义。零售商，是指将产品直接销售给最终消费者的中间商，它是相对于生产者和批发商而言的。图6-11是分销渠道的另一种主要形式，在这条渠道中，零售商所处的地位和职能归纳为：零售商处于生产者（或批发商）与消费者的中间环节，是分销渠道的最终环节；零售商面对的是个人消费者市场，主要职责是向消费者出售产品和提供各种服务，完成产品最终实现价值的任务。

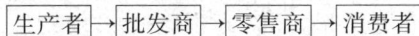

生产者 → 批发商 → 零售商 → 消费者

图6-11　分销渠道的另一种主要形式

（2）零售商的作用。零售商是直接为最终消费者服务的，它的主要作用包括：购货、销售、调货、存储、加工、拆零、分包、传递信息、提供销售服务等。零售商在地点、时间与服务方面，方便消费者购买，是联系生产者、批发商与消费者的桥梁，在分销渠道中具有重要作用。

学一学

知识点2：中间商具体分析

1.批发商的类型

根据不同的划分标准，批发商分为不同的类型。

（1）按经营主体不同，批发商划分为独立批发商、制造批发商、共同批发商、批零兼营批发商、连锁批发商和代理商。

①独立批发商。它是指不依附生产部门，独立从事批发交易活动并对所经营的产品拥有产品所有权的批发商。

②制造批发商。它是指大型制造商自设的、以批发业务为主的销售机构；拥有制造工厂的批发商，或将指定产品委托特定制造商生产的批发商。

③共同批发商。它是指由许多小型零售商组成的共同批发企业，目的是通过大量采购，争取价格折扣，降低流通费用，提高竞争能力。

④批零兼营批发商。它是指以批发为主，同时兼营零售业务的批发商，一般以中小型批发商居多。

⑤连锁批发商。它是指由许多中小批发商或批发经营机构组成的连锁批发组织。

⑥代理商。它又称商务代理，是在其行业管理范围内接受他人委托，为他人促成或缔结交易的一般代理人。代理商是代企业打理生意，是厂家给予商家佣金额度的一种经营行为。所代理货物的所有权属于厂家，而不是商家。因为商家不是售卖自己的产品，而是代企业转手卖出去，所以不拥有产品的所有权。

代理商包括企业代理商和销售代理商。企业代理商与制造商签订销货协议，在一定区域内负责代销其产品并取得一定酬金。销售代理商依据合同代理制造商的整个销售业务，并有权决定产品价格及销售方式，是一种独立的代理商。

（2）按经营产品不同，批发商划分为普通批发商和专业批发商。

①普通批发商。它又称综合批发商，是指经营一般产品且种类繁多、经营范围广泛的批发商。

②专业批发商。它是指专业化程度较高，专门经营某一类或少数几类产品的批发商。

（3）按职能不同，批发商划分为完全职能批发商和有限职能批发商。

①完全职能批发商。它是指执行批发商的全部职能的批发商，其职能包括保持存货、雇用固定的销售人员、提供信贷、送货和协助管理等。完全职能批发商又可分为独立批发商和工业物品批发商。

②有限职能批发商。它是指为了减少成本费用，降低批发价格，只执行一部分职能或提供一部分服务的批发商。有限职能批发商又可分为现货自运批发商、直运批发商、卡车批发商、邮购批发商、货架批发商等。

（4）按流通阶段不同，批发商划分为一次批发商、二次批发商和三次批发商。

①一次批发商。它是指从制造商（或生产者）直接采购产品的批发商，也称产地批发商。

②二次批发商。它是指从产地批发商处采购产品，然后再将产品销售给下一级用户的批发商，也称集散地批发商。

③三次批发商。它是指从二次批发商处进货，然后将产品直接销售给零售商或其他用户的批发商，也称销货地批发商。

2.零售商的主要业态

"业态"一词来源于日本。零售业态，是指零售企业为满足不同的消费需求进行相应的要素组合而形成的不同经营形态。通俗地说，业态是指零售店卖给谁、卖什么和如何卖的具体经营形式。

商务部根据我国零售业发展趋势，并借鉴发达国家对零售业态划分方式，组织有关单位对国家标准《零售业态分类》（GB/T 18106-2000）进行了修订。国家质检总局、国家标准委已联合发布新国家标准《零售业态分类》（GB/T 18106-2004），该标准为推荐标准。

新标准按照零售店的结构特点，根据其经营方式、产品结构、服务功能，以及选址、商圈、规模、店堂设施、目标顾客和有无固定经营场所等因素，将零售业分为17种业态。

从总体上可以分为有店铺零售业态和无店铺零售业态两类。零售业的主要业态形式有：

（1）商店零售商。拥有固定的经营场所，为消费者选购产品服务，具体包括百货店、专业店、专卖店、便利店、食杂店、折扣店、超市、大型超市、仓储式会员店等形式。

①百货店。选址在市区级商业中心以及历史形成的商业集聚地；目标顾客以追求时尚的流动顾客为主；营业面积在6 000～20 000平方米；综合性经营，门类齐全，以服饰、鞋类、箱包、化妆品、礼品、家庭用品、家用电器为主；采取柜台销售和开架面售相结合的售卖方式；注重服务，设餐饮、娱乐场所等服务项目和设施，功能齐全；管理信息系统程度较高。

②专业店。选址在市区级商业中心以及百货店、购物中心；目标顾客以有目的选购某类产品的流动顾客为主；营业面积根据产品特点而定；以销售某类产品为主，体现专业性、深度性，品种丰富，选择余地大；采取柜台销售或开架面售的售卖方式；从业人员具有丰富的专业知识；管理信息系统程度较高。

③专卖店。选址在市区级商业中心、专业街以及百货店、购物中心；目标顾客以中高档消费者和追求时尚的年轻人为主；营业面积根据产品特点而定；以销售某一品牌系列为主，销售量少、质优、高毛利；采取柜台销售或开架面售的售卖方式；商店陈列、照明、包装、广告讲究，注重品牌声誉；从业人员具备丰富的专业知识，提供专业性服务；管理信息系统程度一般。

④便利店。选址在商业中心区、居住区、交通要道以及车站、医院、学校、娱乐场所、办公楼、加油站等公共活动区；商圈范围小，顾客步行5分钟到达，目标顾客主要为单身者、年轻人，顾客多为有目的的购买；营业面积在100平方米左右，使用率高；主要经营即时食品、日用小百货，有即时性、小容量、应急性等特点，产品品种在3 000种左右，售价高于市场平均水平；以开架自选为主，结算在收银处统一进行；营业时间16小时以上；提供即时食品的辅助设施，开设多项产品性服务项目；管理信息系统程度较高。

⑤食杂店。选址在居民区内或传统商业区；辐射半径0.3千米，目标顾客以相对固定的居民为主；营业面积一般在60平方米以内；主要经营香烟、饮料、酒、休闲食品；采取柜台式和自选式相结合的售卖方式；营业时间12小时以上；管理信息系统程度初级或不设立管理信息系统。

⑥折扣店。选址在居民区、交通要道等租金相对便宜的地区；辐射半径2千米左右，目标顾客主要为商圈内的居民；营业面积在300～500平方米；主要经营的产品价格一般低于市场平均水平，自有品牌占有较大的比例；采取开架自选、统一结算的售卖方式；用工精简，为顾客提供有限的服务；管理信息系统程度一般。

⑦超市。选址在市区商业中心、居住区；辐射半径2千米左右，目标顾客以居民为主；营业面积6 000平方米以下；主要经营包装食品和日用品；食品超市与综合超市产品结构不同；采取自选销售、出入口分设、在收银台统一结算的售卖方式；营业时间12小时以上；管理信息系统程度较高。

⑧大型超市。选址在市区商业中心、城郊接合部、交通要道及大型居住区附近；辐射半径2千米以上，目标顾客以居民、流动顾客为主；营业面积6 000平方米以上；以大众化衣、食、用品经营为主，注重自有品牌开发；采取自选销售、出入口分设、在收银台统一结算的售卖方式；设有不低于营业面积40%的停车场；管理信息系统程度较高。

⑨仓储式会员店。选址在城乡接合部的交通要道；辐射半径5千米以上，目标顾客以中小零售店、餐饮店、集团购买和流动顾客为主；营业面积6 000平方米以上；以大众化衣、食、用品经营为主，自有品牌占相当部分，产品品种在4 000种左右，实行低价、批量销售；采取自选销售、出入口分设、在收银台统一结算的售卖方式；设有相当于营业面积的停车场；管理信息系统程度较高并对顾客实行会员制管理。

其他类型的商店零售商包括综合商店、样品目录陈列室、邮购目录营销、自动售货机、购物服务、流动售货。

（1）结合你所看到的、接触到的各种商店零售商形式，分别列举其具体名称。

（2）9种形式的商店零售商在选址、商圈、目标顾客、营业面积、产品结构、售卖方式、提供的服务及管理信息系统等方面分别有什么不同？

（3）本小组的实体店以哪一种商店零售商的形式开设为好？为什么？

（2）非商店零售商。它是指借助其他形式而非固定实体商店独立从事产品的零散卖出业务，并对经营的产品拥有所有权的企业，又称无店铺销售商。

非商店零售商所借助的具体形式有：自动售货柜、流动售货车、电视营销、电话营销、网络营销、人员上门营销。

随着社会生产和消费需求的发展变化，新的非商店销售形式还将不断涌现。

近几年，非商店零售发展得比较快，非商店零售商主要有以下三种形式：

①直复市场营销。它是使用一种或多种广告媒体传播产品信息，以使广告信息所到之处迅速产生需求反应，并最终达成交易的销售系统。

直复市场营销利用广告介绍产品，顾客可通过写信、打电话等形式订货；订购的货物一般通过邮寄交货，顾客用信用卡付款。直复市场营销可在广告费用开支的一定范围内，选择可获得最大订货量的传播媒体，目的是迅速实现潜在交换，而不是为了刺激顾客的偏好和树立品牌形象。

②直接销售。直接销售主要有挨门挨户推销、逐个办公室推销和举办家庭销售会推销等形式。由于需要支付雇用、训练、管理和激励销售人员的费用，因而直接销售的成本费用很高。

目前，直接销售所存在的问题已经引起很多人对这种销售方式的反感。除某些特定种类产品以及以某些特定顾客为对象的直接销售外，一般的直接销售很可能被电子销售所代替。

③自动售货。自动售货是利用自动售货机进行产品销售。由于自动售货机向顾客提供全天售货服务、要经常给相当分散的售货机补充存货、机器常遭破坏、失窃率高等原因，自动售货的成本很高，因此产品的销售价格比一般价格水平高出15%～20%。但是，自动售货机被广泛安置在工厂、办公室、大型零售商店、加油站、街道等地方，方便了人们的购买。

自动售货始于第二次世界大战之后，现已被用在相当多的产品的销售上，包括经常购买的产品（如饮料、糖果、香烟、报纸等）和其他产品（如食品、化妆品、书刊、唱片、T恤、袜子、鞋油等）。目前，自动售货的领域还在进一步扩大，自动售货的硬件也在不断得到完善。

（3）联合零售商组织。它包括批发联号、零售商合作社、消费合作社和商店集团等形式。

①批发联号。它是中小零售商自愿参加批发商的联号，联号成员以契约作为联结，明确双方的权利和义务。批发商获得了忠实客户，零售商按比例在批发联号内进货，保证了供货渠道。

②零售商合作社。它主要是由一群独立的零售商按照自愿、互利互惠原则成立的，以统一采购和联合促销为目的的联合组织。

③消费合作社。它是由社区居民自愿出资成立的零售组织，实行民主管理。这种合作

社按低价供应社员产品，或制定一定价格，社员按购物额分红。

④商店集团。它是零售业的组织规模化形式，没有固定的模式。它是在一个控股公司的控制下包括各行业的若干商店，通常采用多维度经营。

（4）零售新业态。近几年，随着电商的发展、大型互联网企业向线下的扩展，以及线上线下的融合、新零售概念的提出等，出现了许多新的零售业态形式，主要包括连锁商业、连锁超市、特许经营、商业街和购物中心等。

①连锁商业。它是指众多的、分散的、经营同类产品或服务的零售企业，在核心企业（连锁总部）的领导下，以经济利益为连接纽带，统一领导，实行集中采购和分散销售，通过规范化经营管理，实现规模经济效益的现代流通组织形式。

②连锁超市。它是连锁商业形式和超级市场业态两者的有机结合。作为我国现代零售业中的主流形式，连锁超市在发展中不断细分和完善。例如，大型综合连锁超市（GMS）主要经营大众产品，其中70%是百货，30%是食品。又如，仓储式会员店连锁超市以零售方式运作批发，采用会员制。

③特许经营。它是一种根据合同进行的商业活动，体现互利合作关系。一般是由特许授予人（以下简称"特许人"）按照合同要求、约束条件给予被授予人（以下简称"受许人"，也称加盟者）的一种权利，允许受许人使用特许人已开发出的企业形象（如商标、商号）、经营技术及其他工业产权。特许经营分为产品商标型特许经营、经营模式型特许经营和转换型特许经营。

④商业街。它是由经营同类或异类产品的多家独立零售商店，集合在一个地区形成的零售商店集中区，也有集购物、休闲、娱乐综合功能于一体的商业街。

⑤购物中心。它是由零售商店及其相应设施组成的商店群体，作为一个整体进行开发和管理。它通常包括一个或多个核心商店，并有许多小的商店环绕其中，有停车场设施，顾客购物来去方便。购物中心占地面积大，一般在10多万平方米。其主要特征是容纳了众多各种类型的商店、餐饮店，以及美容、娱乐、健身、休闲等场所，功能齐全，是一种超巨型的商业零售模式。

零售商的发展呈现出几种趋势：①新的业态不断涌现，威胁着传统的零售方式；②零售生命周期正在逐渐缩短；③不断强调顾客自助服务，让顾客与产品直接接触，按自己的意愿选购产品；④新奇产品不断出现，许多零售店的经营超过了正常的范围；⑤零售商的经营手段日益现代化。

讲一讲

知识点3：分销策略的基本类型

1.按是否需要中间商，分销策略划分为直接分销策略和间接分销策略

（1）直接分销策略，是指生产者不需要中间商，自己直接销售产品的策略。

其基本模式为：①生产者→消费者（如农村部分农产品的生产及消费）；②前店后厂形式；③生产者组建的销售公司。

（2）间接分销策略，是指生产者通过选择中间商来分销自己产品的策略。

2.按选择中间商的数量，分销策略划分为广泛分销策略、专营分销策略和选择分销策略

（1）广泛分销策略，是指生产者普遍地运用中间商来分销自己产品的策略。其基本模

式为：生产者→众多中间商。

（2）专营分销策略，也称独家分销，是指生产者在一定的目标市场上选择一家中间商来分销自己产品的策略。这里的一家中间商，是指在某一层次的中间环节中选择一家中间商（如在批发商环节或零售商环节选择）。其基本模式为：生产者→一家中间商。

（3）选择分销策略，是指生产者在一定的市场范围内有条件地选择少数几个中间商经销自己产品的策略，其选择中间商数量介于广泛分销策略和专营分销策略之间。其基本模式为：生产者→少数几个中间商。

学一学

知识点4：分销渠道策略的运用

1.分销渠道策略的选择

（1）直接分销策略。

①优点：销售及时；能节约一定的流通费用；更容易了解市场信息；生产者能直接提供服务；生产者对价格有更大的自主权。

②缺点：不利于产品占领更大的市场与扩大销售；容易增加销售费用。

③适用范围：部分农副产品、时令副食品、部分生产资料。

（2）广泛分销策略。

①优点：产品能进入更大的市场，得到广泛销售；方便顾客随时随地购买；能充分展示企业产品，增强顾客印象。

②缺点：选择的中间商过多，难以形成密切的合作关系；中间商不愿承担促销费用；制造商既要花费大量的促销费用，又要想方设法调动中间商的积极性。

③适用范围：日用品和标准化、通用化程度较高的工业品。

（3）专营分销策略。

①优点：对制造商而言，容易控制中间商，简化了产品运送、销售、结算手续，降低费用，避免假冒伪劣产品进入市场，提高产品声誉；对中间商而言，可以享受一定的销售权利，并可以利用厂家声誉来提高自己在市场上的地位。

②缺点：渠道单一，双方依赖性过强，或因为一方的失误给对方造成一定的损失；销售力量不足，应变市场的能力差。

③适用范围：名牌产品；部分高档耐用消费品；使用方法复杂需要进行技术指导及承担较多售后服务的产品。

（4）选择分销策略。

①优点：可以通过优质的中间商积极推销产品；与中间商建立密切的关系；避免了渠道单一造成的市场风险；可以降低部分促销费用。

②缺点：对中间商的要求较高，选择上有一定难度；产品在市场上的销售渠道较窄。

③适用范围：消费品中挑选性较强的产品、部分特殊产品、工业品中的零配件。

小资料

新零售下的企业分销模式如图6-12所示。

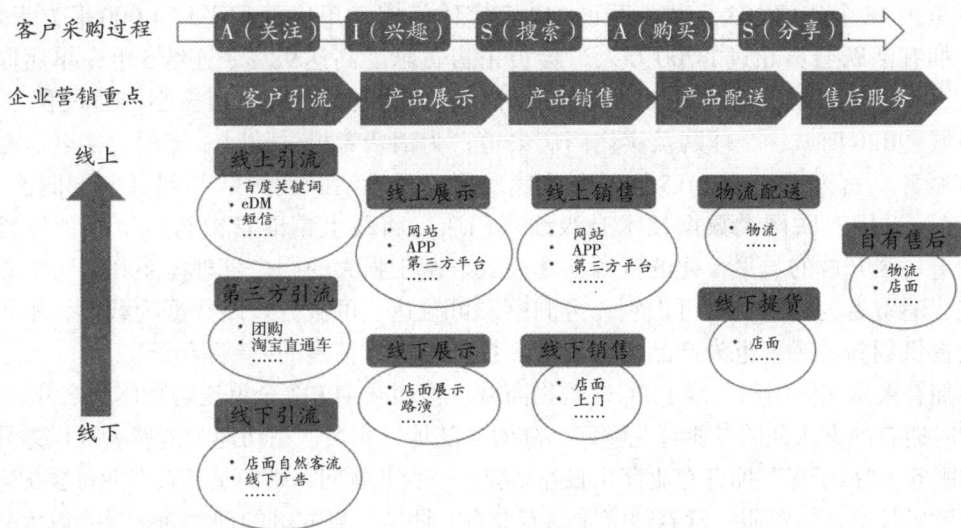

图6-12 新零售下的企业分销模式

2.对中间商的管理

从制造商的角度来讲，如何选择企业满意的中间商，如何调动中间商分销产品的积极性，是需要重点考虑的问题。这里讲到的对中间商的管理，包括制造商如何选择中间商、如何评估中间商和如何激励中间商。

（1）制造商如何选择中间商。

制造商在选择中间商（如批发商、代理商和零售商）时，需要考虑以下因素：①中间商的服务对象；②中间商所处的地理位置；③中间商的经营范围；④中间商的职业责任与销售能力；⑤中间商的储存与运输能力；⑥中间商的服务能力；⑦中间商的资金和财务能力；⑧中间商的经营管理水平。

（2）制造商如何评估中间商。

制造商对中间商进行评估时，主要考虑的评估指标包括：①销售定额的完成情况；②平均存货水平；③向客户交货的时间；④损害和遗失货物的处理；⑤促销与培训方面的合作情况；⑥货款返还情况；⑦对客户提供服务的情况。

（3）制造商如何激励中间商。

制造商对中间商的激励措施包括：①提供物美价廉的产品；②协助中间商进行广告宣传；③协助中间商搞好各种促销活动；④提供市场信息；⑤提供资金支持。

做一做

案例："孩子王"：以数据驱动打造新型家庭全渠道服务商

"孩子王"儿童用品股份有限公司（以下简称"孩子王"）是一家由数据驱动、基于用户关系经营的新型家庭全渠道服务商。在新零售时代，"孩子王"对智慧门店、社群电商、育儿服务进行探索，让消费者拥有对产品"第一次就爱上"的零售新体验。

作为2017年度江苏省互联网平台经济"百千万工程"重点企业，"孩子王"以"经营顾客关系"为核心理念，以"科技力量+人性化服务"为双核驱动，开创新型商业模式，带动整个行业的升级与创新，为未来儿童生活带来了新的选择。截至2017年年底，"孩子王"在全国18个省的103个城市开设214家实体门店，单店面积平均4 000平方米左右。目前，拥有活跃会员超过1 700万人，会员销售贡献度高达98%。连续5年，单店同比增长突破50%，复合增长超过100%。"孩子王"以全渠道发展战略为核心，通过官方APP、微购商城、B2C商城、全球购及实体门店渠道，为消费者提供随时、随地、实名、贴切的全渠道服务。官方APP自2015年以来迭代发展，月度活跃用户数位列母婴电商前三位。"孩子王"运用互联网大数据技术升级线下门店，将线上精准营销与线下互动体验相结合，创造一个开放的、平台化的资源共享模式。基于强大的用户管理体系和完善的数据管理系统，消费者的需求变得可识别、可洞察、可触达、可服务。以数据为载体，不仅为产品研发提供创新灵感，也为产品的零售推广提供丰富且精准的营销指引。

除拥有大型实体门店、线上PC端购物商城、移动端APP等全渠道购物体验之外，"孩子王"同时拥有国家认证的专业育儿顾问，随时、随地、实名、贴切地为消费者提供差异化的产品和服务。"孩子王"拥有专业育儿服务品牌——育儿顾问，她们是具有专业母婴护理师资质、儿童成长培育师资质、营养师资质的专业育儿团队，以先进的理念为指导，以大数据云平台的实例和数据为依托，致力于帮助千万家庭健康、幸福、快乐地生活，为妈妈们提供"私人订制"的育儿服务。目前，"孩子王"拥有国家专业资质认证的育儿顾问达5 000多名。

"孩子王"将持续以育儿顾问为代表的人性化服务为科技赋能，更好地为消费者提供具有温度的智慧体验；基于中国新家庭的全渠道服务，整合优质资源的数字化平台，打造孩子成长的优质生态平台——"成长+"；为打造行业标准和培养优质人才，引领国内母婴服务发展，"孩子王"的育儿大学项目于2017年成立，该项目将大力支持和推动行业标准化的建立和实施，促进行业健康发展，提升社会价值。

"孩子王"将继续保持作为行业创新模式的先行者和深耕者，充分利用领先的行业地位、丰富的行业经验及资源，以技术为驱动，以客户为中心，通过商业模式的不断创新，构建顾客与顾客、员工与顾客、产品与顾客之间的关系，构建产品、服务、社交一体化的母婴行业生态圈，成为中国新家庭首选的全渠道服务商。

资料来源　孙昌民，刘倩."孩子王"：以数据驱动打造新型家庭全渠道服务商［N］. 新华日报，2018-01-29.

讨论：

（1）"孩子王"打造全渠道包含哪些内容？

（2）"孩子王"为什么要打造全渠道服务商？

（3）零售实体店如何应对互联网和电子商务发展的冲击？

拓展学习

美国零售业寒冬凛凛！年内已有7 600家门店关闭

根据瑞士信贷最新报告，2019年美国零售业已宣布关闭7 600家门店，创历史同期新高，其中约75%是销售服装或纺织品的所谓"软线商店"。

瑞信警告称，预计2020年美国零售商店倒闭的风险将和2019年一样高，甚至更糟。

同时，该报告还称，一些位于购物中心内的商店最有可能被大规模关闭，包括大型百货公司梅西、大型商店和药店连锁彭尼公司、服装连锁企业GAP，以及知名时尚连锁品牌维多利亚的秘密等。

与此同时，美国以低价为主的大型零售企业却取得良好的增长。

截至 10 月 15 日，大型连锁超市沃尔玛 2019 年股价上涨超过 50%，会员制商超好市多股价上涨超过 60%、零售百货店塔吉特股价接近翻倍等，他们均是以日用为主的商超。

持续改善的就业形势为消费者提供了一定的保障：当低收入人群有了稳定的工作、收入来源，他们自然有改善日常生活的强烈诉求。相比之下，收入稳定人群的消费支出变化相对较小。

数据显示，低收入消费者（年收入低于 5 万美元的家庭）4 月支出同比增加 6%，中等收入家庭（年收入 5 万–12.5 万美元）和更高收入家庭（年收入大于 12.5 万美元）同比增加 4%。过去 1 年多，低收入消费者支出增速明显高于其他用户，而中等和更高收入群体支出增速基本趋同。

此前，美国知名连锁时尚品牌 Forever 21 破产已经引起众多投资者关注。公司日前宣布，根据美国破产法第 11 章申请破产保护，以重组其业务，预计将在全球关闭多达 350 家商店，其中包括 178 家美国商店，但将继续在墨西哥和拉丁美洲开展业务。该公司于 4 月宣布退出中国市场，暂停中国官网运营并缩减门店规模。

2016 年起，Forever 21 开始逐步退出欧洲多个国家的市场。2017 年 Forever21 亏损达 4 亿美元。

与此同时，作为快时尚巨头的 ZARA、H&M、GAP，也进入了艰难时期。

2019 年 ZARA 将关闭 250 家店面，以缩减门店数量来保业绩的增长。H&M 的 2018 年年报中也显示，从全球 175 家净店面数降至 130 家，并调低了 2019 年的开店计划。根据 GAP 最新财报，2019 年上半年销售额下跌 1.9% 至 77.11 亿美元，净利润大跌 14.3% 至 3.95 亿美元。并且，在未来两年，GAP 将再关闭 230 家门店。

资料来源　根据证券时报 2019 年 10 月 16 日相关报道整理得来。

项目实训

实训内容：企业产品分销渠道运用情况分析

1.实训目的

结合所选择企业及营销的具体产品，了解不同的进货渠道和分销渠道，同时分析在选择具体分销渠道和中间商时需要考虑的各种因素，明确企业应该选择的分销渠道策略。结合本小组所开办的实体店，选择合适的分销渠道。

2.实训步骤

（1）分组进行，每组推选一名组长。

（2）在小组讨论的基础上，每组选派一名学生上台宣讲解决问题的方案。

（3）教师对小组合作学习情况进行现场观察和介入，提供及时有效的指导。

（4）每组选派一名学生担任评委，现场点评并打分，取平均分。

（5）教师总结，各组提交一份方案。

3.实训要求

（1）全班同学积极参与小组讨论，踊跃发言，敢于表达自己的观点和想法。

（2）组长负责组织好本小组的讨论，善于调动和启发同学们参与。

（3）教师观察各小组讨论情况，及时指导和启发。

（4）各小组推荐一名同学在全班进行讨论结果的分享。

（5）每个小组提交一份分析总结。

4.实训实施

结合本小组所开办的实体店，讨论下列问题：

（1）实体店准备开在什么地方？

（2）实体店准备采取怎样的业态形式？

（3）所经营的产品，准备采取怎样的进货渠道？

（4）如何与业务伙伴建立密切的关系？

项目回顾

通过本项目的学习，我们理解了分销渠道及相关的概念；掌握了消费品和工业品分销渠道的模式和类型；明确了中间商的类型以及如何加强与中间商的联系；掌握了在选择分销渠道时应该考虑的各种因素，以及分销渠道策略的选择和运用。

关键词汇

1.分销渠道，是指某种货物和劳务从生产者向消费者转移时取得这种货物和劳务的所有权或帮助转移其所有权的所有企业和个人。

2.直接渠道，是指没有中间商参与，生产者直接将产品销售给消费者或用户。

3.间接渠道，是指有中间商参与，产品经一个或多个中间商销售给消费者或用户。

4.长渠道，是指生产者通过两个或两个以上中间环节在较大地区范围销售产品的渠道。

5.短渠道，是指生产者通过一个中间环节在较小地区范围销售产品的渠道。

6.宽渠道，是指生产者选择较多（两个以上）的同类型中间商经销产品。

7.窄渠道，是指生产者选择较少的同类型中间商经销产品。

项目检测

一、单项选择题

1.一种产品从生产者向消费者手中转移所经过的具体通道，称为（　　）。

A.分销渠道　　　　B.产品流通　　　　C.批发商　　　　D.零售商

2.生产者通过一个中间环节在较小地区范围销售产品的渠道是（　　）。

A.长渠道　　　　B.短渠道　　　　C.窄渠道　　　　D.宽渠道

3.一家公司拥有和管理若干制造商、批发商和零售商，控制分销渠道若干层次的新型分销渠道是（　　）。

A.公司系统　　　　B.管理系统　　　　C.合同系统　　　　D.合作系统

4.下列（　　）宜采用最短的分销渠道。

A.单价低、体积小的日用品　　　　B.处在成熟期的产品

C.技术性强、价格昂贵的产品　　　　D.生产集中、消费分散的产品

5.经纪人和代理商属于（　　）。

A．零售商　　　　B.批发商　　　　C.供应商　　　　D.分销渠道

6.生产者普遍地运用中间商来分销自己产品的策略是（　　）。

A.直接分销策略　　　　B.广泛分销策略　　　　C.选择分销策略　　　　D.专营分销策略

二、多项选择题

1.参与产品分销的渠道成员有（　　）。

A.生产者　　　　　　B.用户　　　　　　　C.物流公司　　　　D.代理商

2.在中间商的分类中，按在产品流通中的地位与作用分为（　　）。

A.零售商　　　　　　B.代理商　　　　　　C.批发商　　　　　D.中间商

3.激励渠道成员的方法有（　　）。

A.协助广告宣传　　　B.协助促销　　　　　C.暗中给回扣　　　D.资金支持

4.短渠道的优点有（　　）。

A.产品上市速度快　　　　　　　　　B.节省流通费用

C.市场信息反馈快　　　　　　　　　D.产品市场渗透能力强、覆盖面广

5.间接分销所包括的策略有（　　）。

A.普遍分销策略　　　B.选择分销策略　　　C.专营分销策略　　　D.直接分销策略

6.分销渠道选择所考虑的因素有（　　）。

A.产品因素　　　　　B.市场因素　　　　　C.企业本身因素　　　D.国家政策因素

三、判断题

1.产品分销是商流、物流和信息流的统一。　　　　　　　　　　　　　　　（　　）

2.分销渠道的起点是中间商，终点是消费者或用户。　　　　　　　　　　（　　）

3.按是否有中间环节，将渠道分为宽渠道和窄渠道。　　　　　　　　　　（　　）

4.产业用品的用户数量少、分布相对集中、单次交易批量较大，则营销渠道网络倾向于以间接分销为主的模式。　　　　　　　　　　　　　　　　　　　　（　　）

5.便利店更适合运用广泛分销策略。　　　　　　　　　　　　　　　　　（　　）

6.制造商在某一地区通过选择一家中间商为其经销产品的策略，称为独家分销。

（　　）

四、案例分析

阿里巴巴现金要约收购高鑫零售

高鑫零售发布公告称，淘宝中国控股有限公司提出以强制性无条件现金要约收购高鑫零售全部已发行股份，要约价为每股6.5港元。公告披露，2017年12月7日，阿里巴巴间接全资附属公司阿里巴巴泽泰与高鑫零售及其附属公司欧尚中国及大润发中国订立业务合作协议。根据业务合作协议，高鑫零售及阿里巴巴泽泰自身将促使其各自的联属人士开展合作，以使高鑫零售及其联属人士的店铺采纳"淘宝到家"模式，其中包括店铺有权使用业务模式及网上平台；分享数据；整合系统及POS硬件；配送服务。

高鑫零售表示，与阿里巴巴的新联盟将使其业务受益于阿里巴巴的数码生态系统。业务合作协议将使高鑫零售的店铺数字化，并引入新的零售解决方案。根据业务合作协议，店铺能够作为"淘宝到家"业务模式经营的一部分。此次合作，高鑫零售能够利用阿里巴巴旗下"淘宝到家"业务提供的互联网技术和淘宝客流量，增加其经营传统大卖场和超市店铺的效益。

高鑫零售是中国规模最大、发展最快的大卖场运营商，以欧尚、大润发两大品牌在全国29个省、自治区、直辖市运营446家大卖场。2016年，高鑫零售的营业收入超过1 000

亿元，市场份额多年保持国内零售行业第一。

　　日前，阿里巴巴CEO张勇在阿里巴巴入股高鑫零售后公开表示，阿里巴巴的策略是先在部分本土化的商超进行新零售试验，随后再应用至更大规模的商超。这意味着，盒马模式或将快速输出到高鑫零售的400多家大卖场。

　　资料来源　赵新培.阿里巴巴现金要约收购高鑫零售〔N〕.北京青年报，2017-12-09.

　　根据以上案例分析：

（1）阿里巴巴为什么要收购高鑫零售？

（2）高鑫零售被阿里巴巴收购后会出现怎样的情况？

（3）通过这一收购事件，分析如何进行线上线下融合？

项目评价

　　本项目考评内容由职业能力与素养表现、专业知识与能力掌握两部分组成，对应相应的考评标准，以自我评分、小组评分和教师评分三方面相结合的方式计算出各项分值并换算得出合计得分，填写在表6-1中。

表6-1　　　　　　　　　　　　职业素养与专业能力测评表

考评内容		考评标准	分值	自我评分	小组评分	教师评分	合计得分
职业能力与素养表现	行为规范与态度	语言文明，行为得体，注意外在形象；做事态度端正、认真	10				
	沟通与协调	主动与他人沟通，表述清晰，注意倾听，善于协调处理问题	10				
	团队分工协作	融入团队，积极参加活动，关心他人，承担主要工作并认真完成	10				
	表达与展示	能准确收集和传递信息，善于表现自己，充分表达自己的看法	10				
	自我管理	正确认识和评价自我、合理分配和使用时间与精力、具有安全意识与自我保护能力，控制自己的情绪	10				
专业知识与能力掌握	分销渠道的概念和类型	理解、分析和掌握	10				
	分析影响分销渠道选择的因素	理解、掌握和运用	10				
	能为企业选择合适的分销渠道策略	理解、分析与运用	10				
	项目检测	作业完成情况	10				
	项目实施	参与讨论和策划，提出建议	10				
综合得分			100				

　　评价说明：①合计得分=自我评分×20% +小组评分×40%+教师评分×40%。②综合得分总分为100分；得分60分以下为不合格；60～75分为合格；76～89分为良好；90分及以上为优秀。

项目7　如何做好促销宣传

学习目标

知识目标：

1.正确理解促销，了解促销方式与促销策略。

2.熟悉人员推销的概念、特点、作用及策略。

3.熟悉广告宣传、营业推广和公共关系的概念、特点及方式。

能力目标：

1.能够根据产品和市场特点选择促销组合策略。

2.能够运用人员推销的基本策略开展促销活动。

3.能够策划简单的广告、营业推广和公共关系方案开展促销活动。

4.能够结合自己开办的实体店，做好各种促销宣传活动。

实训内容

1.结合所选择的企业，分析它的各种促销宣传活动。

2.针对本小组开办的实体店，策划如何开展促销宣传活动。

学时建议

1.教师讲授（讲一讲）6学时。

2.学生学习及讨论（学一学）6学时。

3.项目实训（做一做）2学时。

产品在市场上如何运用有效的方式开展促销活动，更好地吸引消费者？如何正确理解促销？促销的实质是卖方与买方之间的信息沟通。在现代市场经济条件下，企业促销有着极其丰富的内容和极为重要的作用，明确促销组合中各种促销方式的意义和特点，掌握运用各种促销手段和技巧，对于优化营销组合具有重要意义。

你知道什么是促销组合吗？

听说过，但了解不是很全面。

【问题导入】

结合所选择的企业，分析如何选择具体促销方式，开展有效的促销活动。

任务1　　促销策略的选择

导入案例

促销，其实就讲了两件事

促销，一般适合两种情况：一是新品推广，产品刚上市，消费者不了解，必须通过促销加快销售认知。二是老品不动销，这容易导致经销商失去信心，渠道下架产品，所以必须通过促销化解危机。

"促"，脚踢一下，是推进的意思。促销的本意，是传递刺激信息，影响消费者的态度，进而吸引、推动、说服消费者购买。促销，最关键的不是销，而是促。

有九种实战策略：

1.欲取先予策略

想要成交，先要舍得"小礼物"。常见的欲取先予策略有免费品尝、免费样品、低价引流等。还有一种欲取先予策略，也称体验营销。这种方法多用于老年人。吸引老年人汇聚一堂，进行反复推介，达到快速成交效果。还有一些组织厂房参观的、美容院免费体验的，也都是这个道理。

2.制造稀缺紧迫感

快消品企业经常在招商会上打出促销政策，现场缴纳定金，优惠多少，赠送多少，错过再无此政策。或者最先打款的前几名经销商，会有什么优惠政策。直播流行的促销策略，就是只上架1分钟，并表示直播间仅有多少件，也是同样的策略。

3.搭赠激励

北大荒纯粮白酒，仅用了不到一年时间，业绩就做到了2亿。白酒市场竞争非常激烈，北大荒纯粮白酒用的是什么策略呢？其实很简单，就是买一件酒，送10斤价值68元的北大荒长粒香米，再送1.8L北大荒非转基因大豆油。结果，很多酒民，不再是一瓶一瓶地买，而是改成了一件一件地买。

买一送一；积分兑换；进100件搭10件；现金返还；加油送洗车券；买5包泡面送1只碗；快消品招商满1000件，送60万抖音当地广告；婚庆市场买酒送饮料、送婚纱照、送旅游等，都是同类的促销策略。

4.降价特价

打折、降价永远是购物的杀手锏。奶茶第二杯半价，就会吸引更多消费者两两一对来消费。据心理学家统计，女性对于打折降价毫无抵抗力，只要产品便宜了，即使不需要，也会有很多女性把产品买回家。消费心理毫无理性可言。

5.会员制

樊登读书会的营销方式，核心在于会员制。很多酒店、饭店、航空公司等，以及高端消费的产品及场所，经常会采用会员制促销模式。一次性缴纳一定费用，享受会员优惠。这种方式不但能够让顾客享受到优惠，更能长期锁定客户。

6.增值服务

购买相应产品之后，商家赠送一定的增值服务。这种促销方式，可以加大顾客的购买金额。增值服务不同于赠送产品或降价，服务需要更多人员参与。比如家电赠送的保修服务，一旦家电损坏，需要人上门维修。服务的成本相对高，周期相对长，麻烦程度相对较高。

大型产品、大额消费，往往搭配有增值服务促销策略。但是，随着移动互联网的发展，更多的服务开始去人化、低成本化。比如中石化推出满300元，赠送洗车服务，而洗车更多是自动化洗车，甚至不需要服务人员。盒马生鲜推出3公里内，配送到家服务，已经不再限定大额消费了。

7.政策奖励

白酒经常有开箱奖、开瓶奖，通过各种促销政策，奖励终端或经销商。饮料经常有天降财神、冰冻化奖等政策，也是鼓励终端把产品摆在冰箱里，夏天动销更快。

8.广告及生动化

曝光率，决定了消费者对品牌的印象认知。除了费用较高的传统媒体，以及POP、陈列、堆箱、柜眉、店内KT板、灯箱、海报、灯笼、价格签、室内外堆箱展示等生动化工具，新媒体的价值也日趋凸显。

根据360媒介统计的数据，对百姓影响最大的媒体前两名分别是移动互联网、PC，而传统电视仅排在第三位。抖音、快手、爱奇艺、优酷、小红书、B站、今日头条、腾讯新闻、新浪、微博、公众号等新媒体，早已占据主流人群的大部分注意力。善于利用媒体传播的品牌，未来会越来越有竞争力。

9.好奇心做促销

百度APP与浙江卫视联合推出一场以好奇为主题的晚会，叫《百度好奇夜》，中午的午餐设计，就融入了好奇的策略。所有的午餐均是9.9元，由一个密封的盲盒包装。随机购买，任意选择，有可能抽中的是9.9元的普通盒饭，不一定是自己喜欢的口味，也有可能抽中59元的豪华餐。这种促销策略，不但让消费者感到刺激，更带来广泛的传播效应，很多品尝过的消费者，纷纷在新媒体进行传播。盲盒营销，就是利用好奇心的一种促销策略。很多游戏动漫手办产品的营销，经常采取盲盒策略。

资料来源　根据《销售与市场》2020年11月18日作者刘大贺文章整理得来，内容有删减。

问题：

（1）说说你在生活中遇到过上述哪些促销策略，举例说明？

（2）如何正确理解促销和促销组合？

（3）企业应该怎样进行有效的促销宣传？

讲一讲

知识点1：正确理解促销

京东618：一场非京东式的促销

1.促销的定义

促销，即促进销售，是企业通过人员和非人员的推销方式，将所经营的产品或劳务的信息传递给消费者，引发、刺激消费者的消费欲望，使其产生购买行为的活动（如图7-1所示）。

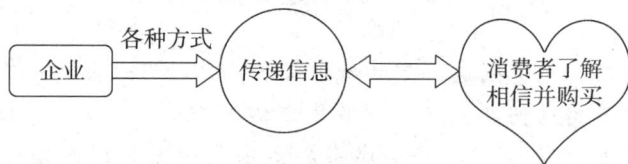

图7-1　促销结构图

小思考

促销与营销、销售是什么关系？

2.对促销的理解

（1）促销的依据，是消费者的需求具有可诱导性。如果消费者的需求完全由自己来决定，就没有促销的必要了。因此，促销要解决的关键问题就是如何诱发消费者产生需求。

消费者对一种产品产生购买行为的过程可以概括为：未知→已知→理解→决心→购买→信任→重复购买。

（2）促销的实质，就是让卖方与买方之间达到信息的双向沟通。卖方掌握了买方的信息，才能有针对性地开展促销活动；买方了解卖方的各种信息，才能准确地选购产品。

从促销的角度分析，谁应该主动去沟通信息？怎样才能达到信息的双向沟通？

在现代市场竞争非常激烈的情况下，消费者购买产品处于"两难"的选择：不知道购买谁家的产品；不知道购买什么产品。这就要求商家主动沟通信息，传递充分的信息。在信息传递过程中，企业营销人员需要弄清楚下列问题：①由谁传播信息；②传播什么信息；③通过什么渠道传播；④传播信息给谁；⑤需要产生什么效果；⑥达到怎样的目的。

（3）促销的目的，是让消费者（买主）了解企业及产品，在相信企业及产品的基础上，实施购买活动，并在得到满意的产品和服务之后重复购买企业的产品，最终成为忠诚顾客。只有这样，企业才能更好地扩大产品销售。

（4）促销的方式，包括人员推销与非人员推销。非人员推销中又包括广告宣传、公共关系、营业推广。促销的四种方式如图7-2所示。

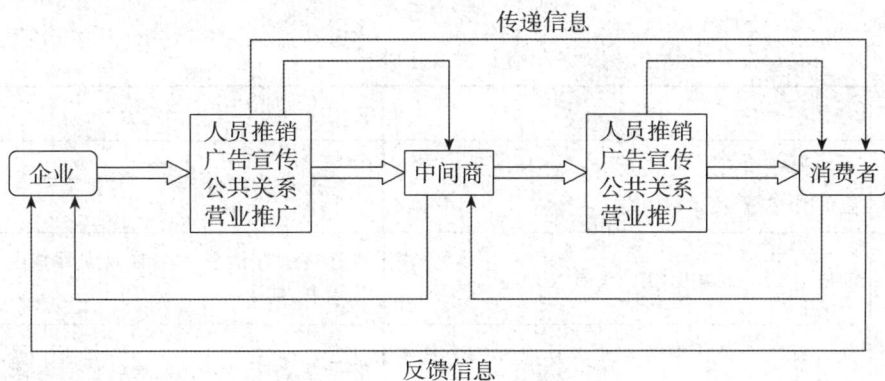

图7-2 促销的四种方式

3.促销的作用

（1）传递信息，提供情报。信息传递是产品顺利销售的保证，而促销是买卖双方的双向信息传递。在促销过程中，一方面，企业向消费者介绍企业生产经营的产品及其品牌、产品功能、产品特点、产品销售点、产品购买条件等信息，以此来诱导消费者对产品或劳务产生需求欲望并产生购买行为；另一方面，消费者向企业反馈产品价格、质量和服务内容、方式是否满意等相关信息，促使企业取长补短，更好地满足消费需求。

（2）突出特点，诱导需求。在市场竞争如此激烈的今天，同类产品琳琅满目，差别微小，消费者难以分辨。企业通过促销活动，向消费者提供有关信息，宣传和突出本企业产品有别于同类其他产品的特点，使消费者了解本企业产品在哪些方面优于同类产品，激发消费者的购买欲望，变潜在需求为现实需求。

（3）指导消费，扩大销售。在促销活动中，企业通过广告宣传、人员推销等方式介绍产品知识，在一定程度上对消费者起到了指导作用，可以激发消费者对企业产品的兴趣，引导顾客的消费，从而为扩大销售提供有效的帮助。

（4）形成偏爱，稳定销售。在激烈的市场竞争中，企业的产品销售并不稳定，波动较大。企业开展促销活动，可以有效提升自身产品和品牌的知名度，促使消费者加深对企业产品和品牌的认识，形成偏爱和品牌忠诚度，从而有助于企业提高竞争能力，稳定销售。

学一学

知识点2：促销组合与促销策略

1.促销组合的定义

促销组合，是指企业有目的、有计划地将多种促销方式配合起来综合利用，形成一个整体的促销策略系统。

促销组合与营销组合有什么联系与区别?

2.促销方式比较

促销包括的四种基本方式,即人员推销、广告宣传、公共关系和营业推广,各自具有的优点和缺点见表7-1。

表7-1 促销方式比较

促销方式	优点	缺点
人员推销	直接沟通信息、反馈及时、针对性强、可当面促成交易	占用人员多、费用高、接触面窄
广告宣传	传播面广、形象生动、节省人力	只针对一般消费者、难以立即成交、广告支出较大
公共关系	影响面广、信任度高、可提高企业知名度和声誉	花费力量较大、效果难以控制
营业推广	吸引力大、能激发购买欲望、可促成消费者即时冲动购买行为	接触面窄、有局限性、有时会降低产品价格

3.促销组合的运用

在选择具体的促销方式时,需要考虑以下因素:

(1)产品市场生命周期的不同阶段。在产品生命周期的各个阶段,消费者对产品的了解和熟悉程度不同,企业的促销目标和重点也不一样,因此企业要选择相应的促销方式和促销组合策略(见表7-2)。

表7-2 产品生命周期各个阶段的促销组合

产品生命周期	促销目标	促销组合
导入期	提高产品认知度	广告宣传、公共关系和营业推广
成长期	提高产品知名度	加强广告宣传和公共关系
成熟期	增加产品美誉度	以公共关系为主,辅以广告宣传
衰退期	维持信任和偏爱	以营业推广为主

(2)产品(或市场)的类型。一般来说,对不同的产品(或市场)所采用的促销组合方式和顺序是不同的(见表7-3)。

表7-3 产品(或市场)类型的促销组合

产品(或市场)类型	促销组合
消费品(市场)	广告宣传、营业推广、人员推销、公共关系
工业品(市场)	人员推销、营业推广、广告宣传、公共关系

(3)购买准备阶段的不同。顾客的购买准备过程一般分为六个阶段:知晓、认识、喜

爱、偏好、确信、购买。在顾客购买准备的不同阶段应选择不同的促销组合（见表7-4）。

表7-4   购买准备阶段的促销组合

购买准备阶段	促销组合
知晓和认识	广告宣传、公共关系
喜爱、偏好和确信	人员推销
购买	人员推销和营业推广

4.促销策略的选择

促销策略，是指企业如何通过人员推销、广告宣传、公共关系和营销推广等各种促销手段开展有效的促销活动。促销策略是市场营销组合的基本策略之一。

促销策略包括推动和拉引两种基本策略（如图7-3所示）。

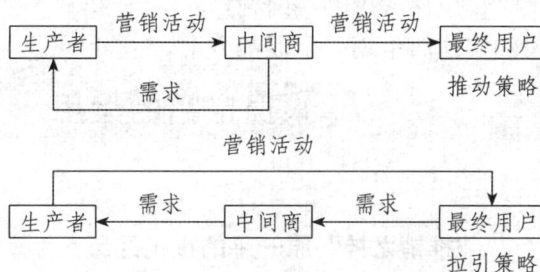

图7-3 促销策略示意图

（1）推动策略。它是指通过以人员推销方式为主的促销组合，把产品推向目标市场的促销策略。其具体方法包括访问推销、网点推销、演示推销和服务推销。

推动策略适用范围包括：企业规模小或无足够的资金推行广告计划；市场比较集中，渠道短；企业的销售能力强；产品单位价值高；企业与中间商、消费者的关系需要协调；产品性能及使用方法需要演示；需要经常维修或退换的产品。

（2）拉引策略。它是指运用以广告为主的非人员推销方式进行组合，把消费者吸引到企业特定产品上来的促销策略。其具体方法包括广告信函销售、代销与试销、邀请销售和信誉促销。

拉引策略适用范围包括：产品的市场范围很大；产品的信息必须以最快速度告知消费者；产品的市场需求日渐升高；企业拥有充分的资金支持广告活动计划。

做一做

案例：成都"家门儿"火锅店被吃垮

成都"家门儿"火锅店做活动后被吃垮，老板表示：目前已负债50万元。相信大家平时没事，偶尔也都和亲朋好友去火锅店吃吃火锅，如果很喜欢吃火锅的朋友，可能还会在自己经常吃的火锅店里办理会员卡。

而就在成都，有这么一家火锅店，老板做了一个"120元会员卡，吃一个月火锅"的活动。这家火锅店就叫"家门儿"火锅店，这个活动听起来似乎不太现实，120元就可以吃一个月的火锅？但是这家火锅店就敢这么做，活动推出后，前来办卡的市民络绎不绝，但是这个活动推出不到两周，竟然被"吃"得暂停营业了？这是怎么回事呢？

据悉，"家门儿"火锅店之前的生意一般，所以老板想做一些改变，于是就推出了一个"120元会员卡，吃一个月火锅"的活动。老板表示：本来是想通过这样的方式来积累客户，也知道会亏本，但没想到场面会失控，还说自己现在已经负债50万元了！

为什么说场面失控呢？有不少居民反映了这一情况，因为会员卡只是会员卡，它不是身份证，所以没办法实名到本人，本来仅限本人使用的会员卡，被有些人随意借给同事、朋友，甚至还有人私自打包带走。在这样的情况下，"家门儿"火锅店终于支撑不住而宣布暂停营业了。对此老板也反思，食客不文明是其次，最后悔的是火锅店未能及时使用人脸识别系统，造成这一后果，他很后悔。

资料来源　作者根据网络资料整理。

讨论：

（1）这家火锅店做促销为什么会失败？

（2）在策划促销方案时，应该考虑哪些问题？

（3）结合本小组开设的实体店策划一个促销方案。

任务2　人员推销的运用

导入案例

"推销之神"原一平的推销经历

原一平，在日本寿险业是一位声名显赫的人物。日本有近百万的寿险从业人员，其中很多人不知道全日本20家寿险公司总经理的姓名，却没有一个人不知道原一平。他从被乡里公认为无可救药的小太保，到最后成为日本保险业连续15年全国业绩第一的"推销之神"，他的一生充满传奇。最穷的时候，他连坐公交车的钱都没有，可是，他终于凭借自己的毅力，成就了自己的事业。

推销是一件极具挑战的工作，推销得顺利与否，其前提是有创意、有人情。在打破心理障碍方面，原一平有着一套自己的方法，并且顺利拿下每一位客户。

原一平曾经制订一个推销计划，准备向一家汽车公司开展企业保险推销，所谓企业保险，就是公司为其职工缴纳预备退休金及意外事故等保险。

可是，听说那家公司一直以不缴纳企业保险为原则，所以不论哪个保险公司的推销人员向其发动攻势，都无济于事。原一平决定集中攻占这个目标，于是，他选择总务部长作为对象进行拜访。

可是，这位总务部长总不肯与他会面，他去了好几次，对方都以抽不开身为托辞，根本不露面儿。

两个月后的某一天，对方终于动了恻隐之心，同意会见他，走进接待室之后，原一平竭力向总务部长说明企业保险的好处，紧接着又拿出自己早已准备好的资料——销售方案，满腔热情地进行说明，可总务部长刚听了一半就说："这种方案，不行！不行！"然后站起身就走开了。

原一平在对这一方案进行反复推敲、认真修改之后，第二天上午又去拜见总务部长。对方再次以冰冷的语调说道："这样的方案，无论制订多少，带来也没有用，因为本公司有不缴纳保险金的原则。"

在遭到这种拒绝的一刹那，原一平呆住了：总务部长昨天说方案不行，自己熬了一夜重新修改方案；总务部长现在又说自己无论拿出什么方案，也是没有用的。

原一平几乎被这种莫大的侮辱击垮了，但忽然间，他脑海中闪出一个念头，那就是"等着瞧吧，看我如何成为世界第一推销人员"的意志以及"我是代表明治保险公司进行推销"的自豪感。

虽然现在与我谈判的对手是总务部长，但是这位总务部长却代表着这家公司。因此，实际上这位谈判对手代表的是其公司的整体形象。同样，我也代表整个明治保险公司到这里来进行推销的。我不由得这样想到，而且我坚信：我要推销的企业保险，肯定对这家公司有益无害。

于是，他的心情渐渐平静下来，说了声，"那么，再见"，就告辞了。

从此，原一平开始了长期、艰苦的推销访问，前后大约跑了300次，持续了三年之久，从原一平的家到这家公司，来回一趟需要六个小时，一天又一天，他抱着厚厚的资料，怀着"今天肯定成功"的信念，不停奔走，就这样三年，终于成功地完成了这次盼望已久的推销。

原一平深有感触地说道："推销就是初次遭到客户拒绝之后坚持不懈，也许你会像我那样，连续几十次、几百次地遭到拒绝。然而，就在这几十次、几百次遭到拒绝之后，总有一次客户会同意采纳你的计划。"

资料来源　作者根据网络资料整理。

问题：

（1）原一平的推销经历对我们有什么启示？

（2）你是如何看待和评价上门推销的？

（3）作为企业的推销人员，如何做好推销工作？

讲一讲

知识点1：正确理解人员推销

1. 人员推销的定义

人员推销，又称直接销售，是指企业通过推销人员向潜在的买主进行直接的宣传介绍活动，使其采取购买行为的促销方式。

人员推销既是一种古老的销售方式，又是现代企业重要而普遍的促销手段。

2. 人员推销的特点

（1）作为一种信息的双向沟通，所传递和反馈的信息真实、可信。

（2）针对性强。由于推销人员在现场进行演示，能够加强顾客的了解，推销效率高，容易达成交易。

（3）方式灵活。与买主面对面交谈，形式直接、灵活，这也要求推销人员要投其所好，善于察言观色。

（4）协作的长期性。容易与买主建立密切的合作关系。

（5）推销成本较高，推销范围受到限制。

（6）对推销人员的要求较高。

3.人员推销的形式

（1）推销人员上门推销。它是指由推销人员携带样品、说明书、订货单等资料走访顾客，推销产品的方式。这是一种被企业和公众广泛认可和接受的推销形式。

（2）商店专柜推销。它是指由营业员接待进入商店的顾客，向顾客介绍产品，回答询问，促成交易的推销方式。

（3）会议推销。它是指利用各种会议的形式，由顾问或专家现场提供咨询服务，介绍和宣传产品，开展推销活动，如推介会、订货会、展销会等。

学一学

知识点2：人员推销方式的运用

1.人员推销的任务

案例分析

一天，两家鞋厂的推销人员到同一地方去推销鞋子，看到当地人都光着脚。两位推销人员表现出两种反应：一个推销人员非常高兴，决定长期住下；另一个推销人员非常失望，决定马上离开。

问题：两个推销人员谁的行为更正确，为什么？

推销人员在实际推销活动中，需要承担的主要任务是：

（1）寻找客户，推销产品。推销产品是人员推销的基本任务，即通过与顾客的直接接触，有效分析顾客的需求，运用销售的技巧，诱导其购买，从而实现产品销售。推销人员在推销过程中，要善于发现新的市场机会，发掘潜在的顾客需求，满足更多、更好的消费需求。

（2）传播和收集信息。推销人员应及时地将企业的产品或服务信息传递给目标顾客，诱导和激发顾客的购买欲望。也应该时刻保持敏锐的营销意识，善于收集各种现实或潜在的顾客需求信息，并及时反馈给企业的决策部门。

（3）提供周到的服务。推销人员在与顾客一对一的接触过程中，应始终如一地为顾客提供各种售前、售中、售后服务，如产品咨询、技术支持、资金融通、解决存在的问题等。

2.人员推销的程序

推销人员在实际推销过程中，应该遵循一定的程序，按具体步骤和规范要求去做，才能收到很好的成效。推销程序包括下列步骤：

（1）发掘客户。推销人员通过市场调研、咨询现有客户等方法寻找新的顾客和潜在的顾客。

（2）推销准备。开展推销之前，推销人员充分做好相关资料的准备工作，这些资料包括市场资料、顾客资料、产品资料等。

（3）接近客户。推销人员开始与顾客进行接触，需要给顾客留下深刻和良好的印象。

（4）推销洽谈。在洽谈过程中，推销人员要介绍产品的整体优势和突出特点，重点说明产品能给顾客带来的利益。

（5）处理异议。推销人员在顾客产生异议时，应随机应变地排除异议，说服顾客。

（6）达成交易。当顾客被说服时，推销人员应及时与顾客签订购销合同，达成交易。

（7）追踪服务。在产品销售后，推销人员还应及时了解顾客使用产品后是否满意、是否有问题需要解决等，并积极、及时地做好售后服务。

小资料

推销过程中需要把握的五个关键点

一是打招呼。推销人员要接近顾客，首先必须要做的当然是向顾客打招呼。打招呼时要注意三点：热忱、目光、笑容。

二是介绍自己。不管是对陌生顾客还是对打过交道的顾客，推销人员都不要忘记在打招呼后介绍自己来强化顾客的记忆。介绍自己时也要注意三点：简单、清楚、自信。

三是介绍产品。介绍产品时，推销人员把产品放到顾客手上，让顾客参与进来体验产品，这会让顾客觉得产品已经是他的了。介绍产品要简洁、明了，尽量用顾客听得懂的语言介绍产品，最好不用顾客听不明白的专业术语。商议价格要真诚，用眼睛注视顾客，了解对方的心理活动。

四是成交。推销人员对于成交时机的把握要体现专业化和恰到好处，专业化会让顾客觉得他的购买决定是正确的。提出顾客想了解的问题，并快速解答处理问题，不要让顾客有过多的思考机会，否则太多的疑问不但会打乱销售进程，还会让顾客疑虑越来越多，进而动摇购买产品的决心。

五是再成交。乘胜追击，抓住顾客的购买动机，再次刺激其购买欲望。

3.人员推销策略的选择

人员推销常采用的策略有：试探性策略、针对性策略和诱导性策略。

（1）试探性策略，又称刺激–反应策略，是指在不了解客户需要的情况下，事先准备好要说的话，对客户进行试探，同时密切注意对方的反应，然后根据反应进行说明或宣传。

（2）针对性策略，又称配套–成交策略，是指事先基本了解客户某些方面的需要，然后有针对性地进行说服，当讲到"点子"上引起客户共鸣时，就有可能达成交易。

（3）诱导性策略，又称诱发–满足策略，是指首先应设法引起客户需要，再说明自己所推销的这种服务或产品能较好地满足这种需要。它要求推销人员有较高的推销技巧，在"不知不觉"中成交。

4.推销人员的素质要求

（1）品质素质：要求具备全心全意为客户服务的精神；对客户要诚恳、热情、谦恭有礼；要有高度的责任感，一言一行代表企业；遵纪守法，不假公济私，不铺张浪费。

（2）心理素质：要求性格外向；情绪控制力强；有容忍度；有坚强的毅力和上进心；富有幽默感。

（3）业务素质：要求要有敏锐的洞察力；具备丰富的学识；具有高超的社交能力。

（4）身体素质：要求有健壮的体格、灵活的大脑、旺盛的精力。

做一做

任务布置：

结合每个小组所选择的企业，选择一种熟悉的产品，用头脑风暴法讨论以下内容：

（1）企业产品的卖点是什么，竞争力在哪里？

（2）企业采用了怎样的人员推销策略？

（3）企业推销人员培训的重点是什么？

讨论：

（1）个人陈述：针对教师提出的问题每个人通过口头表达展示自己的想法。

（2）组内讨论：每组根据组员同学的展示，围绕问题进行讨论。

全班分享：

（1）教师在每组中随机抽取一名同学，将小组讨论的结果在全班进行分享。

（2）教师对分享的结果进行总结提炼，突出重点，突破难点。

头脑风暴法，又称智力激励法或自由思考法（畅谈法、畅谈会、集思法），头脑风暴法有一条原则：不得批评、仓促地发言，甚至不许有任何怀疑的表情、动作、神色。这样能使每个人畅所欲言，提出大量的新观念。

任务3　　广告媒体的选择

导入案例

投诉最多的广告：肯德基　大众上榜

英国广告标准管理局发布50年来在英国被投诉最多的10个广告，肯德基、大众等上榜。

看电视就免不了看广告，什么样的广告最让你抓狂？

英国广告标准管理局在其50周年之际，梳理出其有史以来消费者投诉最多的10个广告，其中肯德基2005年的广告投诉量位居榜首，最让人生厌。

"电话客服中心的接线员嘴里塞满鸡肉，竟然还边吃边唱！"肯德基这个2005年拍摄的广告接到了1 671个投诉，创下了英国广告投诉的纪录。

英国广告标准管理局称，人们不满的理由是：大多数人认为这样的广告会让孩子跟着"学坏"，养成一些坏习惯。

排在榜单第二位的是"拍卖世界"电视台的购物频道，消费者的投诉量达到1 360个，主要是因为其客服质量太差，价格存在误导，而且送货太慢。这样的民怨导致该电视台不仅被罚款，还被撤销了播放许可。

而博彩公司Paddy Power的广告也让人生厌，排名第三。它的广告是一个踢足球的盲人把球场上的一只猫踢飞。投诉的理由是：它不但有辱盲人，而且会鼓励虐待动物行为。

另外，大众集团2009年的广告也以投诉量达1 070个，排在榜单第七位，让人不满的是广告里充满暴力。

除了给50年来被投诉最多的广告排名外，英国广告标准管理局同样推出了去年十大消费者最不满意的广告。其中联合利华的广告两度上榜。

联合利华英国公司一则广告用了诺亚方舟的故事，内容是一个男人只是给自己喷了些除臭剂，就吸引了一群女人走上他的船。

观众看后表示不满：这则广告不仅误导孩子，拿人们的信仰开玩笑，而且还贬低了女性。

联合利华另一个上榜的广告用了一位裸体女模特,她的上身只用一只手遮住,这样的广告被指不适合孩子观看。

资料来源　王进雨. 投诉最多的广告:肯德基 大众上榜〔N〕. 法制晚报.

问题:

(1) 英国广告标准管理局这个发布说明了什么?

(2) 你是如何看待目前各种广告宣传的?

(3) 如何做好广告促销?

讲一讲

知识点 1:对广告的理解

1.广告的定义

广告,即广而告之。广告有狭义和广义之分:

(1) 广义的广告,是指借用各种媒体,传播各种信息的公开宣传活动。

(2) 狭义的广告,又称商业广告或经济广告,是指由广告主支付费用,通过一定的媒体,传播本企业产品和服务信息给予目标顾客的公开宣传活动。

凉茶双雄
广告争霸

商业广告与广义广告不同:商业广告有特定的广告主;需要支付一定的广告费用;广告的目的是介绍广告主所要推销的产品和提供的服务,这是商业广告的一个本质特征。

2.广告的特征

广告具有公众性、渗透性和表现性等特征。

(1) 公众性,是指营销广告是一种高度大众化的促销手段。

(2) 渗透性,是指营销广告可将促销信息多次重复传播,向目标受众反复渗透,加深其印象并使其接受。

(3) 表现性,是指营销广告是一种具有表现力的信息传播方式,它可以借助声音、图像,以及各种艺术形式生动地表达促销信息。

3.广告的功能与作用

(1) 广告的两大功能,即传递信息功能和创造需求功能。

(2) 广告的作用。

①传递信息,沟通产销。通过广告帮助消费者认识和了解各种产品的商标、性能、用途、使用和保养方法、购买地点和购买方法、价格等内容,从而起到传递信息、沟通产销的作用。

②介绍产品,引导消费。当前,新产品层出不穷,而且分散销售,人们很难及时买到自己需要的东西,而广告通过产品知识介绍,能起到引导消费的作用。

③激发需求,增加销售。一则好的广告,能诱导消费者的兴趣和情感,引起消费者购买该产品的欲望,直至促进消费者的购买行动。

④促进竞争,开拓市场。进行大规模的广告宣传是企业的一项重要竞争策略。当一种新产品上市后,如果消费者不了解它的名称、用途、购买地点、购买方法,就很难打开销路,特别是在市场竞争激烈、产品更新换代加速的情况下,企业通过大规模的广告宣传能使消费者对本企业的产品产生吸引力,这对于企业开拓市场是十分有利的。

学一学

知识点2：广告的媒体选择

1.广告的种类

按照不同标准分类，可将广告分为不同的类型。

（1）按宣传性质划分，广告可分为产品广告、服务广告、文体科技广告、团体个人广告和政府公告。

①产品广告。它是以宣传产品为目的。

②服务广告。它是社会服务机构或个人所提供的各种劳务宣传。

③文体科技广告。它包括球赛、娱乐活动、出版信息、科技动态等。

④团体个人广告。它包括招工、挂失、寻人、征婚等。

⑤政府公告。它包括政府的法令、法规、政策、通告等。

（2）按传播媒体划分，广告可分为电子媒体广告、印刷媒体广告和其他媒体广告。

①电子媒体广告。它是以一定的电子手段，通过先进的电子信息技术来进行广告宣传的媒体，包括电视、广播、互联网、显示屏等。

②印刷媒体广告。它又称纸质媒介，是指主要利用纸质印刷品进行广告宣传的媒介，主要包括报纸、杂志、书籍、邮递广告等。

③其他媒体广告。除电子媒体和印刷媒体之外的其他媒体，包括以POP、户外、交通工具、人体、直接邮件等形式进行广告宣传。

（3）按宣传作用划分，广告可分为现实销售广告、战略性广告。

①现实销售广告。它是指以推销产品为目的，详细介绍企业产品的性能、特点，直接作用于消费者的购买动机，实现销售。

②战略性广告。它又称企业广告，用于宣传企业的一贯宗旨、信誉、历史和成就，着重于扩大企业的影响，树立企业形象，提高声誉，宣传品牌。

（4）按宣传侧重点不同划分，广告可分为指名式广告、促销式广告、心理式广告和比较式广告。

①指名式广告。它特别突出产品和企业的名称，以提高企业及产品的知名度。

②促销式广告。它特别突出产品的功能与特点，促使顾客购买。

③心理式广告。它侧重于分析顾客心理，注意把理性与情趣融为一体，使广告成为消费者的参谋。

④比较式广告。它是将企业的产品与同类产品相比较，以突出自己产品的优点。

2.广告设计要求

（1）概念明确。设计广告时，对于要推销的产品要有明确的概念，要使广告的接受者一接触广告便能清晰地知道他看到或听到的是什么。

（2）印象深刻。一则成功的广告，必须在短短数秒钟内给人以深刻的印象，这样才能使消费者深深地记住其内容。

（3）引起兴趣。广告的设计，要使消费者从无意注意转为自觉有意注意，使广告对消费者产生巨大的影响。通常能引起人们兴趣和注意的事物是新奇的、自然的、真实的、强烈的。

（4）信息充足。在设计广告内容时应尽可能向消费者全面而准确地介绍产品。一般情况下，广告应以突出重点的方式，把所宣传的产品或服务的最引人注目之处或最与众不同之处重点介绍给消费者。

（5）推动力强大。一则好的广告，必须充分揭示产品的功效，强调产品与消费者需求的联系，这样才能对消费者产生强大的推动力，使人在看了或听了之后产生强烈的购买欲望。

3.广告的主要媒体

传统的广告媒体有报纸、杂志、广播和电视；随着科学技术的发展，逐渐衍生出新的媒体，包括互联网、手机、IPTV（交互式网络电视）、电子杂志等。这里主要分析的媒体广告形式有：

（1）报纸广告。报纸是人们了解时事、接受信息的主要媒体。报纸广告的主要特点表现为：

①传播速度较快，信息传递及时。对大多数综合性日报或晚报来说，出版周期短，信息传递较为及时。

②信息量大，说明性强。报纸作为综合性内容的媒介，以文字符号为主、图片为辅来传递信息，其容量较大。由于以文字为主，因此说明性很强，可以详尽描述信息。

③阅读主动性。报纸把许多信息同时呈现在读者眼前，增加了读者的认知主动性。

④具有一定的权威性。消息准确可靠，是报纸获得信誉的重要条件。因此，在报纸上刊登的广告往往使消费者产生信任感。

（2）杂志广告。由于印刷精美，具有光彩夺目的视觉效果，杂志深受特定受众的喜爱。杂志广告的主要特点表现为：

①读者阶层和对象明确。杂志的读者不如报纸范围广，但分类较细，专业性较强，杂志广告针对特定阶层的受众，更能做到有的放矢。

②杂志印刷精美，阅读率高，保存期长。杂志媒体的用纸较好，色彩鲜艳精致，容易引人注目，可以逼真地再现产品形象，激发读者的购买欲望。

③读者针对性强。杂志内容有较大的倾向性和专业性，不同的杂志拥有各自比较稳定的读者群。

④具有一定的知识性。许多杂志的内容以专业知识和科普知识为主体，因而容易使读者对杂志阅读产生知识性期待。这与报纸的消息性一样，杂志的知识性也成为杂志广告的一个特性。

（3）广播广告。目前，广播的主要受众对象是年纪偏大的老年人和出租车司机。广播广告的主要特点表现为：

①传播方式的即时性。即时性，是指广播广告传播速度最快。广播可使广告内容在信息所及的范围内，迅速传播到目标消费者耳中。

②传播范围的广泛性。由于广播广告是采用电波来传送广告信息的，电波可以不受空间的限制，并且其发射技术相对比电视简单得多，因此广播的覆盖面更为广泛。

③收听方式的随意性。收听广播最为简便、自由、随意。不管你在哪里，也不管你在干什么，只要打开收音机，就可以收听广播的内容。

④受众层次的多样性。印刷媒介对受众文化水准、受教育程度的要求较高，而广播可

使文化程度很低甚至不识字的人也听得懂广告的内容，所以广播媒体的受众层次更具有多样性。

（4）电视广告。自媒体、流媒体和移动媒体的出现，特别是手机的迅速普及，对电视也造成一定的冲击；看电视的人在逐渐减少，而且年龄偏大。电视广告的主要特点表现为：

①直观性强。电视是视听合一的传播媒介，人们能够亲眼见到并亲耳听到如同在自己身边一样的各种活生生的事物，这就是电视视听合一传播的效果。

②有较强的冲击力和感染力。电视是唯一能够进行动态演示的感性型媒体，因此电视广告冲击力、感染力特别强。

③受收视环境的影响大，不易把握传播效果。电视机不可能像印刷品一样随身携带，它需要一个适当的收视环境，离开了这个环境，也就从根本上阻断了传播。

④费用昂贵。由于电视广告的制作成本高、周期长、播放费用高，因此企业要承担较高的广告费用。

（5）Internet广告。Internet是目前世界上发展最为迅速的广告载体。这是因为Internet广告具有电视、广播、报纸等传统媒体所不能比拟的优点，主要表现为：

①可实时监控广告效果。它可以提供广告每天的收视次数、点击数、点击率等数据的专门报告，便于了解广告效果。

②宣传范围广。就目前而言，它所面对的是数以亿计的Internet用户，而且这个用户群正以每月超过10%的速度增长。另外，Internet广告发布不受时间、地域限制，用户在具备网络条件的任何地点都可以接收。

③形式生动活泼。运用计算机多媒体技术，以图文、声像等多种形式将产品或市场活动的信息展示在用户面前。

④互动性强。除了产品或市场活动的概况介绍外，用户还可以有选择地阅读有关详细资料。借助电子邮件等技术手段，用户还可以方便地向厂家寻求特殊的咨询服务。

（6）户外广告。凡是能在露天或公共场合通过广告表现形式向许多消费者进行诉求，以达到推销产品目的的媒介都可称为户外广告。户外广告的主要特征表现为：

①它对地区和消费者的选择性较强。户外广告一般根据地区的特点选择广告形式，如在商业街、广场、公园、交通工具上选择不同的广告表现形式，并可根据某地区消费者的共同心理特点、风俗习惯来设置。

②户外广告可以较好地利用消费者产生的空白心理。一些设计精美的广告、霓虹灯多彩变化的光影常能给人留下非常深刻的印象，能引起较高的关注度。

③户外广告表现形式丰富多彩。高空气球广告、灯箱广告的发展，使户外广告更具有自己的特色，变得丰富多彩。

④户外广告内容单一，能避免其他内容及竞争广告的干扰。

4.选择广告媒体应考虑的因素

（1）产品特性。不同的产品特性对媒体有不同的要求。技术性比较强的产品，既可采用报纸、杂志进行详细的文字说明，也可以用电视短片进行详细介绍；需要表现外观和质感的产品，如服装、化妆品等，则需要借助具有强烈色彩性的宣传媒体，如电视、杂志等。

（2）消费者的媒体习惯。有针对性地选择为消费者所熟悉并随手可得、到处可见的媒体，是增强广告促销作用的有效措施。例如，玩具产品的消费者为儿童，因此最好在电视上做广告，而不能选择杂志广告。

（3）媒体的影响力。媒体的影响力主要体现在媒体的传播范围与权威性上。一般来说，全国性媒体的影响力是大于地区性媒体的，但对于在地区范围内销售的产品，地方媒体广告的影响力将更大，效果也更好。

（4）媒体的成本。选择广告媒体时，必须考虑其成本费用。不同的媒体所需成本是不同的，通常电视广告成本最高，而报纸广告则相对便宜。

（5）竞争态势。广告产品竞争对手的有无及其选择媒体的情况和所花费的广告费用，对企业的媒体选择有着显著的影响。若无竞争对手，则企业可从容地选择自己所需的媒体和安排广告费用；否则，企业必须考虑竞争对手的广告媒体选择与广告费用。若企业实力强大，可以选择正面交锋；否则，可选择迂回战术或其他媒体。

5.广告效果的测定

广告效果，是指广告信息通过广告媒体传播之后所产生的社会影响和效应，包括广告宣传效果和广告经济效果。

（1）广告宣传效果，是指广告对社会公众的心理影响。广告宣传效果的内容包括：

①注意力。广告信息传播之后，能否引起消费者的注意是进一步评价该广告信息传播效果的前提。

②兴趣。广告播出后，在人们心目中会产生两种态度——肯定和否定，这表明了人们对该广告是否感兴趣。

③记忆。它是指人们在接触广告以后的一段时间内，能否记住广告的内容。

④购买欲望。广告宣传能否引起人们对产品的购买欲望，是广告宣传效果的最终体现。

（2）广告经济效果，是指广告主通过广告活动所获得的经济收益或带来的损失，即由广告活动而引发的产品和服务销售以及企业利润的变化程度。广告主运用各种传播媒体，把产品、服务以及观念等信息传播出去，其根本目的就是刺激消费心理，促进购买，增加利润。因此，广告经济效果是广告主最关心的问题，是企业广告活动最基本、最重要的效果，也是测评广告效果的主要内容。

一般而言，广告的宣传效果在前，经济效果在后，广告具有宣传效果才会产生经济效果。但从企业的营销角度来看，广告的宣传效果只有转化为经济效果，才有现实的经济意义。

广告的经济效果，应以广告信息通过传播媒体传播之后，产品销售量增减的幅度作为衡量的标准。讲求广告的经济效果，就是要用尽量少的广告费用，取得尽可能多的销售额。对广告经济效果的测定，一般是事后评价。

◆ **做一做** ◆

大数据营销是基于多平台的大量数据，依托大数据技术，应用于互联网广告行业的营销方式。大数据营销的核心在于让网络广告在合适的时间，通过合适的载体，以合适的方式，投给合适的人。大数据营销衍生于互联网，又作用于互联网。依托多平台的大数据采集，以及大数据技术的分析与预测能力，能够使广告更加精准有效，给企业带来更高的投资回报率。

说得简单点，大数据营销就是通过互联网采集大量的用户行为数据，分析出用户需求，然后通过广告的形式推荐给用户，最后产生交易的营销过程。大数据时代，广告信息不再是简单地传递给受众，而是通过大数据分析预测个人的喜好和要求，为个人专门量身定制。大数据工具能够为碎片化的户外广告市场带来更精准、更客观的测量，让广告变得更"聪明"，让广告主获得更有效的品牌价值传播。

运营商大数据弹窗广告营销是以电信的全国绝大部分用户数据为基础，通过云技术平台实现全国各地区的电信互联网用户的全面行为数据的采集分析及信息推送服务。大数据弹窗广告使广告主可选择网址定向、内容定向、地域定向、频次定向、时间定向、回头客定向等筛选条件进行精准投放（目的是牢牢抓住有效客户）。

讨论：

（1）利用大数据投放精准广告，你认为是否可行？

（2）使用大数据需要注意什么问题？

（3）结合自己开办的实体店，谈一谈如何做好广告宣传。

任务4　营业推广的运用

导入案例

促销战：除了礼品+低价，还能PK点啥？

价格？比谁更低。礼品？比礼品多与大。广告？比广告多。

当促销战形成以上三种竞争格局，真的很苦恼！人困马乏，热闹之后收获甚少。当促销活动沦为销量的救命草，真的不知道好不好？

同样的产品，你卖1 000元，我卖990元，你卖890元，我卖880元，总之我就要少赚10元钱。这就是典型的促销价格PK。这种血拼价格的促销方式真的是"鹬蚌相争，渔翁得利"。价格PK的促销，其实是在透支产品的品牌影响力，用利润换销量。事实上，薄利也并没有多销，只是看起来销量热闹。那么，促销的功能是什么？表面看，促销就是为解决销量。也对，一切营销的终极目的就是实现增加销量。但，一切缺少战略思想的营销等于瞎搞。什么是战略思想？通俗一点讲，战略思想就是眼界思想，再通透一点讲，就是长远和短期的区别。比如，有人搞促销就是为了解决库存销量问题。有人的促销具备潜在培育功能，具备培育功能的促销就是带着长远思想的促销。而这种促销思维才是促销的本质。因为，真正的促销不仅仅是为解决眼下销量而生，而是为以后持续增量打基础。

促销战，除了低价，还能PK点啥？

当促销形成一种"战争形式"，价格和礼品是比拼的利器。但这样的利器往往容易导致自伤。这种促销模式也可以称之为"自杀式促销"。

为什么说"自杀式促销"不可取？

第一，消费者购买并不是促销赠品，而是产品。促销赠品对成交的帮助作用力永远没有产品本身的作用力大。促销赠品只是附属，如果没有促销赠品，是不是销量就会锐减？或许会，减少的是那部分低价成交群体，减少了的是喜欢占小便宜的群体。而这部分群体并不是利润产生的主力军。

第二，价格虽然是影响消费的重要因素，但低价格并不是触动消费者欲望的第一动力。看看你搞的超低价到底成交了多少？占全部订单百分比是多少？

一场具有潜在客户培育功能的促销活动应该不止于解决眼下销量问题，更要为保证长期销量打基础。因此，在促销前应该重点思考几个问题：

1.促销的主题。这是区别于普通促销和促销培育的主要原因。

比如，很多以利益为主的主题诉求，一省到底，疯狂低价等，这样的促销诉求无疑就是以低价格+礼品作为利器的纯促销。这种纯利益促销能短暂刺激销量，但利润空间很小。对品牌形象的杀伤力也不小。对后期持续增量影响甚大，更会陷入促销怪圈无法自拔。避开利益诉求为主的促销手段，把促销做成有情怀、有情有义的一场正能量推广，比如，某些互联网上的一些公益促销，公益+促销的方式巧妙避开了赤裸裸的价格+礼品促销。这样的促销是具备培育功能的营销事件。把促销上升为营销，才是对品牌长期的培育。依赖价格+礼品的促销，无疑是搬着石头砸自己的脚。被价格+礼品的促销干死的品牌并不是没有。

2.促销优惠内容。绝不只是价格让利和礼品丰富，而是客户培育累积。

前面说过，消费者购买第一动机并不是价格和促销赠品。而是平时的客户培育积累。因为只有曾经对你心动过的人才会对你的一言一行关注。对没有需求或需求不旺盛的人来说，低到尘埃里的价格和送飞机的促销对他都没兴趣。所以，促销优惠内容需要考虑两种需求类型：急切需要和不急切需要。其中，对不急于需求的群体做出的优惠内容很重要。

3.促销是增量，还是经营好口碑？

价格和礼品比拼是无法讨好消费者的，也就不会形成良好的口碑。如果把促销当作一场正能量事件营销，或许会留下好印象。比如，以弘扬某种生活正能量的促销。因为生活需要阳光需要正能量。价格和礼品并不是促销的主角，某种生活的味道才是。

资料来源　根据朱佳明在中国营销传播网2020年4月21日发表的《培育式营销思维》整理得来。

问题：

（1）你认为"促销战"应该遵循什么理念，目的是什么？

（2）说说你对营业推广的理解，你经历过的营业推广手段有哪些？

讲一讲

知识点1：对营业推广的理解

1.营业推广的定义

营业推广，又称销售促进，是指企业在特定的目标市场上，为了迅速地刺激需求和鼓励消费而采取的促销手段与措施。它是一种最直接且对推广对象最具刺激性的促销方式。

2.营业推广的特点

与其他促销方式相比，营业推广的特点主要表现为：

（1）刺激需求的效果在短期内比较明显。

（2）手段灵活多样。

（3）方法运用不当，容易损害企业及产品的形象。

（4）容易导致激烈的市场竞争。

3.营业推广的类型及目的

（1）对消费者的营业推广，其主要目的是：促使消费者试用新品牌产品；鼓励、刺激顾客重复购买本企业产品；应对激烈的市场竞争；巩固与扩大本企业产品的市场份额。

（2）对中间商的营业推广，其主要目的是：鼓励中间商大量进货，增加产品储存；提高中间商的品牌忠诚度；建立固定的产销关系；吸引中间商加入本企业的销售渠道。

（3）对推销人员的营业推广，其主要目的是：鼓励他们积极推销本企业产品；积极开拓市场，发现市场机会；刺激淡季推销，扩大产品销售量。

学一学

知识点2：营业推广方式的运用

1.针对消费者的营业推广

针对消费者的营业推广方式有很多，根据营业推广方式涉及的不同主题，可以将其概括为以价格、赠送、奖励和展示为核心的四个主题。

（1）以价格为核心的营业推广。以价格为核心的营业推广，是以产品的价格变化（通常是价格减让）作为刺激消费者消费的主要手段。一般来说，以价格为核心的营业推广，其优惠的幅度在15%～20%，比较容易吸引顾客。若优惠幅度超过50%，企业必须说出令人信服的理由，否则，顾客会怀疑产品是假冒伪劣的。以价格为核心的营业推广的常见应用形式有：

①折价销售。这是对消费者运用最普遍的营业推广方式之一。折价销售，是指企业在一定的时间内进行价格上的减让（如七折、八折销售产品），特定时间一过，又恢复原价。

②优惠卡券。这是一种证明减价的凭证，持有者凭券或卡可在购买产品时享受一定数量的减价优惠。优惠卡具体表现为贵宾卡、会员卡等形式。

③特价包装。企业对其产品的正常零售价格予以一定幅度的优惠，并将优惠金额标示在产品包装或价格标签上。例如，在价格标签上标示"原价280元，优惠价180元"。

④退款优惠。顾客在购买产品后，凭借指定的"购物证明"可得到企业提供的、按照约定折让的现金返还。

⑤以旧换新。顾客在购买产品时，交出同类产品的废旧品，便可享受一定价格折扣的优惠。以旧换新通常有两种做法：一是新旧产品的品牌要求相同；二是新旧产品只要求类属相同，品牌可以不同。

（2）以赠送为核心的营业推广。赠送是企业为影响消费者的行为，通过馈赠或派送便宜的产品或免费品介绍产品的性能、特点和功效，建立与消费者之间友好感情联系的一种营业推广方式。以赠送为核心的营业推广关键在于赠送品的吸引力及赠送时机的选择，其形式主要包括：

①赠品。赠品是在消费者购买某种产品后，免费或以较低的价格向顾客提供的产品。赠品可以是产品本身，也可以是与产品无直接关系的纪念品。

②赠券。当消费者购买某一产品时，企业给予一定数量的交易赠券，消费者将赠券积累到一定数量时，可到指定地点换取赠品。

③样品。样品是介绍新产品最有效的方法之一。在新产品导入期，通过向消费者免费

提供样品供其试用，使之亲身体验产品所带来的利益，进而吸引其购买。

（3）以奖励为核心的营业推广。奖励是企业为激励消费者的购买行为而提供的现金、实物、荣誉称号或旅游券等奖励方式。以奖励为核心的营业推广关键在于创造浓厚的参与氛围，使顾客乐于参与，其形式主要包括：

①竞赛。它是指由企业制定竞赛规程，消费者按竞赛要求参与活动并获得预定的现金、实物、荣誉称号或旅游券等奖项。竞赛的内容一般要求与企业的自身特征或产品相关。

②抽（摇）奖。它是指顾客在消费时，为其提供一个获奖的机会，获奖者可以由抽取票号来确定，也可以由摇转数码来确定。中奖者一般可获得丰厚的奖金或免费旅游机会。

③猜奖。它是指让消费者猜测某一结果，猜中者给予奖励。采用猜奖方式，在设定奖项时要做好充分的准备，以防消费者中奖后得不到企业承诺的奖励品。

④现场兑奖。它是指消费者根据消费额的多少领取奖票，现场刮号或揭底，中奖者可现场领奖。现场兑奖通常需要将具有较强吸引力的奖品展示在销售现场，形成强烈的现场刺激，营造旺盛的人气氛围。

（4）以展示为核心的营业推广。展示，是指让产品直接面对消费者的一种直观性促销方式。采用该方式，要求企业产品的质量必须绝对过硬，经得起消费者力求完美、细致入微的挑剔，并力求外形美观、包装精致、质感精良。以展示为核心的营业推广主要包括：

①组织展览。它是指企业将一些能显示企业优势和特征的产品集中陈列，边展示边销售。

②售点陈列。它是指在超级市场、百货商场、连锁店、杂货店等零售店的橱窗、过道、货架、柜台等位置，设置以消费者为对象的彩旗、海报、招牌等。

③现场示范。它是指销售人员在现场对产品的用途与功能进行演示和解说，以吸引消费者注意，消除消费者对产品的顾虑。

2.针对中间商的营业推广

（1）批发回扣。它是指企业为争取中间商多购进产品，在某一时期内给予购买一定数量本企业产品的中间商一定的回扣。

（2）销售竞赛。它是指企业通过设立销售奖金，奖励购买数额领先或比例增加最大的中间商，以提高中间商的销售积极性。

（3）推广津贴。它是指企业为促使中间商购进本企业产品并帮助企业推销产品，支付给中间商一定的推广方面的补贴。

（4）零售补贴。它是指企业降低产品零售价后，为了弥补零售商的损失，而在给零售商的供货价上实行价格补贴，维持降价前零售商的利润。零售补贴具体包括：

①无条件补贴。企业对零售商进行补贴而不对零售商提出任何要求，包括购买补贴、免费附赠补贴、延期付款等。

②有条件补贴。带有附加条件的补贴，包括返点补贴、广告补贴、集中展示补贴等。

3.针对销售人员的营业推广

（1）销售竞赛。它是指在推销人员中进行销售比赛，对销售额领先的推销人员给予奖励，以此调动推销人员的积极性。

（2）销售红利。它是指事先规定推销人员的销售指标，对超过指标的推销人员提成一定比例的红利，以鼓励推销人员多推销产品。

（3）销售回扣。它是指从销售额中提取一定比例作为推销人员推销产品的奖励或酬劳。

小组讨论

（1）企业怎样开展有效的促销活动？

（2）结合自己开办的实体店，设计一次营业推广活动的方案。

任务5　　开展公共关系活动

导入案例

加拿大鹅哪来在中国嚣张的底气？

"中国大陆门店不得退货"，加拿大鹅的"双标"行为把自己送上舆论的风口浪尖。

被骂上热搜的加拿大鹅，今天才终于通过其官方微博发布了对中国大陆地区退换货政策的声明，称会严格遵守中国法律法规执行退换货政策，全力保护消费者权益。

加拿大鹅上海国金中心门店在电话中告诉观察者网，声明并非"无理由退换"的意思，消费者如果想要更换，需要在购买后14天内出售购买小票，每款货品可以更换一次同款颜色或尺码，如果是质量问题要退货，可以先将照片发过去，他们需要确认。

北京京师律师事务所熊超律师告诉观察者网，两个版本都是加拿大鹅单方面对外的解释，这就可以说是俗称的"霸王条款"，并且从另一层面讲，如果一个商业经营者一再修改自己的销售规则，这也是没有商业道德的。

不少网友对此不满，批加拿大鹅"玩文字游戏"，"非要失去中国市场的时候才改口？"

根据加拿大鹅最新财报，二季度大中华区的直营渠道销售额同比增长85.9%，为其业绩主要增长动力，加拿大鹅总裁兼首席执行官更是直言，公司二季度营收的增长主要得益于电商渠道的快速增长以及大中华区市场的贡献。

加拿大鹅连续"作"出事。

这场舆论风波来源于前几日的一则新闻。

此前据媒体报道，10月27日，上海的贾女士在国金中心商场"加拿大鹅"专门店，购买了一件价格上万的羽绒服。贾女士称回家后发现衣服的商标绣错了，中心太阳处多绣了一根弧线，并且缝线粗糙、面料刺鼻，但是贾女士表示购衣时曾被店员要求签署"更换条款"，条款显示除非相关法律另有规定，所有中国大陆地区专门店售卖的货品均不得退货。而在加拿大鹅官方网站搜索时发现，其在加拿大、美国、英国地区均有30天退货政策。

次日，贾女士向国金中心"加拿大鹅"门店店长投诉，店长称没有权力退货，需要总公司解决。此事引发众怒。

12月1日上午，上海市消保委约谈了加拿大鹅，加拿大鹅参会人员对专门店"更换条款"的具体含义并不了解，并且参会人员所说的公司退换货流程与消费者反映的实际情况多有出入。

而这不是加拿大鹅第一次因负面事件登上热搜，今年9月3日，加拿大鹅因虚假宣传被罚45万元的消息登上热搜，引发热议。

这起处罚直到11月24日，才因为一篇微信爆款文章引发公众注意。在那之前，加拿大鹅总裁兼首席执行官Dani Reiss甚至大言不惭地表示，处罚一事几乎没有对加拿大鹅的品牌吸引力产生影响，并补充表示中国市场的销售额始终在增长。

动辄一件衣服上万的加拿大鹅为什么对中国市场如此傲慢？哪里来的自信？

资料来源　根据观察者网2021年12月01日相关文章整理得来，内容有删减。

问题：

（1）加拿大鹅为什么敢在中国市场上执行"双标"？

（2）针对加拿大鹅"事件"，作为中国消费者有什么话要说？

（3）加拿大鹅在中国市场上应该如何做好公关活动？

讲一讲

知识点1：对公共关系的理解

1.公共关系的定义

公共关系，简称公关，又称公众关系，其英文为"Public Relations"，是指企业通过各种宣传和社会活动，增进社会各界的了解和信任，树立企业形象，帮助企业促销的活动。

2.正确理解公共关系

（1）公关的对象：社会公众。

①按公众的构成划分，公众可分为内部公众与外部公众。

内部公众，是指公司员工、股东、董事会等。外部公众，是指消费者、供应商、中间商、竞争者、金融机构、保险机构、政府、新闻媒体等。

②按与企业营销的关系程度划分，公众可分为非公众、潜在公众、知晓公众、行动公众。

非公众，是指与企业利益无关，不受企业营销影响的群体。潜在公众，是指将要与企业发生利益关系，但暂时还没有意识到的群体。知晓公众，是指与企业有相关的问题和利益，对企业有关信息感兴趣的群体。行动公众，是指准备或已采取某种购买行为的群体。

（2）公关的手段：开展各种宣传和社会活动。

小组讨论

公关宣传与广告宣传有什么区别？

提示：两者都需要通过大众媒体进行宣传。两者的区别是：广告宣传是广告主支付费用，宣传本企业及产品；公关宣传不需要支付费用，借助别人来宣传。

（3）公关的核心：树立企业及产品形象；处理不利于企业的流言和传闻。

（4）公关的最终目的：促进产品销售，提高市场竞争力；保证企业长期、稳定地发展。

3.公共关系的特点

与前面所讲到的人员推销、广告宣传和营业推广三种促销方式比较，企业开展公共关系宣传活动表现出来的特点是：

（1）可信度高。公共关系活动的开展是一种间接促销，不是直接宣传企业产品和服务，它更多的是维护社会公众的利益，因此，它在顾客心目中可信度很高。

（2）影响面广。公共关系活动的对象是广大的社会公众，因此，公共关系的覆盖面较广，影响力较大。

（3）影响持久。公共关系活动的宣传在于塑造企业良好的形象，提高企业的美誉度。良好的公共关系环境，将使企业获得持久的生命力。

（4）促销效果好。消费者对广告或人员推销经常是不予理睬或反感的，但对维护社会公众利益的公共关系活动是不反感的，在心理上不必担心上当受骗，因此，其促销效果更为显著。

4.企业开展公关活动的作用

小资料

可口可乐公司遭遇的7次危机

世界上最大的饮料公司——美国可口可乐公司遭遇到史上最严重的7次危机事件，直接对公司造成很大的负面影响。

（1）1999年6月中旬，比利时和法国消费者在饮用可口可乐后相继出现身体不适。比利时政府首先宣布，禁止销售可口可乐公司生产的所有饮料，此后法国、卢森堡等国家也颁布了同样的禁令。

（2）1999年7月，可口可乐公司在其矿泉水产品中发现无害细菌，主动宣布从波兰市场上撤回该批矿泉水。

（3）1999年7月，欧盟检查人员突击搜查可口可乐公司在欧洲四国的办事处，并抄走上万页文件，以收集可口可乐公司可能触犯反垄断法的证据。

（4）1999年10月，比利时4名12岁学生在喝下可乐和芬达汽水后出现身体不适。可口可乐公司发言人称，该公司人员试饮了同一批汽水，并未发现任何异常。

（5）2000年2月，英国《泰晤士报》称，可口可乐饮料中含有"阿斯巴甜"成分，长期饮用会对饮用者的脑部造成不良影响。

（6）2000年5月，欧盟调查人员再次突击搜查可口可乐公司在伦敦和布鲁塞尔办事处，进一步展开对该公司的反垄断调查。

（7）2000年5月，可口可乐公司被8名现任和前任员工指控种族歧视，在录用和职位晋升问题上对黑人不公。可口可乐公司决定在未来5年内拿出10亿美元，为少数族裔和妇女提供更多机会。

即便是世界著名的大公司也会遭遇严重的危机事件，对一般公司而言也就在所难免了。因此，企业必须重视公共关系活动的开展。

（1）让公众更多地了解和关注企业。

（2）通过相互沟通，消除误会和不良评价。

（3）同公众建立密切关系，取得支持和理解。

（4）树立企业及产品形象，提高知名度。

（5）保证企业长期、稳定地发展。

知识点2：公共关系的应用

1.公共关系的手段

（1）公开出版物。公开出版物包括报纸、图书、杂志、音像制品等。

（2）事件。事件包括记者招待会、郊游、展览会、竞赛、周年庆祝活动等。

（3）新闻。新闻，是指发展或创造对企业、产品或公司员工有利的新闻。

（4）演讲。演讲，是指企业的各级领导人员或新闻发言人在企业外部或内部所做的富有影响力的谈话、演说。

（5）公共服务活动。公共服务活动，是指企业通过某些公益事业向社会组织或个人捐赠一定的金钱、提供一定的服务，以提高企业的公众信誉，树立良好的企业形象。

（6）建立企业形象识别系统。形象识别系统，是指将企业的经营理念、管理色彩、产品促销、商标设计等内容融为一体，运用整体性传播手段来塑造良好的企业形象的一种经营策略。形象识别系统包括三个方面的内容：

①理念识别（MI），是企业经营管理的指导思想或观念，包括企业价值观、经营哲学、企业精神、行为准则、活动领域（事业领域）。

②行为识别（BI），是企业在其经营理念指导下所表现出的较为统一的行为特征，包括对内行为识别，如员工教育、工作环境、文体活动；对外行为识别，如社会公益活动、市场调查、信息沟通。

③视觉识别（VI），是由企业的广告、商标、包装、建筑物、服饰等一系列的视觉语言所表达的、较为统一的、独特的企业形象，包括企业名称、企业标志、标准字、标准色、商标、宣传标语口号。

2.公共关系的策略

企业开展公关活动常用的策略包括：

（1）宣传性公关策略。它是指通过各种大众传播媒介，向广大公众特别是顾客传播有关企业发展、服务社会、产品创新等信息，以引导舆论、树立形象。

（2）交际性公关策略。它是指通过开展各种社会交际活动，如举办各种联谊会，与顾客建立亲和融洽、长期稳定的关系。

（3）服务性公关策略。它是指向社会与顾客提供各种服务，使顾客获得实实在在的利益，以取悦公众与顾客，促进营销目标的实现。

（4）社会性公关策略。它是指企业通过积极参与社会公益事业，为社区发展做出贡献等形式，扩大企业影响，树立企业形象，以利于企业市场营销目标的实现。

（5）征询性公关策略。它是指企业通过民意调查、征求用户意见、开展消费咨询等方式，扩大影响，促进销售。

3.企业危机公关的处理

危机公关，是指当企业遭遇突发事件或重大事故，其正常生产经营活动受到影响，特别是原有的良好企业形象受到破坏时，如何从公共关系的角度来应对和处理，以使企业以尽可能低的成本度过经营危机的公关活动。

（1）危机公关应遵循的基本原则。

①诚信原则。企业面对突发的公关危机，赢得社会公众的理解与同情的最有效手段是通过有效的沟通向公众传递企业的善意、诚信和责任心，让公众感觉到即使企业在最困难的时候，他们的利益仍然是企业关注的根本。

②责任原则。对公关危机事件所造成的损失和伤害，企业要勇于承担责任，并尽力争取公众和当事人的原谅。树立负责任和坦诚面对事实的态度，通过可利用的手段来加强与消费者的沟通，才能获得消费者的理解和宽容。

（2）危机公关应做好的具体工作。

①切实做好危机初期的公关工作。

在危机发生后的前24小时内，企业必须成立由企业多个相关部门组成的公关危机管理机构（公关危机控制小组），各部门各司其职，各负其责，尽快拿出应对措施，以防危机扩大化。

②坚持企业形象高于成本的思想。

在危机处理过程中，企业通常需要付出高额的资金成本，企业近期的效益将受到严重损害，但企业一定要有长远眼光，放弃眼前利益，坚持形象高于成本的原则，维护企业良好的公众形象。

③努力做好企业内部公关。

做好企业员工的公关。员工是企业危机公关的重要对象，员工的理解与配合是企业顺利度过危机的重要条件。危机发生后，企业必须及时召开员工大会，告知员工危机事件的经过、企业解决危机的对策，统一认识，稳定情绪，争取员工的理解、配合与支持。

做好企业股东的公关。股东是企业公关的内部对象，作为投资者，股东追求投资回报的最大化。一旦企业经营遭遇风险致使投资收益前景不妙，股东投资的信心就会动摇，严重时可能会撤资。因此，危机发生后，企业应做好股东的公关，说服投资人，增强其对公司的投资信心。

④切实做好企业外部公关。

做好消费者的公关。消费者是企业的衣食父母，如果危机的发生对消费者利益产生了影响，企业必须要勇于承担责任，承诺企业不惜一切代价保护消费者的利益，争取消费者和社会公众的理解。

做好分销商的公关。企业与分销商之间是一种既竞争又合作的关系，企业只有以诚待之，才能赢得分销商的合作。危机发生后，企业应及时联系分销商说明情况，对于给分销商造成的损失，企业将承担弥补责任，以争取分销商的支持。

做好政府部门的公关。政府是企业依法竞争的监督者，企业必须不折不扣地执行政府部门的命令，从而在政府和公众面前展示企业守法经营的良好形象。

做好媒体的公关。企业在危机事件处理过程中必须以一种坦诚而理性的态度处理与媒体的关系，不遮掩、不回避，通过举行媒体沟通会，表明企业立场，努力揭开危机事件的真相，用事实说话，用权威的检测报告说话。

做一做

案例："反围剿"，董明珠错在何处？

人们对于董明珠并不陌生。在关于"成功学"的电视演讲里、央视黄金时段的广告中，你总会不期然地邂逅这位铁娘子。董明珠一副粗粗的嗓音，常常以一串珍珠项链搭配职业服装，踏遍领奖台、杂志封面，或者政协会议。竞争对手曾用"董姐走过的路不长草"来形容其作风强硬果断，而在2015年伊始，铁娘子董明珠却陷入了被对手们"围剿"的四面楚歌之中。

这位眼神坚毅的格力掌门人陷入了如此麻烦之中，究其原因是她从2013年起的"率性"言语。据媒体统计，参与本次"围剿"的公司包括苏宁、美的、志高、海尔、海信、奥克斯、长虹等，外加因赌约"结怨"于2013年度CCTV-2经济人物颁奖典礼的小米掌门人雷军。

如同金庸小说中各大门派"围剿"光明顶，联合发起"破格行动"的六大品牌可谓来势汹汹，每一家品牌专门攻击格力的一个软肋，以此回应董明珠此前的尖锐点评。最近一次讲话中，董明珠炮轰国内各大主流空调厂商，号称要"通过清场真正把那些烂品牌，假冒伪劣、偷工减料的品牌全部消灭掉"。"破格行动"中，六大品牌的战书如下：美的的口号是："做梦一统天下，你行！省电一晚一度，我行！"志高的口号是："大姐站台，你行！大哥代言，我行！"海尔的口号是："侵权盗版，你行！自主专利，我行！"海信的口号是："变脸比火气，你行！变频拼冷静，我行！"奥克斯的口号是："高价产品玩假摔，你行！高质省钱真功夫，我行！"长虹的口号是："十亿任性赌局，你行！十分军工品质，我行！"

在舆论的狂潮中，我们无法得知铁娘子董明珠的内心活动，但仅就其作为上市公司高管的言论来看，她为公司品牌形象带来的冲击是不言而喻的。尽管随着2013年度与雷军的10亿元赌约后，格力和董明珠的媒体曝光度呈现直线上升的态势，但不难看出，在企业公关层面上，不管是公司还是个人的品牌美誉度，已经从"好空调，格力造"的初始印象上产生了化学反应。

公司高管，尤其是企业领导人的公开发言往往影响着整个企业的品牌发展。从董明珠数度对抗以互联网思维著称的小米来看，她在无意间已给公众留下了"食古不化"的执拗形象。本是传统行业亟待转型的标杆，如今却在新旧裂变的时代，疑似成为不愿意剪掉长辫子的遗老，这大概是格力的公司公关人员不愿意看到的。前瞻性的变革模式往往会对企业未来的发展提供后劲，但此次公司高管的言行举止，难免给人留下"在变革上过于保守"的形象。

其次，董明珠一向作风彪悍，但此次她炮轰的不仅包括原本的赌约对手雷军——格力的竞争对手，甚至包括被称为"上帝"的消费者——不管是戏谑还是为了吸引眼球，董明珠称，全球70亿人，不买格力产品的都是"脑子有病"。如此"董氏作派"大放厥词，当然能够抢占媒体头条、增强曝光率，但双面刃的另一面则是损害品牌形象的美誉度，让企业陷入"十面埋伏"，不仅容易被群起而攻之，更易在疲于应付中影响士气，造成人心不稳，乃至引发"宫斗剧"，要知道，前几年的格力内部可谓"宫斗"不断，在低调、内敛的国企环境中，董明珠如是下去，能否笑到最后，亦是成谜。

不过，不管如何，被女性励志故事誉为"36岁开始一个传奇"的董明珠走的是大器晚成的路线。在这一场虎头蛇尾的企业公关战中，孰输孰赢，尚未有定数。不过，她在公开场合多次说过："我是绝对不会犯错误的。"这一种说法实在苍白无力，世界上并不存在常胜将军，而在这一场公关战中，她已然灰头土脸了。

资料来源　周凯莉."反围剿"：董明珠错在何处？［N］.证券时报，2015-01-09.

讨论：

（1）你对案例中谈到的董明珠的言行有什么评价？

（2）作为一个企业高管，应该如何处理好与同行之间的关系？

（3）一个企业只有质量好的名牌产品，行不行？为什么？

拓展学习

促销活动不得虚假打折　让消费者得到真实惠

商家促销活动"虚假打折"严重干扰了市场秩序，侵害了消费者的权益，以法规的形式规范商家的促销行为，可谓正当其时。

为规范有奖销售等促销行为，维护公平竞争的市场秩序，根据《中华人民共和国反不正当竞争法》《中华人民共和国消费者权益保护法》等法律和行政法规，市场监管总局近日起草了《规范有奖销售等促销行为暂行规定》，并公开向社会征求意见。

此次征求意见稿规定，经营者折价、降价，应当标明或者通过其他方便消费者认知的方式标明折价、降价的基准价格。未标明或者标明基准价格的，其折价、减价应当以同一经营者在同一经营场所内，在本次促销活动前七日内最低成交价格为基准价格。如果前七日内没有交易的，折价、减价应当以本次促销活动前最后一次交易价格为基准价格；经营者通过积分、礼券、兑换券、代金券等折抵价款的，应当标明或者通过店堂告示等方式公开折价计算的具体办法。未公开折价计算具体办法的，应当以经营者接受兑换时的标价作为折价计算基准。

也就是说，如果商家要"先涨后降"，也必须在促销前七天就涨价。这样可能在活动前的七天很难把商品销售出去，也让消费者很容易识破商家"先涨后降"的手段，让商家不敢搞"先涨后降"。一旦被识破，可能会偷鸡不成倒蚀把米。

因为征求意见稿明确，这种"先涨后降"的行为已构成价格欺诈，由市场监督管理部门依据价格监管法律法规进行处罚。之前最高法院已明确规定，"销售商品有价格欺诈行为，诱使消费者购买该商品的，即使该商品质量合格，消费者有权请求销售者'退一赔三'和保底赔偿"。这样，如果商家"先涨后降"，假如被认定为"价格欺诈"，那么销售得越多，可能赔得越惨。

商家促销活动"虚假打折"严重干扰了市场秩序，侵害了消费者的权益，征求意见稿可以规范商家的促销行为，让消费者在促销活动中得到真正的实惠。

不过，征求意见稿规定商家促销前七天不准涨价，这个期限显得太短了点。还有涨多少、减多少也应该有个明确的规定，不然，一些商家宁愿在活动前七天不卖商品，也会大幅涨价，到活动开始时，才能有大的降幅，以此来吸引消费者。这些问题都有待进一步细化完善。

资料来源　根据新京报2019年9月2日相关报道整理得来。

项目实训

实训内容：企业促销宣传活动情况分析

1.实训目的

结合所选择的企业，分析它是如何开展促销活动的，运用怎样的促销策略，采用怎样的促销方式，如人员推销、广告宣传、营业推广和公共关系宣传活动的运用情况；促销所起到的效果及存在的问题，帮助企业提出改进措施，提升解决实际问题的能力；结合本小组开办的实体店，对促销宣传活动进行策划。

2.实训步骤

（1）以小组为单位进行分析和讨论，组长负责组织和协调，同学们积极参与。

（2）结合企业所经营的产品，分析人员推销、广告宣传、营业推广和公共关系四种促销方式的运用情况、取得的效果和存在的问题。

（3）根据讨论的情况和提出的改进措施，制订一份促销方案。

（4）各小组推荐一名同学，将小组讨论结果在全班分享。

（5）教师观察了解各小组的讨论情况，并对各小组的分享内容进行点评。

3.实训要求

（1）全班同学积极参与小组讨论，踊跃发言，敢于表达自己的观点和想法。

（2）组长负责组织好本小组的讨论，善于调动和启发同学们参与。

（3）教师观察各小组讨论情况，及时指导和启发。

（4）各小组推荐一名同学在全班进行讨论结果的分享。

（5）每个小组提交一份促销方案。

4.实训实施

结合本小组所开办的实体店，讨论下列问题：

（1）实体店是否需要经常开展促销活动？

（2）如何做好促销宣传？采取怎样的促销方式？

（3）如何在营业推广方式上动脑筋？设计一份促销活动方案。

项目回顾

通过本项目的学习，我们理解了促销的含义与作用；掌握了促销的基本策略；熟悉了人员推销的策略、常用的广告媒体、营业推广的活动方式、公共关系的手段；能够在实际工作中加以运用，能综合运用相关知识剖析现实案例，完成产品促销方案的技能训练。

关键词汇

1.促销，是指企业通过人员和非人员方式将所经营的产品或提供的服务信息传递给消费者，激发其购买欲望，影响和促进其产生购买行为的方法。

2.促销组合，是指企业有目的、有计划地将多种促销方式配合起来综合利用，形成一个整体的促销策略系统。促销方式包括人员推销、广告宣传、公共关系和营业推广。

3.人员推销，又称直接销售，是指企业通过推销人员向潜在的买主进行直接的宣传介绍活动，使其采取购买行为的促销方式。

4.广告宣传，是指由广告主支付费用，通过一定的媒体，传播本企业产品和服务信息给予目标顾客的公开宣传活动。

5.营业推广，又称销售促进，是指企业在特定的目标市场上，为了迅速地刺激需求和鼓励消费而采取的促销手段与措施。

6.公共关系，又称公众关系，英文为"Public Relations"，是指企业通过各种宣传和社会活动，增进社会各界的了解和信任，树立企业形象，帮助企业促销的活动。

7.危机公关，是指当企业遭遇突发事件或重大事故，其正常生产经营活动受到影响，特别是原有的良好企业形象受到破坏时，如何从公共关系的角度来应对和处理，以使企业以尽可能低的成本度过经营危机的公关活动。

项目检测

一、单项选择题

1.促进销售体现了企业与消费者之间的（　　）沟通。

A.产品　　　　　　　B.信息　　　　　　　C.服务　　　　　　　D.资金

2.企业在推广商品时运用最广泛的促销方式是（　　）。

A.人员推销　　　　　B.广告宣传　　　　　C.营业推广　　　　　D.公共关系

3.专业性强的工具类产品比较适合在（　　）上做广告。

A.当地报纸　　　　　B.专业杂志　　　　　C.电视　　　　　　　D.广播

4.企业之所以运用营业推广策略，是为了（　　）。

A.与中间商加强联盟　　　　　　　　　　　B.增加销售数量

C.提高企业良好形象　　　　　　　　　　　D.危机事件处理

5.在不同的促销方式中，（　　）最能激起消费者短期内的需求。

A.广告宣传　　　　　B.人员推销　　　　　C.营业推广　　　　　D.公共关系

6.让卖方与买方之间达到信息的双向沟通，是促销的（　　）。

A.依据　　　　　　　B.实质　　　　　　　C.目的　　　　　　　D.方式

二、多项选择题

1.下列因素属于促销组合的有（　　）。

A.营业推广　　　　　B.广告宣传　　　　　C.公共关系　　　　　D.人员推销

2.促销策略从总的指导思想上可分为（　　）。

A.组合策略　　　　　B.单一策略　　　　　C.推式策略　　　　　D.拉式策略

3.人员推销策略有（　　）策略。

A.沟通式　　　　　　B.试探式　　　　　　C.针对式　　　　　　D.目的式

4.被称为广告的"四大媒体"是指（　　）。

A.广播　　　　　　　B.杂志　　　　　　　C.报纸　　　　　　　D.电视

5.以下属于公共关系的活动有（　　）。

A.公开出版物　　　　B.事件　　　　　　　C.新闻　　　　　　　D.演讲

6.企业营销人员需要弄清楚的问题包括（　　）。

A.由谁传播信息　　　　　　　　　　　　　B.传播什么信息

C.通过什么渠道传播　　　　　　　　　　　D.传播信息给谁

三、判断题

1.促进销售的实质是企业与消费者之间的产品买卖。　　　　　　　　　　（　　）

2.营业推广是指在长时期内采取一些刺激性的手段来鼓励消费者购买产品。（　　）

3.如果企业采用推动策略，则广告宣传的作用较明显；如果企业采用拉引策略，则营业推广的作用较大。　　　　　　　　　　　　　　　　　　　　　　　　（　　）

4.在公共汽车内设置的各种广告，被认为是户外广告。　　　　　　　　（　　）

5.广告提供了购买的刺激，而营业推广则提供了购买的理由。　　　　（　　）

6.在实施人员推销策略时，推销人员运用营造和谐的洽谈氛围，保持语言流畅和排除消费者疑虑等技巧，最终实现消费者购买。　　　　　　　　　　　　　　（　　）

7.人员推销方式是信息的双向传递。　　　　　　　　　　　　　　　　（　　）

8.销售促进，就是促进销售，两个概念是一样的。　　　　　　　　　　（　　）

9.企业开展营销活动的目的是取得更大利润，而实现这一目的的手段就是要重视产品促销。　　　　　　　　　　　　　　　　　　　　　　　　　　　　　　（　　）

10.企业之所以能够开展促销活动，是因为消费者的需求具有层次性。　（　　）

四、案例分析

"双十一"常见的10种促销方案

有这么一句话，说伟大的事业都是在下半年完成的。金九银十，对于电商人也不例外，是一年中的重中之重。那么如何才能赢在起跑线上呢？当然是提前做好促销布局，做好"双十一"促销方案。下面10种促销方式都是卖家的最爱。

方案1：包邮。包邮作为最常见的优惠活动方式，为消费者省去邮费。在"双十一"活动期间，为购物满一定数额的消费者提供包邮服务。

方案2：打折。限时或者限量打折，主要是增加买家的紧迫感和购买乐趣，"双十一"活动当天，拿出一部分产品来做限时或限量打折抢购的活动，当然也可以做一些折上折的活动。

方案3：送礼。预热期间可以使用收藏有礼，提升产品权重。"双十一"活动当天可以为购买金额最高的用户送一份大礼，如送一部手机。

方案4：满减。满减在店铺日常运营中的作用是提升客单价和产品的连带销售率。作为买家来说，是实实在在地享受到了优惠。如"双十一"当天满减活动可以设计成，折后满499减100、满899减200、满1 299减300等。

方案5：满就送。在"双十一"活动当天，设定几个满就送的活动。

方案6：试用。试用一般适用于新品上市，维护产品口碑。"双十一"活动期间，重点新款产品上线后，为了维护产品的评价和评分，除了参加官方试用平台活动之外，自己在店铺针对老用户也可以发起试用活动。

方案7：优惠券。在消费者购买时，每消费一定数额或次数，给用户优惠券，促使用户下一次来店里消费，当然也达到了促销的目的。从十月份到"双十一"预热阶段需要发放"双十一"当天使用的优惠券，可以设置成20元、50元、100元三个等级，20元优惠券不限额使用，50元、100元优惠券限额使用。不同的时间节点，使用的活动方式也是有一定的区别，如十月份和预热期间，除了满减、打折之外，优惠券和试用也比较符合这个阶段。

方案8：VIP活动。VIP活动的目的：一是新会员招募；二是老会员回馈。其实，VIP活动的最终目的是带来新会员，激活老会员，沉淀忠实会员。在十月份和"双十一"预热期间，VIP活动要不间断地进行，如果是会员基数比较大的店铺，除了新会员招募之外，重点应该放在老会员激活方面。

方案9：抽奖。抽奖促销也是卖家常用的方法，抽奖时要注意公开、公正、公平，奖品要对大家有吸引力，这样才会有更多的用户对促销活动感兴趣。

方案10：竞猜。竞猜活动也是卖家常用的方法，如新品上新后，可以发起销售价格竞猜，设置一个限值，只要用户所猜价格在这个限值范围内，即可享受5折的价格进行购买。

在"双十一"活动期间，有效的促销方式能够使卖家最大程度地利用活动流量，提升转化，事半功倍，促进产品销售。上面的这10种促销方案，商家可以自由排列组合选取最适合自己的方案进行尝试。

资料来源　佚名. 诚商新视界："双十一"常见的10种促销方案［EB/OL］.［2018-12-12］. https://club.1688.com/threadview/49387379.htm.

根据以上案例分析：

（1）你在"双十一"购物时，受到上面哪些促销方案的吸引或诱导？

（2）你觉得哪些促销方案的效果更好？为什么？

（3）结合本小组所开的实体店，可以采用哪些营业推广方式？

项目评价

本项目考评内容由职业能力与素养表现、专业知识与能力掌握两部分组成，对应相应的考评标准，以自我评分、小组评分和教师评分三方面相结合的方式计算出各项分值并换算得出合计得分，填写在表7-5中。

表7-5　　　　　　　　　　　　职业素养与专业能力测评表

考评内容		考评标准	分值	自我评分	小组评分	教师评分	合计得分
职业能力与素养表现	行为规范与态度	语言文明，行为得体，注意外在形象；做事态度端正、认真	10				
	沟通与协调	主动与他人沟通，表述清晰，注意倾听，善于协调处理问题	10				
	团队分工协作	融入团队，积极参加活动，关心他人，承担主要工作并认真完成	10				
	表达与展示	能准确收集和传递信息，善于表现自己，充分表达自己的看法	10				
	自我管理	正确认识和评价自我、合理分配和使用时间与精力、具有安全意识与自我保护能力，控制自己的情绪	10				
专业知识与能力掌握	促销组合与促销策略	理解、掌握与运用	10				
	人员推销的作用及策略	理解、掌握与运用	10				
	非人员推销的概念、方式与策略	理解、分析与运用	10				
	项目检测	作业完成情况	10				
	项目实施	参与讨论和策划，提出建议	10				
综合得分			100				

评价说明：①合计得分=自我评分×20%＋小组评分×40%+教师评分×40%。②综合得分总分为100分；得分60分以下为不合格；60～75分为合格；76～89分为良好；90分及以上为优秀。

主要参考文献

［1］肖院生．市场营销基础［M］．武汉：华中科技大学出版社，2008．

［2］上海市中等职业教育课程教材改革办公室．上海市中等职业学校市场营销专业教学标准［M］．上海：华东师范大学出版社，2013．

［3］毕思勇．市场营销［M］．3版．北京：高等教育出版社，2014．

［4］俞文钊．市场营销心理学［M］．3版．大连：东北财经大学出版社，2014．

［5］中华人民共和国教育部．中等职业学校专业教学标准（试行）：财经商贸类（第一辑）［M］．北京：高等教育出版社，2014．

［6］科特勒，阿姆斯特朗．市场营销［M］．楼尊，译．16版．北京：中国人民大学出版社，2015．

［7］罗绍明．市场营销基础［M］．2版．北京：科学出版社，2015．

［8］吴健安，聂元昆．市场营销学［M］．5版．北京：高等教育出版社，2016．

［9］李文柱．市场营销实务［M］．北京：机械工业出版社，2016．

［10］于家臻．市场营销基础［M］．4版．北京：电子工业出版社，2017．

［11］吴健安．市场营销学［M］．6版．北京：高等教育出版社，2017．

［12］孙亚洲，等．市场营销理论与实务［M］．北京：中国人民大学出版社，2017．

［13］李会影．销售中的心理学策略［M］．北京：中国纺织出版社，2018．

［14］张学新．对分课堂：中国教育的新智慧［M］．北京：科学出版社，2018．

［15］彭石普．市场营销——理论、实务、案例、实训［M］．4版．大连：东北财经大学出版社，2018．

［16］孙玮琳．市场营销策划［M］．5版．大连：东北财经大学出版社，2018．

［17］汤定娜．国际市场营销学［M］．武汉：华中科技大学出版社，2020．

［18］杨剑英，张亮明．市场营销学［M］．南京：南京大学出版社，2022．

［19］胡晓峰，石忠义．市场营销学［M］．重庆：重庆大学出版社，2022．

［20］张丽，郭凤兰，张纬卿，等．市场营销基础与实务［M］．北京：人民邮电出版社，2023．

［21］郭国庆．中国市场营销学科发展史［M］．北京：中国人民大学出版社，2023．